Sonhe
e faça acontecer

Marty Sklar
Disney Legend e embaixador
da Imagineering

Sonhe
e faça acontecer

Meus 50 anos criando
os reinos encantados da **Disney**

Introduções de
Ray Bradbury e Richard M. Sherman

Tradução
Tulio Kawata

Benvirá

© 2013 Marty Sklar Creative, Inc.
Título original: *Dream It! Do It!*.
Originalmente publicado nos Estados Unidos e no Canadá pela Disney Editions.
Esta tradução foi publicada mediante acordo com a Disney Editions.

A seguir, algumas das marcas, marcas registradas e marcas de serviço de propriedade da Disney Enterprises, Inc.: Audio-Animatronics Figure, *Disneyland*® Park, *Disney's Hollywood Studios*® Park, *Disney's Animal Kingdom*® Theme Park, *Downtown Disney*® Area, *Epcot*®, Circle-Vision 360™, *Fantasyland*® Area, *FASTPASS*® Service, Imagineering, Imagineers, "it's a small world," *Magic Kingdom*® Park, *Main Street, U.S.A.* Area, monorail, *Space Mountain, Tomorrowland*® Area, *Walt Disney World*® Resort, World Showcase. *Toy Story* e *A Bug's Life* characters © Disney Enterprises, Inc./Pixar Animation Studios.
Academy Award® e Oscar® são marcas registradas da Academy of Motion Picture Arts and Sciences.

Preparação Johannes Christian Bergmann

Revisão Maísa Kawata e Sandra Kato

Diagramação Nobuca Rachi

Capa Bruno Sales

Imagens de capa AP Photo/Jae C. Hong
Kaisorn/Thinkstock

Impressão e acabamento Corprint

Dados Internacionais de Catalogação na Publicação (CIP)
Angélica Ilacqua CRB-8/7057

Sklar, Marty
Sonhe e faça acontecer : meus 50 anos criando os reinos encantados da Disney / Marty Sklar ; introduções de Ray Bradbury e Richard M. Sherman ; tradução de Tulio Kawata. – São Paulo : Benvirá, 2017.
400 p. : il., color.

ISBN 978-85-5717-204-3

Título original: *Dream it! Do it!*

1. Walt Disney World (Estados Unidos) – História 2. Walt Disney Company – História I. Título II. Bradbury, Ray III. Sherman, Richard M. IV. Kawata, Tulio
17-1871

CDD-791.068794
CDU-791.7(09)(73)

Índice para catálogo sistemático:
1. Parques de diversões – Disney – História

1ª edição, maio de 2018

Nenhuma parte desta publicação poderá ser reproduzida por qualquer meio ou forma sem a prévia autorização da Saraiva Educação. A violação dos direitos autorais é crime estabelecido na lei nº 9.610/98 e punido pelo artigo 184 do Código Penal.

Todos os direitos reservados à Benvirá, um selo da Saraiva Educação, parte do grupo Somos Educação.
Av. das Nações Unidas, 7221, 1º Andar, Setor B
Pinheiros – São Paulo – SP – CEP: 05425-902

SAC
0800-0117875
De 2ª a 6ª, das 8h às 18h
www.editorasaraiva.com.br/contato

EDITAR 16090   CL 651679   CAE 627313

Para meu pai e minha mãe
Leon e Lilyn Sklar
E a todos aqueles que me ensinaram ética
e o amor por aprender

Professor Robert Sklar e Adrienne Harris

Howard Sklar
Katriina Koski Sklar
Gabriel e Hannah Sklar
e
Leslie Sklar
Rachel e Jacob Dahan

Para
Helen e Bob Aaron
e Harry Gerber

e, claro, para meu único amor
Leah Gerber Sklar
que fez de minha carreira e de minha vida
um sonho que se tornou realidade

Agradecimentos

Quando me aposentei da The Walt Disney Company em 17 de julho de 2009, anunciei que meu principal objetivo seria escrever este livro.

Nos quatro anos seguintes, não houve um dia sem que alguém – um colega da Imagineering, um fã da Disney, um profissional da indústria dos parques temáticos – perguntasse: "Como está o livro?", "Quando estará disponível?". Eu agradeço a todos que deixaram claro que desejam ler o que tenho para dizer. E agradeço a algumas pessoas extraordinárias que me ajudaram a tornar este livro possível.

Pelas introduções a esta obra, sou imensamente grato a dois talentos de renome mundial que, por nossa relação na Disney, se tornaram meus amigos. As histórias e os textos do inimitável Ray Bradbury inspiraram-me muito antes de nos conhecermos e continua me inspirando até hoje. Com o irmão Robert, a maneira de Richard Sherman contar histórias através de canções e músicas trouxe uma nova mágica aos filmes, aos programas de TV e às atrações dos parques da Disney.

Richard Curtis, presidente da Richard Curtis Associates, meu agente literário, deu-me as primeiras lições de edição. Agradeço sua honestidade. "Isto está bom como uma história dos parques da Disney *e* como um livro de negócios", disse Richard. E emendou: "Mas ainda precisa de um bom editor e muito trabalho". Ele estava certo.

Uma das principais razões de termos assinado o contrato com a Disney Editions foi a promessa de que Wendy Lefkon, diretora editorial da Disney Global Book Group, seria minha editora. Wendy e eu trabalhamos juntos em muitos livros de sucesso sobre os parques da Disney – eu normalmente escrevia as introduções, ajustando o tom ou o contexto histórico –, incluindo dois maravilhosos sobre a Walt Disney Imagineering: *Walt Disney Imagineering: A Behind the Dreams Look at Making the Magic Real*; e um outro com o mesmo título, mas que ganhou o subtítulo *Making MORE Magic Real*. Juntos, esses livros venderam mais de 150.000 cópias.

Como imaginava, Wendy era a editora de que eu precisava: honesta e direta, inteligente e clara, com conhecimento e capaz de dar apoio. A forma que sugeriu, o título e as ideias para o conteúdo foram muito pensados e sempre razoáveis. Se você gostar deste livro, não se esqueça de agradecer também a Wendy!

Minha filha, Leslie Ann Sklar, e minha esposa, Leah Regina Sklar, foram importantes incentivadoras – e críticas ativas. (Nada que eu não esperasse!) Leslie pegou meu original – escrevi tudo à mão – e fez muitas sugestões enquanto digitava o manuscrito. Leah, Leslie e meu filho Howard têm "limpado a minha barra" há muitos anos (Leah e eu nos casamos em 1957); nesse contexto, minha "barra" foi minha escrita. Eu nunca quis as críticas das "duas Ls" – sempre diretas, ponderadas e divertidas ao serem confrontadas (sim, nós divergimos em muitas opiniões; elas até já ganharam algumas discussões!). Howard possui um excelente domínio das palavras, mora com sua família em Helsinque, na Finlândia, e não estava aqui para me defender – ou se juntar às críticas.

Finalmente, devo muito a mentores, professores e colegas que me ajudaram a construir minha carreira de 54 anos na Disney. Você vai encontrá-los ao longo deste livro. Os melhores escritores e letristas de Walt não teriam conseguido escrever um roteiro como os que meus colegas da Disney criaram para mim. Como eu escrevi, "eles foram meus mentores, meus amigos e, nos seus anos de ouro, minha equipe" enquanto eu passava de escritor a vice-presidente e principal executivo de criação (meu título favorito) na Imagineering.

Devo muito a eles. Espero que passem seus impressionantes conhecimentos para a nova geração e, assim, deixem os Imagineers pelo menos tão respeitados e admirados como a organização que ajudaram Walt Disney a criar. Walt criou a Imagineering, mas os Imagineers fizeram-na cantar e dançar.

Marty Sklar

Sumário

Introdução
de Ray Bradbury 13

Introdução
de Richard M. Sherman 17

A folha de papel em branco 21

1 | "Walt morreu. Escreva alguma coisa." 25

2 | Esquecido, mas não se foi 30

3 | Ligação de Vegas – "Card" está ao telefone 36

4 | "Falhar na preparação é se preparar para falhar"
    – treinador John Wooden 43

5 | "Eu não sou mais Walt Disney!" 52

6 | "Apenas faça algo de que as pessoas gostem!" – Walt Disney 69

7 | "A maior obra de design urbano nos
    Estados Unidos é a Disneylândia" 82

8 | "Vinte e seis! Você é mais novo que meu filho!" 114

9 | Eles me deixaram para trás – e foram para casa! 132

10 | "Diga à IBM que vá para o inferno!" 173

11 | O filme *Encontros e desencontros* mostra o que foi
nossa experiência em Tóquio 225

12 | O elástico E: "Sou conhecido por mudar de ideia" 238

13 | Sala de Reunião do Edie: "Você está levando minha lógica
para uma conclusão muito lógica!" 265

14 | Os franceses tinham uma expressão para isso:
"Uma Chernobyl cultural" 272

15 | O sol nunca se põe nos parques da Disney 289

16 | Andando na montanha-russa de Michael 295

17 | "Você é o mais trabalhador dos embaixadores do mundo!" 314

18 | Os Dez Mandamentos da Disney...................................322

19 | A ovelha negra...361

20 | "Estou esperando por uma mensagem" 372

Introdução[1]

de Ray Bradbury

As sementes criativas dos artistas da Disney Imagineering germinam dentro de um prédio banal, em Glendale, Califórnia, que parece ocupado por milhares de intermináveis reuniões de diretoria. Não há nenhum sinal externo indicando que no Natal e na Páscoa o lugar vire um hospício com pessoas fantasiadas embrulhando presentes.

Assim como nada indica que, no Halloween, a Imagineering se transforma numa fábrica-fantasma, um tabuleiro gigante de Ouija que reúne almas, esqueletos, um espelho com uma máscara grotesca congelada que corre pelos corredores dizendo para as pessoas que elas "não são as mais justas", enquanto o Dragão Malévola infla sobre o estacionamento.

Quem são os loucos no comando desse hospício?

John Hench, enviado pela Disney para estudar na Sorbonne em 1939, o sujeito mais próximo de Walt. Com mais de 80 anos, John rabisca cenas e projetos com suas mãos de artista habilidoso enquanto conversa com os habitantes da casa de malucos.

---

1. Excerto de "The Hipbone of Abraham L.", de Ray Bradbury, publicado com a permissão de Don Congdon Associates, Inc., agentes da Ray Bradbury Living Trust © 1988, 1991 de Ray Bradbury.

Marty Sklar, o mais quieto dos loucos, mantém a Imagineering fora dos eixos, mas no caminho. Contratado quando tinha 21 anos, então editor do *The Daily Bruin* da UCLA, Marty lembra-se de que a Disney lhe deu – para ele, um repórter cru e destreinado – a chance de editar o jornal da Disneylândia um mês antes de o parque abrir, há mais de 36 anos.

Em nome de Walt, Marty deu a outros jovens a chance de pular de penhascos e construir suas asas enquanto caíam, tudo isso ali mesmo, na Imagineering.

Entre os dois, a Disney Imagineering contratou alguns senhores completamente improváveis, capazes de usar seus tacos de golfe para lançar ideias em vez de bolas.

Item: Tony Baxter, cuja carreira na Disneylândia estava indo bem, construiu, em seu tempo livre, um modelo de trem que despenca ao sabor da gravidade. Seu trabalho em 3D garantiu-lhe o emprego na Imagineering para a construção da Big Thunder Mountain Railroad, que segue rodando montanha abaixo nos trilhos dos parques temáticos da Disney. Um brinquedo similar logo foi construído na Euro Disney, e o designer-chefe do novo Magic Kingdom foi... Tony Baxter.

Item: Harper Goff, amante e colecionador de modelos em miniatura de estradas de ferro. Walt Disney e Goff encontraram-se em uma loja de modelismo e logo identificaram um no outro o brilho no olhar dos amantes de locomotivas. Goff ajudou no design do Adventureland Jungle Cruise e garantiu que as locomotivas da Disneylândia estivessem sempre no horário.

Item para o futuro: Tom Scherman. O jovem era tão apaixonado por Júlio Verne que, em segredo, transformou seu apartamento em Hollywood num clone do submarino do Capitão Nemo de *20.000 léguas submarinas*, com escotilhas, periscópio e telefones de conchas. A proprietária, que não sabia da transformação, entrou um dia desavisada no apartamento e, possessa, expulsou Scherman e depois destruiu o submarino. Ele juntou-se à Disney Imagineering construindo os submarinos *Nautilus* e sonhando o Jules Verne Discover World.

Assim foi. Assim segue.

Sklar e Hench agora são curadores de um vasto e fundamental estoque de história, um museu vivo, uma Feira Mundial em si mesma.

Em resumo, a Renascença não morreu, ela só se escondeu na Imagineering Inc. Basta você perguntar pelo Castelo da Bela Adormecida, pelas torretas de Pierrefonds, pelas torres do Mad Ludwig ou pelos toques de Vaux le Vicomte. Convocados, eles partirão de um estacionamento em Glendale e seguirão pelas rodovias para Anaheim, Orlando, ou cruzarão os ares oceânicos até o Japão.

Ray Bradbury
Glendale, Califórnia
1991

Introdução

de Richard M. Sherman

É difícil de acreditar, mas meio século se passou desde que eu e meu irmão mais velho, Bob, encontramos pela primeira vez e trabalhamos com um afável, gentil e brilhante jovem chamado Marty Sklar. Naquela época, Marty era, literalmente, a mão direita de nosso chefe em comum: Walt Disney.

Como compositores da equipe de Walt, Bob e eu tínhamos terminado uma canção para o Carousel of Progress Pavilion na Feira Mundial de 1964-1965. Nossa canção, "There's a Great Big Beautiful Tomorrow", era a face musical da fantástica atração. Marty, que era o cocriador do projeto, escreveu o *script* para a General Electric (a patrocinadora) e nele tinha previsto apresentar nossa canção e depois mostrar como o pavilhão funcionava.

Marty foi o responsável por um dos momentos mais emocionantes de nossa carreira, quando tivemos de atuar e cantar em frente às câmeras com o próprio Walt.

Ao longo dos anos, Marty continuou a inspirar todos ao seu redor, emprestando seu gosto e talento para vários projetos da Imagineering. Bob e eu tivemos o privilégio de escrever canções para muitos deles, incluindo "it's a small world", "The Enchanted Tiki Room" e, para o Imagination Pavilion no Epcot, "One Little Spark" e "Magic Journeys".

Como você verá neste muito bem escrito e brilhante livro, Marty Sklar, o homem que se tornou o vice-presidente e o principal executivo de criação da Walt Disney Imagineering, dedicou toda sua carreira para criar, melhorar e expandir o império mágico de Walt.

Na sua aposentadoria, em 2009, tive o prazer de cantar uma canção cuja letra escrevi especialmente para uma inesquecível festa dos Imagineers da Disney homenageando Marty pelo meio século de imaginação e inspiração. Gostaria de dividi-la com você:

(Para a melodia de "Supercalifragilisticexpialidocious")

Tribute to Marty	Tributo para Marty
Verse I	*Verso I*
Before the doors of Disneyland	Antes de as portas da Disneylândia
Were opened to the world	Serem abertas para o mundo
Young Marty Sklar was asked	Foi pedido ao jovem Marty Sklar
To have his writing skills unfurled	Que sua habilidade de escritor fosse revelada
The Disneyland newspaper	O jornal da Disneylândia
Was first product of his skill	Foi o primeiro produto de seu talento
Then PR and Publicity	Depois PR e Publicidade
Young Marty filled the bill... He's	O jovem Marty cumpriu seu papel... Ele é
Chorus	*Coro*
Never fearing, Imagineering	Destemida Imagineering
Mar-ty-sklar-e-docious	Mar-ty-sklar-e-docious
For years he's led Imagineers	Durante muitos anos ele comandou os
With passion so ferocious	Imagineers
Through stress and strains	Com paixão tão violenta
He's held the reins	Através de estresse e pressões
With leadership precocious	Ele manteve as rédeas
Never fearing Imagineering	Com liderança precoce
Mar-ty-sklar-e-docious...	Destemida Imagineering
	Mar-ty-sklar-e-docious...

Verse II

For Walt he wrote his speeches
And his annual reports
Then moved to WED to help create
Attractions and resorts
From Small World to Space Mountain
To eleven Disney parks
Our Marty steered Imagineers
With their creative sparks... (and his)

Repeat chorus

Verse III

He's first to give out credit
To the great creative teams
His one persisting goal
Was to perpetuate Walt's dreams
Succeed he did, and so we stand
As one to give three cheers
To Marty Sklar, the champion
Of all Imagineers... He's...

Last Chorus

Never fearing, Imagineering
Mar-ty-sklar-e-docious
For years he's led Imagineers
With passion so ferocious
Through stress and strains
He's held the reins
With leadership precocious
Never fearing Imagineering
Mar-ty-sklar-e-docious...

Verso II

Ele escreveu para Walt seus discursos
E seus relatórios anuais
Então transferido para a WED para aju-
dar a criar
atrações e resorts
Do Small World à Space Mountain
E onze parques da Disney
Nosso Marty comandou Imagineers
Com suas centelhas criativas... (e dele)

Repete coro

Verso III

Ele é o primeiro a dar o crédito
Para as grandes equipes criativas
Seu objetivo constante
Era perpetuar os sonhos de Walt
Ele conseguiu e aqui nós estamos
Para lhe dar três vivas
Para Marty Sklar, o campeão
de todos os Imagineers... Ele é...

Último coro

Destemida Imagineering
Mar-ty-sklar-e-docious
Durante muitos anos ele comandou os
Imagineers
Com paixão tão violenta
Através de estresse e pressões
Ele manteve as rédeas
Com liderança precoce
Destemida Imagineering
Mar-ty-sklar-e-docious...

Richard M. Sherman
compositor
outubro de 2011

A folha de papel em branco

Pode parecer estranho começar uma história sobre minha carreira na Disney com um *flashback* de 1974, mas deixe-me explicar. Aquele foi um ano assustador para os negócios de parques temáticos e resorts. A crise mundial de energia levou ao aumento do preço da gasolina – a gasolina comum subiu de 38 centavos o galão para 54 centavos –, provocando medidas extremas por todo o país.

O limite de velocidade nacional foi reduzido para 55 milhas por hora (cerca de 88,5 km/h), e o horário de verão começou quatro meses mais cedo. A revista *Newsweek* publicou: "Um dos piores locais é a Flórida, onde as longas filas – especialmente perto dos centros turísticos do Disney World e Miami – fizeram que alguns municípios adotassem programas de rodízio para a compra de combustível".

O Walt Disney World, no seu terceiro ano e a caminho de se tornar o destino de férias preferido das famílias, foi profundamente afetado; as visitas caíram em quase 800 mil pessoas. Por isso, eu me surpreendi ao receber o telefonema do CEO da Disney, E. Cardon Walker, falando sobre o projeto que estava abandonado desde que foi pela primeira vez apresentado alguns anos depois da morte de Walt Disney, em dezembro de 1966. Walt tinha planejado a criação do que ele chamou de Epcot – Experimental Prototype Community of Tomorrow (Protótipo Experimental da Comunidade do Amanhã). "O que", Card Walker perguntou, "faremos com Epcot?"

Eu acabara de ser promovido a líder criativo da Walt Disney Imagineering – o começo de trinta anos naquele papel. Desde o primeiro dia, o desafio de ser responsável pelo que se tornariam onze parques da Disney em três continentes foi assustador. Mesmo assim, eu lembrava os Imagineers de suas tarefas.

Há duas maneiras de enxergar uma folha de papel em branco. Ela pode ser a coisa mais assustadora do mundo, porque você precisa fazer o primeiro risco. Ou pode ser *a maior oportunidade do mundo, porque você pode fazer o primeiro risco* – pode deixar sua imaginação voar em qualquer direção e *criar mundos inteiramente novos*!

Pelos oito anos seguintes, os Imagineers, em parceria com a equipe de operações do Walt Disney World, testariam essa minha afirmação sobre a folha em branco.

No momento em que o Epcot se preparava para comemorar seu 30º aniversário, em 1º de outubro de 2012, era o sexto parque mais visitado do mundo, perdendo apenas para o Magic Kingdom, Disneylândia, Disneylândia de Tóquio, DisneySea de Tóquio e Disneylândia de Paris.

A ligação de Card Walker e dos diretores da Disney em 1974 aconteceu porque tínhamos a crença saudável no futuro dos parques e resorts da Disney apesar das adversidades que o país e a companhia enfrentavam. Mas seguimos adiante.

O conceito de Walt Disney para uma comunidade Epcot foi a grande visão que direcionou todo o planejamento do Walt Disney World desde o início. Sistemas de transporte e energia; experimentos em métodos de construção, como os quartos pré-construídos e completamente mobiliados como os do Disney's Contemporary Resort e os do Disney's Polynesian Resort; os cuidados e a responsabilidade em preservar o meio ambiente da Flórida e seus ecossistemas. Tudo isso foi pensado a partir do desejo sempre expresso por Walt: "Atender as necessidades das pessoas" e estabelecer um exemplo de planejamento e construção para que outros possam aprender e reproduzi-lo. Walt Disney não foi para a Flórida apenas para construir outro "parque temático" ou um resort. Ele pensava em algo muito mais importante.

Isto foi o que ele disse sobre o Epcot em 1966:

Eu não acredito que exista, em nenhum lugar do mundo, um desafio mais importante para as pessoas que encontrar soluções para os problemas de nossas cidades. Mas por onde começamos... como começamos a enfrentar esse grande desafio?

Bem, estamos convencidos de que devemos começar com a necessidade pública. E a necessidade não é apenas curar as velhas doenças de velhas cidades. Achamos que a necessidade é de começar do zero em terra virgem e construir um novo tipo de comunidade.

Hoje acredito que o *insight* criativo que levou Walt Disney a propor Epcot é tão atual quanto sempre foi, e mais necessário do que nunca.

Está faltando o Walt Disney para nosso tempo e nossos desafios, aquele que assume riscos e ama começar e recomeçar sempre com uma folha de papel em branco. Talvez ele estivesse em busca de uma "Waltopia" – um mundo utópico criado por ele próprio. A filosofia de criação de Walt ficou registrada nas palavras que escrevi para ele no Relatório Anual de 1966, dirigido a acionistas e funcionários: "Tenho de seguir adiante com coisas novas – existem muitos mundos novos a conquistar".

Tive muita sorte de tomar esse trem expresso em sua primeira parada em Anaheim, Califórnia, em 1955, e de me aposentar 54 anos depois como o único funcionário da Disney que participou da abertura de todos os onze parques ao redor do mundo. Esta é minha história desses parques, como eu vivi seu nascimento e desenvolvimento e ajudei a dar forma a eles – os projetos, os lugares e especialmente as pessoas que fizeram tudo isso acontecer.

Bem-vindo a bordo!

1

"Walt morreu. Escreva alguma coisa."

O sistema de recados da WED (Walt Disney Imagineering – a sigla origina-se do nome Walter Elias Disney) estava gritando meu nome. Peguei o telefone mais próximo. "Ligue para Card Walker imediatamente", disse minha secretária. Fiz isso e, trinta segundos depois, seguia para o escritório de Card no estúdio. O caminho de cerca de 5 quilômetros pareceu eterno.

Era pouco depois das 9 horas da manhã de quinta-feira, 15 de dezembro de 1966. E. Cardon Walker (então líder de marketing e publicidade e futuro chefe executivo da Walt Disney Productions) precisava me ver imediatamente.

Éramos próximos. Card tinha me contratado para um emprego de meio período quando entrei no último ano na University of California, em Los Angeles (UCLA), exatamente no momento em que me preparava para me tornar editor do *The Daily Bruin*, o jornal estudantil da universidade. Graduei-me em 1956, mas ter começado minha carreira na Disneylândia um mês antes da abertura do parque, em julho de 1955, moldaria toda a minha vida profissional.

"Walt morreu", Card disse assim que entrei no escritório. "Escreva um comunicado. Roy vai assinar e nós o distribuiremos para a imprensa e para nossos funcionários."

25

Admito que fiquei espantado. Era difícil acreditar que Roy O. Disney, Card e Donn Tatum (então membro do conselho de administração e mais tarde chefe executivo e presidente) estavam me dizendo que ninguém ainda tinha preparado um comunicado oficial sobre a morte de Walt. Não era nenhum segredo que Walt estava morrendo.

Card disse: "Você tem uma hora".

E então escrevi:

A morte de Walt Disney é uma perda para o mundo todo. Em tudo o que fez, Walt usou seu jeito intuitivo para alcançar e tocar corações e mentes, fossem eles de jovens ou de velhos. Seu mundo de entretenimento tornou-se uma linguagem internacional. Por mais de quarenta anos, as pessoas o identificaram com o que existe de melhor em diversão para a família.

Não há como substituir Walt Disney. Ele era um homem extraordinário. Talvez nunca mais exista outro igual. Eu sei que nós, que trabalhamos com ele ao longo de todos esses anos, celebraremos sempre o tempo que passamos ajudando-o a entreter as pessoas de todo o planeta. E o mundo será para sempre um lugar melhor porque Walt Disney foi seu maior *showman*.

Como líder da empresa e presidente do conselho de administração da Walt Disney Productions, quero garantir ao público, a nossos acionistas e a cada um de nossos mais de 4 mil empregados que continuaremos a operar a companhia de Walt Disney da maneira como ele determinou e nos ensinou. Walt Disney passou sua vida e a maior parte do tempo dedicando-se ao planejamento criativo de filmes, da Disneylândia, de programas de televisão e de tantas outras atividades que levaram sua assinatura ao longo dos anos. Ao seu redor, Walt Disney reuniu uma equipe criativa que entendeu sua maneira de se comunicar com o público através do entretenimento. Os caminhos de Walt sempre foram únicos, e ele construiu uma organização única. Uma equipe de pessoas criativas da qual ele com razão tinha orgulho.

Acredito que Walt gostaria que eu repetisse suas próprias palavras para descrever a organização que ele construiu ao longo dos anos. Em outubro passado, quando recebeu o prêmio de "*Showman* do Mundo", em Nova York, Walt disse: "A organização Disney hoje tem mais de 4 mil funcionários. Muitos estão conosco há mais de trinta anos. Eles têm muito orgulho da companhia que ajudaram a construir. Apenas com o talento, o trabalho e a dedicação dessa equipe é que um projeto da Disney pode decolar. Nós todos pensamos de maneira semelhante".

Muito da energia de Walt Disney foi direcionada para a preparação deste dia. Era desejo de Walt que, quando chegasse a hora, ele tivesse conseguido construir uma organização com talentos criativos capazes de continuar como tinha determinado. Hoje, essa organização existe, e nós lhe daremos continuidade como ele sempre desejou.

A preparação de Walt Disney para o futuro tem uma sólida base criativa. Todos os planos para o futuro que iniciou – novos filmes, a expansão da Disneylândia, as produções para a televisão e nossos projetos na Flórida e Mineral King – prosseguirão. Esse era o desejo de Walt.

O comunicado foi assinado, claro, por Roy O. Disney, presidente executivo e presidente do conselho de administração da Walt Disney Productions, e distribuído para a mídia e todos os funcionáros da Disney.

Eric Sevareid, jornalista da CBS, fez a seguinte observação no dia seguinte:

Ele fez mais para curar ou pelo menos acalmar os conturbados espíritos humanos do que todos os psiquiatras do mundo. Não devem existir muitos adultos das chamadas partes civilizadas do globo que não tenham habitado a imaginação de Disney por pelo menos algumas poucas horas e se sentido melhor.

Já faz mais de cinquenta anos desde aquele dia em que entrei no escritório de Card Walker, mas posso dizer com toda a honestidade que ainda me sinto ressentido por ter sido colocado naquela situação. A verdade é que eles estavam todos morrendo de medo. A Disney sem Walt Disney, seu fundador, líder, gênio criativo e maior tomador de decisão no ramo de roteiro, design e invenção. A Disney sem o "Tio Walt" entrando na casa das pessoas através da televisão todo domingo à noite para dizer o que mostraria para as famílias ou o que estrearia em breve nos cinemas ou na Disneylândia. A Disney sem o homem que tinha 32 Oscars e mais prêmios ao redor do mundo do que qualquer pessoa.

Apesar do meu ressentimento, sei como cheguei lá e por que me chamaram.

Eu me transformara no *ghostwriter*-chefe da Disney. Era uma carga realmente pesada para alguém chegando aos 30 anos e que deixara a faculdade havia apenas seis ou sete anos escrever as mensagens de Walt e Roy nos relatórios anuais; a maior parte dos materiais de publicidade e marketing da Disneylândia; apresentações para o governo dos Estados Unidos (a solicitação da área do vale Mineral King para o resort na Califórnia); propostas para conseguir patrocinadores para novidades na Disneylândia; e, inclusive, o filme de 24 minutos que escrevi para apresentar a filosofia de Walt por trás do projeto Walt Disney World e Epcot.

As sete páginas de anotações que fiz nas minhas reuniões com Walt sobre o Epcot estão entre meus tesouros. Quando as releio ao acaso, me dou conta de como Walt facilitou as coisas para que eu escrevesse o roteiro do filme. Esse era o método favorito de comunicação de Walt com seu público em meados dos anos 1960: um filme não apenas permitia que ele apresentasse seus conceitos e planos, mas lhe garantia a última palavra. Ele me pediu para escrever dois finais. O primeiro foi direcionado especificamente para o público do estado da Flórida, pois estava então sendo debatida uma legislação que estabeleceria o Reedy Creek Improvement District (RCID) [Distrito do Progresso de Reedy Creek], peça fundamental para os planos de Walt de criar o Epcot como uma comunidade experimental. A legislação daria ao RCID poder para regulamentar o zoneamento e as construções – e Disney controlaria o RCID. O segundo final foi pensado para alcançar as potenciais empresas patrocinadoras. Tendo acabado de apresentar quatro grandes atrações na Feira Mundial de Nova York de 1964-1965, Walt estava plenamente consciente de que sua habilidade para se comunicar com as famílias era mais do que desejada pelas empresas. Como ele disse no final do filme: "Nenhuma empresa pode fazer este projeto [Epcot] sozinha".

As cenas com Walt foram gravadas em um palco dos estúdios Disney em 27 de outubro de 1966. Foi a última vez que ele apareceu para as câmeras, apenas alguns dias antes de dar entrada no St. Joseph Hospital, localizado do outro lado da rua do estúdio. Assistindo àquele filme hoje, fico admirado de como aquele homem que vemos vendendo suas ideias podia estar tão doente. Sete semanas depois, o câncer de pulmão levou a vida do fumante inveterado, e eu estava no escritório de Card Walker escrevendo o comunicado.

Então o mundo Disney como o conhecíamos implodiu.

2

Esquecido, mas não se foi

Algumas semanas depois da morte de Walt, perguntei sobre um escritor do Walt Disney Studio. Eu não o tinha visto nem ouvido falar dele desde o dia fatídico. "Ah, ele ainda está lá", me falaram. "Ele está esquecido, mas não se foi!"

Nos dias "depois de Walt", não era incomum perder contato ou não ver mais os funcionários do Disney Studio. Muitos deles estavam acostumados a receber ordens diretamente de Walt; sem ele, criou-se um grande vazio nas atividades principais da equipe... A pergunta "Quem está no comando?" rondava a produção dos filmes, dos programas de TV e animações.

Demorou para que uma solução fosse encontrada. É possível perceber, a partir desse período de indecisão, o declínio dos filmes e dos programas da Disney ao longo dos anos 1970 até o começo da década de 1980. No final, essa situação levou ao conflito entre os lados Walt Disney e Roy O. Disney da família Disney, à demissão de Ron Miller, genro de Walt, da presidência da companhia e à ação de Roy E. Disney, filho de Roy, que levou à nomeação de Michael Eisner como presidente do conselho e CEO e de Frank Wells como presidente executivo.

Na época da morte de Walt, o negócio dos parques temáticos representava 35,58% do resultado da empresa. Gigantescas decisões precisavam ser tomadas, mas o caminho estava indicado. Pirates of the Caribbean abriria em alguns meses na Disneylândia e alcançaria um novo patamar na indústria do entretenimento. A marca se tornaria a mais valiosa propriedade individual já criada no negócio dos parques temáticos. Logo atrás dos Pirates, também em desenvolvimento, estava The Haunted Mansion, que logo se tornaria a propriedade autoral mais assustadora da história imobiliária: ela contribuiu para o fenômeno da celebração do Halloween, que ameaçou a época do Natal como período mais procurado pelo público de parques temáticos ao redor do mundo. (Agora existem quatro Haunted Mansions nos parques da Disney da Califórnia, Flórida, Tóquio e Paris, e uma quinta, Mystic Manor, em Hong Kong.)

O futuro do crescimento do negócio de parques temáticos da Disney foi resumido em duas questões fundamentais respondidas por Roy O. Disney como presidente do conselho e CEO: seria possível desenvolver a companhia nos cerca de 111 quilômetros quadrados – duas vezes o tamanho da ilha de Manhattan – adquiridos na Flórida por aproximadamente US$ 5 milhões? E o que seria do conceito do Protótipo Experimental da Comunidade do Amanhã (Epcot) de Walt Disney?

Disney comprou as propriedades da Flórida através de sete companhias de fachada com endereços em Kansas e Delaware. Robert Foster, advogado da Disney, trabalhou com duas das maiores organizações imobiliárias para adquirir as terras. A ideia principal era não revelar que a Disney estava comprando. Muitos dos proprietários nem viram seus terrenos. Eles tinham comprado, no escuro, lotes de cerca de 40 mil a 80 mil m² em ofertas promocionais feitas por correio. Muito da "terra" estava, na verdade, debaixo da água dos pântanos. Com quase 111 quilômetros quadrados, Disney passava a ter "terrenos suficientes para sustentar todas as ideias e planos que podemos imaginar", como disse Walt durante sua última aparição na televisão.

Em 15 de novembro de 1965, o governador Haydon Burns anunciou que a Disney estava indo para a Flórida central.

Questionado por um repórter numa coletiva de imprensa: "Você fará uma comunidade-modelo?", Walt deu uma pista sobre o que seria o Walt Disney World.

Pensamos bastante sobre uma comunidade-modelo e gostaria de fazer parte da construção dessa comunidade, que você pode chamar de uma cidade do amanhã, porque não acredito que consiga chegar aos extremos que alguns arquitetos conseguem... Eu tenho em mente uma comunidade chamada "Ontem" e outra, "Amanhã"... Eles [visitantes] podem vir uma vez e visitar o "Amanhã", então os amigos dirão: "Mas você visitou o 'Ontem'?" E eles terão de voltar.

Fui escolhido para preparar a apresentação que Walt faria naquele novembro de 1965 durante a coletiva de imprensa na qual o governador Burns confirmaria que a Disney estava indo para a Flórida central.

Quase fui demitido por isso.

Como parte da apresentação de vinte minutos, escrevi um pequeno roteiro que Walt gravaria, acompanhado dos recursos visuais apropriados. O conceito geral era glorificar Walt, sua marca de entretenimento e sua carreira como um todo. Normalmente, ele aprovaria o roteiro inteiro antes e então veria a apresentação toda com um pequeno grupo. Por alguma razão, meu chefe, Card Walker, resolveu pular essa última etapa e convidou duzentas pessoas para assistir à prévia do anúncio que seria feito na Flórida.

WALT – COM MICKEY E SEU PRIMEIRO OSCAR

WALT: *Este primeiro Oscar foi um prêmio especial pela criação de Mickey Mouse. O outro prêmio da Academia pertence a nosso grupo, é um tributo a nosso esforço conjunto.*

CENAS DE BASTIDORES DA EQUIPE DISNEY

Várias tomadas mostram atores, escritores, músicos, diretores de arte, Imagineers etc. *trabalhando* em projetos no Studio, na WED e na Disneylândia.

ATORES – TRABALHANDO COM DIRETOR

WALT: *Você sabe, as pessoas estão sempre analisando como tratamos o entretenimento. Alguns repórteres chamam isso de "segredo especial" da Disney.*

BASTIDORES – CRIAÇÃO DE EFEITOS ESPECIAIS
(como uma Lula Gigante ou um Carro Voador)

WALT: *Bem, gostamos de fazer um pouco de mistério sobre nossos filmes, mas não há realmente um segredo. Seguimos adiante, abrindo novas portas e fazendo coisas novas, porque somos curiosos...*

TOMADA ESTILO CIENTÍFICO – PESQUISA

WALT: *... e a curiosidade insiste em nos fazer trilhar novos caminhos. Estamos sempre explorando e experimentando. Na WED, chamamos isso de "Imagineering", a combinação de imaginação criativa com o* know-how *técnico.*

CENA DO INÍCIO DE UMA CONSTRUÇÃO NA DISNEYLÂNDIA –
WALT COM DIRETORES DE ARTE

WALT: *Quando você é curioso, acaba encontrando muitas coisas interessantes para fazer. E uma coisa de que você precisa para realizar algo é coragem. Veja a Disneylândia, por exemplo. Quase todo mundo nos avisou que a Disneylândia seria um espetáculo próprio de Hollywood – um fracasso espetacular.*

WALT E DIRETORES DE ARTE INSPECIONANDO A DISNEYLÂNDIA –
HOJE

WALT: *Mas eles estavam pensando num parque de diversões, e nós acreditamos na nossa ideia – um parque para a família onde pais e filhos possam se divertir juntos.*

Esquecido, mas não se foi　33

DICK VAN DYKE – TRABALHANDO

WALT: *Nunca perdemos a fé no entretenimento para a família – histórias que fazem as pessoas rir, histórias sobre coisas singelas e humanas, histórias sobre personagens e eventos históricos, histórias sobre animais.*

CENA DAS RISADAS DE *MARY POPPINS*

WALT: *Não estamos aqui para fazer dinheiro rápido com truques baratos. Estamos interessados em fazer coisas divertidas, em proporcionar prazer e risadas para as pessoas.*

WALT – RINDO COM UM GRUPO DE ATORES

WALT: *E, provavelmente, mais importante que tudo, quando consideramos um novo projeto, nós realmente o estudamos – não apenas superficialmente, mas tudo sobre ele. E, quando começamos um projeto, acreditamos nele o tempo todo. Confiamos em nossa habilidade para fazer as coisas da maneira correta. E trabalhamos duro para fazer o melhor possível.*

WALT – COM ROY E OUTROS ADMINISTRADORES

WALT: *Meu papel? Bem, vocês sabem que outro dia um garoto me deixou sem jeito ao perguntar: "Você desenha o Mickey Mouse?". Eu tive de admitir que não o desenho mais. "Então você pensa em todas as piadas e ideias?"*

WALT – COM COMPOSITORES – AO PIANO

WALT: *"Não", eu disse, "não faço isso." Então ele me olhou e perguntou: "Sr. Disney, o que o senhor faz?". "Bem", respondi, "às vezes eu me imagino como uma pequena abelha."*

WALT – DISCUTINDO UM ASSUNTO COM A EQUIPE
NUMA REUNIÃO DE *STORYBOARD*

WALT: *"Eu vou de uma área a outra do Studio e junto pólen para estimular todo mundo." Acho que esse é o meu trabalho.*

Em retrospecto, sei que consegui atingir o objetivo de glorificar Walt. Quando acabou, ele me procurou para me dizer o que tinha achado: "Não sabia que alguém estava escrevendo meu obituário!", disse.

Na verdade, a apresentação que criei ajudou a lançar a Disney na Flórida com sucesso. Acho que Walt ficou feliz: nenhuma mudança foi feita antes da coletiva de imprensa.

3

Ligação de Vegas – "Card" está ao telefone

A mensagem telefônica estava me esperando quando voltei, depois das aulas, para a Zeta Beta Tau (ZBT), minha fraternidade na UCLA, em meados de maio de 1955. No começo, achei que era alguma pegadinha dos meus colegas da fraternidade. Afinal de contas, o pai de Lennie Kolod era um dos executivos do Desert Inn em Las Vegas... e quem poderia ter um nome como "Card" se não um crupiê de Las Vegas? Por isso, não retornei a "ligação do crupiê". Mas, por sorte, E. Cardon Walker ligou de novo.

Card Walker era o chefe de marketing e publicidade da The Walt Disney Company. Eu tinha acabado de ser eleito editor-chefe do jornal dos estudantes da UCLA, *The Daily Bruin*. Johnny Jackson, ex-secretário executivo da Associação dos Alunos da UCLA, que recentemente tinha deixado sua posição de liderança na faculdade para trabalhar na Disney, tinha me recomendado. Eu conhecia Johnny Jackson desde 1952, quando recebi uma das bolsas de estudo da universidade. Ela cobria tudo – surpreendentes US$ 100 por ano! (Hoje em dia, estudantes residentes na Califórnia pagam mais de US$ 14 mil!)

No Walt Disney Studio, encontrei-me com Card Walker e Jimmy Johnson. Johnson logo se tornaria o chefe da Disneyland Records, que tinha sido montada em 1956 para criar álbuns com as canções da Disney gravadas por artistas famosos e para desenvolver material novo para a popular "Mouseketeer"[1] Annette Funicello (incluindo as canções que trouxeram Richard M. e Robert B. Sherman para o Disney Studio). A boa notícia para mim era que tanto Card quanto Jimmy Johnson eram Bruins.[2]

Card começou sua carreira de 45 anos na Disney na sala de correio em 1938 e se aposentou em 1983 como CEO da companhia. Quando a Segunda Guerra Mundial começou, ele se alistou na Força Aérea e serviu em um porta-aviões no Pacífico. Mais tarde, suas experiências de quando o navio foi atacado por kamikazes japoneses afetaram o início dos contatos para a criação da Disneylândia de Tóquio, quase cancelando a negociação que resultou no primeiro parque temático internacional da Disney – um incrível sucesso cultural e de negócio.

Minha entrevista no escritório de Card Walker no velho prédio do departamento de publicidade do Disney Studio durou em torno de vinte minutos – uma eternidade para os padrões de Card, como eu aprenderia ao longo dos trinta anos seguintes. Quando a reunião terminou, eu tinha meu primeiro emprego de verdade: editor do *Disneyland News*, que logo eu escreveria e editaria. Depois diagramaria suas 28 páginas e supervisionaria a impressão.

Assim começava minha carreira de 54 anos na Disney. Um mês antes de abrirem os portões da Disneylândia, eu estava entre os primeiros "membros do elenco" a fazer parte da folha de pagamento do Magic Kingdom.

∗ ∗ ∗

---

1. *Mouseketeer* é como são chamados os artistas que participaram do The Mickey Mouse Club (1955-1996). [N. T.]
2. A tradução literal de "bruin", um termo holandês, é urso marrom. Ele é o símbolo da UCLA, por isso, seus alunos são identificados assim. [N. T.]

Eu tinha 12 anos, em junho de 1946, quando meus pais se mudaram da Highland Park, em Nova Jersey, para Long Beach, na Califórnia. Meu pai, Leon George Sklar, era um muito respeitado professor com experiência de quinze anos na New Brunswick High School, em Nova Jersey. Profissionalmente, mudar não foi fácil para ele. As escolas da Califórnia deram-lhe um crédito de apenas três anos daqueles quinze de experiência que ele tinha de fato. Apesar de ter passado quase 35 anos na sala de aula e em posições administrativas, como professor, vice-diretor e diretor em escolas de Los Angeles, ele se aposentou em 1964 com um registro oficial de apenas 23 anos.

Minha mãe, Lilyn Fuchs Sklar, trabalhou na Johnson & Johnson, em New Brunswick, até eu nascer, em 6 de fevereiro de 1934. Depois disso, tornou-se mãe em tempo integral. Meu irmão, Bob, chegou em 3 de dezembro de 1936. (Mais adiante falarei de Bob. Ele se tornou um professor muito respeitado da Cinema Studies at New York University.)

Em Long Beach, meus pais alugaram e depois compraram uma dessas pequenas casas "à Lakewood", construídas logo depois da Segunda Guerra Mundial para atrair hordas de veteranos que passaram pelo Golden State (Califórnia) durante o serviço militar. Ainda me lembro das primeiras palmeiras que vi enquanto minha tia e meu tio, Frances e Bernie Dolin, nos levavam de carro pelo Beverly Boulevard da Union Station até seu apartamento em Hollywood, um quarteirão ou dois da esquina da Beverly com La Brea Avenue (a Hollywood Freeway, que leva de Los Angeles para Hollywood e San Fernando Valley só seria construída quatro anos depois).

Meu pai não tinha emprego quando chegamos à Califórnia. Logo lhe ofereceram um cargo na rede de escolas de Long Beach, e isso quase acabou com nossa família. O emprego era na Catalina Island, e minha mãe se recusou a morar lá. Finalmente, antes de as aulas começarem, em setembro, as escolas de Long Beach cederam e meu pai começou sua carreira na Califórnia na Long Beach Jordan High School.

Na Jordan High, ele herdou um grupo de estudantes um tanto selvagens e, ao final de nosso primeiro ano na Califórnia, foi para a Phineas Banning High School, em Wilmington, uma comunidade urbana fora de Los Angeles. Meu pai tornou-se um dos mais respeitados membros da comunidade e sua carreira deslanchou, garantindo-lhe uma promoção para ser diretor da escola onde mais tarde iria se aposentar: Madison Junior High, na região norte de Hollywood, no limite do San Fernando Valley.

Anos mais tarde, depois que meu pai morreu de ataque cardíaco logo após se aposentar, minha mãe contou a Bob e a mim algumas das histórias sobre o universo escolar da Banning High e da Wilmington Junior High nos anos 1940 e 1950. Aos poucos, meu pai contava para minha mãe sobre os revólveres e as facas que ele tomava dos alunos e das roupas – até mesmo roupas íntimas – que comprava para as crianças cujos pais não tinham condições. Na verdade, meu pai estava tão comprometido em servir aquela comunidade de imigrantes que voltava para Banning à noite para ensinar inglês para os hispânicos e asiáticos que desejavam se tornar cidadãos americanos.

Apesar de não me lembrar muito bem de tudo isso, tenho certeza de que serviu de exemplo para formar em mim meu comprometimento com a comunidade quando me tornei pai. Entre outras posições, fui eleito presidente da diretoria da escola em Anaheim, presidente da Orange County School Boards Association e prestei serviços nos parques de Anaheim e para as comissões de recreação e cultura. Essa tradição continua até hoje: minha esposa, Leah, e eu somos cofundadores da Ryman Arts, um programa para jovens artistas talentosos do ensino médio que já atendeu mais de 4 mil estudantes na região sul da Califórnia durante os seus 22 anos de existência.

No final da década de 1980, quando estava negociando com a cidade de Long Beach a construção de um parque na área do porto, tive uma reunião com Jim Hankla, então administrador da cidade de Long Beach. "Devo esta posição em que estou hoje", Jim disse, "a Leon Sklar. Eu não era um bom rapaz na Banning High... andava com as pessoas erradas, não era um bom aluno. Mas, de alguma maneira, participei das aulas e debates com seu pai e isso mudou minha vida. Motivou-me a ir para uma faculdade e fazer alguma coisa de bom. Serei sempre grato a seu pai. Eu não estaria aqui sem o encorajamento dele."

A experiência de meu pai no ensino médio também influenciou meu irmão e eu. No outono de 1951, ele se tornou conselheiro no jornal estudantil da Banning High. Ao mesmo tempo, Bob, então no nono ano, tornou-se editor do periódico e eu fui nomeado editor do *High Life* da Long Beach Poly. E ainda havia muito por vir. Dois anos depois de eu ser eleito editor do *The Daily Bruin* da UCLA, Bob foi escolhido para a presidência do conselho do *Daily Princetonian*, na Princeton University.

Mas foi minha mãe que realmente impulsionou a carreira dos "jornalistas" da família. Em 1946, entrei numa aposta de futebol e, de alguma forma, acertei o resultado de nove dos dez jogos. Ganhei um prêmio em dinheiro que se transformou no primeiro aparelho de TV da família Sklar. Acho que minha mãe, então, pensou que, se um garoto de 12 anos podia fazer aquilo, imagine o que ela e meu pai poderiam fazer no mundo dos concursos!

Naqueles dias, os concursos eram realmente baseados em conhecimento, diferente dos de hoje. A maioria das competições exigia que você escrevesse um texto de cerca de 25 palavras sobre algum assunto. Minha mãe e meu pai ganharam uma prática tão grande nesses jogos que nem ficamos surpresos quando o correio entregou outros prêmios. E não eram coisinhas baratas. Meu pai e minha mãe ganharam carro, dinheiro, viagens de férias, móveis, eletrodomésticos e aparelhos de TV.

Enquanto isso, Bob e eu estávamos começando a construir nossas bases em educação, valores e ética de acordo com o que aprendíamos com nossos pais. Eu fui para a UCLA com aquela bolsa de US$ 100 em 1952. Dois anos depois, meu irmão recebeu ofertas de bolsas integrais para Harvard, Yale e Princeton, valendo US$ 1.300 cada. Sem a bolsa, com o salário de professor, papai e mamãe não poderiam sonhar em mandar Bob para Princeton.

Nesse contexto, tive de ganhar eu mesmo meu dinheiro durante o tempo na UCLA. No verão depois de me formar no ensino médio, tive a sorte de ser contratado pela Douglas Aircraft, em Long Beach, onde rebites eram colocados dentro das asas dos C-124 militares (colocar rebites era uma operação manual em 1952). Em outro verão, servi sorvete em um *drive-in* barato. Uma noite, entre 17h e 19h, preparei mais de setecentos milk-shakes! Durante a época de Natal, peguei um trabalho temporário entregando pacotes para os correios, e só consegui isso porque meu pai me deixou usar o carro da família (você precisava ter seu próprio carro para conseguir o emprego). E, durante meu último ano na UCLA, trabalhei para a versão do *Advertising Age* para a costa oeste, um semanário de muito sucesso chamado *Media Agencies Clients* (MAC Publications), em Los Angeles. Eu me tornei editor-assistente antes de abandonar o cargo para me juntar à equipe da Disney em setembro de 1956.

Atualmente, as bolsas de estudo ainda levam em consideração muitas variáveis – desempenho acadêmico, atividades extracurriculares, serviço comunitário, atividades esportivas, necessidade financeira e uma competição aberta com outros candidatos. Não tenho certeza, depois de ter conhecido o processo de seleção para a bolsa de estudos da UCLA enquanto membro do conselho da Associação de Alunos, como minhas credenciais de 1952 seriam avaliadas hoje. Ter editado o jornal da escola e ser capitão do time de tênis no ensino médio, como eu fui, certamente ajudaria. Mas, como um leal Bruin, quando me pediram, em maio de 2010, para falar no almoço em que os ganhadores das bolsas da UCLA seriam anunciados, não resisti a fazer piada com nossos rivais do outro lado da cidade. Fiz as "perguntas que supostamente" são feitas no pedido de admissão para a University of Southern California (USC):

– Você leu algum livro neste ano? Se sim, por quê?
– Nomeie cinco estados (por exemplo, Califórnia, Nova York, Texas etc.)
– Você é jogador de futebol? Se sim, pule para a última linha deste formulário.

Para todos os meus amigos Trojans:[3] "Brincadeirinha!" (pelo menos foi isso que disse para os ganhadores das bolsas da UCLA).

---

3. A tradução literal de Trojans, termo em inglês, é troianos. É o termo usado para designar os alunos da University of Southern California (USC). [N. T.]

4

"Falhar na preparação é se preparar para falhar" – treinador John Wooden

No meu primeiro ano na UCLA, juntei-me aos irmãos da fraternidade Zeta Beta Tau na tradição Bruin: a competição anual Spring Sing. Nossa *performance* cantando "'S Wonderful", de George Gershwin, foi muito boa, mas foi uma das canções de Tom Lehrer que arrancou o melhor de nosso coro masculino. O professor de matemática de Harvard que se tornou letrista e *performer* de boates criou peças satíricas como "The Old Dope Peddler", "I Wanna Go Back to Dixie" e "The Wiener Schnitzel Waltz". Na Spring Sing, cantamos "Be Prepared", a marcha dos escoteiros.

Não ganhamos nenhum prêmio na competição, mas foi parte de minha introdução na vida universitária. Na UCLA, nós calouros estávamos sempre em aulas com veteranos que tinham acabado de voltar da Guerra da Coreia. E as escolas, como a UCLA Law School, eram sempre frequentadas por pessoas que haviam lutado na Segunda Guerra Mundial; seus anos de graduação tinham começado em 1946 ou 1947, e contavam com os benefícios da GI Bill.[1]

---

1. Lei de 1944 que garantia benefícios para os veteranos que voltavam da Segunda Guerra Mundial. [N. T.]

A principal razão de eu ter entrado em uma fraternidade em 1952 era ter um lugar para morar perto do campus. Não existiam alojamentos masculinos na UCLA naquela época (o primeiro foi aberto em 1959) e apenas um feminino, o Mira Hershey Hall.

Eu queria ser jornalista esportivo. Quando entrei no Kerckhoff Hall com esperança de fazer parte da equipe do *The Daily Bruin*, levei comigo algumas credenciais por minha participação nos jornais do ensino médio. Fui editor de um periódico na Long Beach Poly High School e responsável por uma coluna de esporte chamada "Sklargazing".

Como repórter-mirim, faz-se de tudo para seguir adiante. Meus primeiros trabalhos foram coberturas de natação e polo aquático. Mas logo passei para o atletismo e, no outono de 1954, para futebol. Logo depois, acompanhei a temporada de 1954-1955 de basquete. Foi uma oportunidade fantástica.

O time de futebol da UCLA em 1954, treinado por Henry "Red" Sanders, era cocampeão nacional com recorde de 9 a 0. Era cocampeão porque jornalistas esportivos da Associated Press e da United Press International dividiram os votos entre Ohio State e UCLA.

Viajei com o time para Lawrence, Kansas; Corvallis, Oregon; Seattle, Washington; e Berkeley, Califórnia, para registrar as vitórias dos Bruins na temporada pelos seguintes placares: 61-0, 67-0 e 72-0. E 34-0 sobre nossos rivais do outro lado da cidade, os Trojans, da USC, em jogo que aconteceu no Los Angeles Memorial Coliseum.

Mas foi a oportunidade de cobrir basquete e conhecer o treinador John Wooden que transformou de verdade meus anos na UCLA. Eu aprendi a ser um líder com o melhor. Sim, os Bruins eram bons. Na temporada 1954-1955, o time do treinador Wooden conseguiu um recorde de 21-5, 11-1 na Pacific Coast Conference, e dividiu dois jogos com a depois vencedora da NCAA,[2] a University of San Francisco, que contava com duas estrelas, Bill Russell e K. C. Jones.

O impressionante recorde do treinador Wooden de dez campeonatos nacionais em doze anos só começaria uma década depois, em 1964, mas o que aprendi observando-o como a um *professor* (o termo preferido dele) valeu por uma vida inteira. Na prática, a organização era óbvia. O treinador Wooden planejava todos os minutos de todos os dias e, depois de cada atividade – não importava se longa ou curta –, um assistente apitava e o time seguia para a próxima. "Falhar na preparação é se preparar para falhar" é um dos ensinamentos mais conhecidos do treinador, mas existem muitos outros nos livros que Wooden escreveu antes de morrer, aos 99 anos, em 2010. Muitas dessas preciosidades estão em *The Wisdom of Wooden*, escrito com Steve Jamison e publicado pela McGraw-Hill depois da morte do treinador: *Seja rápido, mas não corra... Não deixe que a busca pela sobrevivência impeça você de viver... Seja verdadeiro consigo mesmo...* e, claro, *Transforme cada dia em sua obra-prima*.

Vivi duas experiências inesquecíveis com o treinador Wooden – nenhuma delas dentro de uma quadra de basquete. A primeira foi em 1954, quando uma brecha nas regras da NCAA permitiu que um recém-chegado de San Pedro, Califórnia, pudesse jogar tanto no time principal quanto no dos iniciantes; a equipe de iniciantes era o primeiro passo para a carreira de atleta universitário naquela época. O recém-chegado, no entanto, não era um jogador qualquer, tinha sido o atleta do ano do ensino médio em Los Angeles. Então, um dia, recebi uma ligação do treinador no *The Daily Bruin* pedindo para ir ao seu escritório. Sua mensagem era clara: ele decidira que Willie Naulls, o jogador em questão, entraria direto

---

2. National Collegiate Athletic Association, a entidade mais importante do esporte universitário norte-americano. [N. T.]

no time principal. Parafraseando a mensagem do treinador: *Marty, eu nunca lhe diria como você deve escrever uma história para seu jornal. Mas, por favor, lembre-se de que existem quatro jornais em Los Angeles e todos os jornalistas esportivos vão escrever sobre o impacto de Willie no nosso time. Ele sofrerá uma pressão tremenda de todos os repórteres.* (Em 1954, a cobertura de esportes de Los Angeles era feita pelo *Times*, *Mirror News*, *Examiner* e *Herald-Express*. Desses, hoje, apenas o *Times* continua existindo.) Depois disso, o treinador não precisava me dizer como ele esperava que eu tratasse a história no *The Daily Bruin*.

Esse exemplo é emblemático de como a primeira preocupação de Wooden era sempre com seus jogadores. Não é por acaso que todos os *all-americans* e *pro all-stars* que vieram depois – Kareem Abdul-Jabbar, Bill Walton etc. – continuaram a procurá-lo para pedir conselhos mesmo trinta ou quarenta anos depois de terem parado de jogar. (E Willie Naulls tornou-se uma estrela: *all-american*, escolhido pela NBA, três vezes *pro all-star*, três vezes campeão da NBA com o Boston Celtics.)

A segunda experiência foi uma palestra que o treinador Wooden deu como parte de uma série maravilhosa chamada "My Last Lecture" [Minha última palestra] na University Religious Conference em outubro de 1955. Naquela época, eu era editor-chefe do *The Daily Bruin* e escrevi o seguinte editorial chamando os colegas para assistir à palestra.

All articles appearing on this page are the opinion of the writer and do not represent the opinion of the UCLA Daily Bruin, the Associated Students, or the University Administration.

4 UCLA DAILY BRUIN   Wednesday, October 26, 1955

EDITORIALS
Wooden's 'Last Lecture'

There are many facets of university life, both in and out of class room activities. They need not be expounded here. But among the most interesting to this writer is hearing a good talk by a man who really knows his stuff.

It was my contention in an editorial earlier this semester that student government, or any group on campus, should stimulate and sponsor interesting discussions and lectures at UCLA. But right under our collective noses, a program of this sort is already underway. (However, the existence of this program is no reason why other types of lecture-discussions should not become part of the UCLA educational picture.)

Tomorrow at 3:15 p.m. at 900 Hilgard Ave., the Conference Associates of the University Religious Conference will present the second of six lectures given by various members of the faculty.

Entitled "My Last Lecture," the series began last week with a talk by Joseph Spencer of the geography dept. It will continue tomorrow and on forthcoming Thursdays with talks by Basketball Coach John Wooden, James Coleman of the political science dept., Miss Mary Holmes of the art dept., Kenneth Trueblood of the Chemistry dept. and Abraham Kaplan of the philosophy dept.

The question posed to these people is: "What would you tell your audience if you had but one lecture to give? Your last lecture on this earth?"

The latitude of the answers is great; the comments should be most interesting.

Tomorrow, one of my favorite "professors" will be featured. He is a man who, along with Football Coach Red Sanders, has been most responsible for putting UCLA on the athletic map across the nation. His actions and representatives, the team he coaches, have won friends for UCLA wherever he has gone. It would indeed be a formidable blow to UCLA if tomorrow's lecture were to be John Wooden's last at UCLA, but fortunately, it is with all sincerity that I say I hope it will be but one of many, many more in numerous years to come.

Admittedly, I am quite prejudiced when it comes to talking about Coach Wooden. I simply feel he is at the top among gentlemen, friends and coaches.

I wouldn't miss his talk for anything.

You'll enjoy it, too, and the remainder of the series as well.

                                                                                            Marty Sklar
                                                                                                 Editor

"Última palestra" de Wooden

A vida universitária tem muitas facetas, tanto dentro quanto fora das atividades da sala de aula. Elas não precisam ser expostas aqui. Mas entre as mais interessantes para este escritor está ouvir uma boa palestra feita por um homem que realmente entende das coisas.

Discuti num editorial no começo deste semestre que os responsáveis pelos estudantes, ou qualquer grupo no campus, deveria estimular e patrocinar discussões e palestras interessantes na UCLA. Mas, bem debaixo de nossos narizes, um programa desse gênero já está em andamento. (De qualquer forma, a existência desse programa não é razão para que outros tipos de discussões-palestras não devam fazer parte da cena educacional da UCLA.)

Amanhã às 15h15, no número 900 da Hilgard Ave., a Conference Associates da University Religious Conference apresentará a segunda de seis palestras dadas por vários membros do corpo docente.

Intitulado "Minha última palestra", a série começou na semana passada com Joseph Spencer, do Departamento de Geografia. Continua amanhã e nas próximas quintas-feiras com falas do treinador de basquete John Wooden, James Coleman, do Departamento de Ciência Política, sra. Mary Holmes, do Departamento de Arte, Kenneth Trueblood, do Departamento de Química, e Abraham Kaplan, do Departamento de Filosofia.

A questão colocada para essas pessoas foi: "O que você diria para sua plateia se você tivesse apenas mais uma palestra para dar? Sua última palestra na Terra?".

A amplitude das respostas é grande: os comentários devem ser os mais interessantes.

Amanhã será a vez de um dos meus "professores" favoritos. Ele é um homem que, junto com o treinador de futebol Red Sanders, foi o maior responsável por colocar a UCLA no mapa dos esportes no país. Suas ações e representantes, o time que treina, ganharam amigos para a UCLA por onde passou. Seria um desastre formidável para a UCLA se a palestra de amanhã fosse a última de John Wooden na UCLA, mas, felizmente, é com toda a sinceridade que digo que espero que seja uma de muitas nos próximos e numerosos anos.

Admito que sou um pouco tendencioso quando falo sobre o treinador Wooden. Eu simplesmente sinto que ele é o maior entre os *gentlemen*, amigos e treinadores.

Não perderia sua palestra por nada.

Você vai gostar também, assim como dos demais participantes da série.

Marty Sklar
Editor

Cinquenta e quatro anos depois, quando eu já era membro do conselho da UCLA Alumni Association, Ravi Doshi, o presidente da Alumni Scholars Club, aproximou-se com algumas questões sobre a série "My Last Lecture". Ele tinha lido meu editorial de 1955 e estava intrigado com a seguinte questão: "O que os grandes professores da UCLA em 2010 diriam para seus estudantes se pudessem fazer apenas uma palestra – sua última palestra na Terra?", ele me perguntou. Um colega da Alumni Scholar, Max Belasco, assistira a uma palestra *on-line* com esse título feita na Carnegie Mellon University por um professor que estava morrendo de câncer no pâncreas. Eu conhecia o palestrante: aquele professor, Randy Pausch, trabalhara como consultor na Walt Disney Imagineering.

Ravi e os Alumni Scholars trabalharam naquela ideia: fizeram uma votação aberta na qual 2 mil alunos deveriam escolher o professor de quem eles mais gostariam de ouvir uma "última palestra". Em abril de 2010, o dr. Asim Dasgusta, professor e vice-presidente do Departamento de Microbiologia, Imunologia e Genética Molecular, deu início a mais uma tradição Bruin, baseada numa ideia de cinquenta anos antes. A sala lotada de estudantes ouviu-o falar: "Eu só gostaria de contar aos alunos o que aprendi ao longo dos trinta anos de minha vida como cientista".

$* * *$

No começo dos anos 1950, a UCLA era muitas vezes chamada de "a escolinha vermelha". Era o tempo do McCarthismo, e a administração da universidade compartilhava muitas das perspectivas dos senadores. Um dia, o reitor Milton Hahn chamou-me ao seu escritório. Ele estava parado próximo à janela quando cheguei, e suas primeiras palavras me surpreenderam: "A qualquer momento que você olhar para o campus", ele disse, "lá estarão quinhentos homossexuais caminhando de um lado para o outro." Algumas coisas você não consegue esquecer. O administrador estava paranoico com os protestos políticos.

O que preocupava os administradores era o medo de que o jornal da universidade fosse tomado por repórteres e editores esquerdistas. Liberdade de imprensa não fazia parte do vocabulário deles quando Irv Drasnin, meu amigo e colega do *The Daily Bruin*, tornou-se editor-chefe do jornal na primavera de 1955. Quando as eleições estudantis aconteceram antes do fim do ano letivo, Irv foi eleito presidente da associação dos alunos – e eu fui "eleito" editor do *The Daily Bruin*. A eleição estudantil deve ter dado a sensação de que existia liberdade de escolha. Eu tinha cumprido meu estágio – dois períodos como editor de esportes e um como editor de cidade –, então, tinha todas as credenciais para o cargo máximo no *The Daily Bruin*. Mas nunca deveria ter existido uma votação como aquela para uma posição que o corpo de estudantes não tinha conhecimento suficiente para definir.

Apesar de toda essa atividade extracurricular, minha educação na UCLA também se deu nas salas de aulas e nos auditórios. Lembro-me bem de professores como George Mowry, de História, e Currin Shields, de Ciência Política. E nunca esquecerei a oportunidade que tive de conhecer Abraham Kaplan, o brilhante professor de Filosofia, ou ouvir uma palestra do professor de Educação Frederick Woellner. ("Texto", ele quase gritou, "fora do contexto é *pretexto!*")

E, além de tudo isso, conheci na UCLA aquela que seria minha esposa, Leah Gerber. Casamos em 12 de maio de 1957.

Minha maior decepção na UCLA foi ter concorrido e ser o último candidato eliminado, entre mais de cem concorrentes, de um projeto especial feito em conjunto com a University Religious Conference e a Fundação Ford para combater a imagem negativa dos Estados Unidos na Índia. Ele foi chamado, simplesmente, de Projeto Índia. Começando em 1952, o Projeto Índia enviou doze estudantes de diferentes bagagens étnicas, culturais e religiosas para nove semanas de verão na Índia. Lá foram realizados encontros com universitários, os alunos viveram com seus anfitriões em suas casas em vilas e cidades, esperando fazer amigos para os Estados Unidos. Foi uma espécie de precursor dos Corpos da Paz, que começaram no início da década de 1960.

Em 1955, eu realmente senti que ganhara o direito de ser o segundo estudante judeu selecionado – para me juntar ao meu amigo Sandy Ragins, que mais tarde tornou-se rabino. Mas não fui escolhido e desejei o bem dos embaixadores que se prepararam para partir para a Índia.

Menos de uma semana depois, recebi uma ligação na sede da fraternidade ZBT. Era o "crupiê de Las Vegas" Card Walker perguntando se eu podia ir ao Walt Disney Studio para a entrevista que mudaria minha vida. Certamente, a viagem para a Índia nunca teria o mesmo efeito.

5

"Eu não sou mais Walt Disney!"

No final de 1965, Walt comemorou seu 64º aniversário, e Roy O. Disney, com 72 anos, começou a planejar sua própria aposentadoria. Card Walker, o então provável futuro CEO, chamou a mim e Bob Moore, líder gráfico do Studio, ao seu escritório. "Precisamos que a mídia, nossos fãs e a indústria de entretenimento saibam que, por maior que seja o talento de Walt, ele não é a *única* pessoa criativa na Disney", Card nos disse. "Vamos usar o relatório anual para iniciar o diálogo."

Bob Moore e eu éramos bons soldados. Sob a direção de Card, identificamos os maiores talentos criativos da companhia e desenvolvemos um plano de fotografá-los trabalhando em seus projetos. Algumas fotos seriam com Walt, outras não. Eles eram Bill Walsh, Don DaGradi e Bob Stevenson – a equipe de *Mary Poppins* – em filmes com atores reais; Dick e Bob Sherman, os compositores que tinham ganho um prêmio da Academia; os "Nove Velhos" da animação Disney – todos ainda trabalhando, apesar de Marc Davis ter mudado para a Imagineering; e John Hench, Claude Coats e Davis, da Imagineering. As fotografias contavam a história, e, com o design de Bob Moore e meus textos identificando os talentos, acompanhamos Card quando ele foi passar o conceito com Walt. Ele ouviu pacientemente e disse: "Não".

"Olhe", Walt nos falou, "eu não quero as pessoas falando 'esta é uma produção de Bill Walsh para a Disney' ou 'este é um design de John Hench para a Disneylândia'. Eu passei toda a minha vida construindo a imagem do entretenimento e do produto de Walt Disney. Agora Walt Disney é uma coisa, uma imagem, uma expectativa de nossos fãs. É *tudo* Walt Disney – no final, todos pensamos de maneira semelhante. *Eu não sou mais Walt Disney*."

De qualquer forma, as imagens ainda contaram a história no relatório anual. Walt deu o OK para as imagens e os textos identificando apenas os projetos Disney. Não foram usados nomes; nenhuma pessoa foi identificada ou creditada nas fotos. Todos entendemos a mensagem.

Pensando sobre esta parte do livro, dei-me conta de que poucas pessoas do mundo do entretenimento tiveram tantos textos escritos sobre elas quanto Walt Disney. Perguntei a Richard Benefield, então diretor executivo do extraordinário Museu da Família Walt Disney, em San Francisco, e a Becky Cline, diretora dos Arquivos Walt Disney, na The Walt Disney Company, para conseguir o número de biografias que eles acreditam que foram escritas sobre Walt. Apesar de sua morte há mais de quarenta anos, o número de livros parece crescer como o Flubber no filme *O fantástico super-homem*, de 1961. Eles estimam o número de biografias em 52, considerando o período de 1950, 1960 e 1970 (*The Story of Walt Disney*, de Diane Disney Miller, e *Walt Disney: an American Original*, de Bob Thomas) até o século XXI (*Walt's Revolution! By the Numbers* (2003), de Harrison Price, e *Walt Disney: O triunfo da imaginação americana* (2006), de Neal Gabler, este último um "triunfo" de 851 páginas que *não* foi bem recebido pela família Walt Disney).

Como tudo o que vale a pena saber sobre Walt Disney ainda não foi escrito, vou contar apenas histórias pessoais – ou seja, aquelas vividas diretamente por mim e meus colegas. A maioria delas nunca foi impressa. Não posso deixar de começar com várias das minhas histórias favoritas sobre Walt que me foram contadas por aqueles que estavam lá, ilustrando sua personalidade multidimensional:

- Uma das primeiras exposições de arte da Disney que foi levada para outra cidade, "The Art of Animation", seria aberta em Denver, Colorado. Walt estaria na abertura, mas chegou na noite anterior para uma checagem final da exposição. No café da manhã do dia seguinte, ele se juntou à equipe de montagem, que já tinha pedido os pratos. Walt fez então sua escolha. Antes de a garçonete sair de perto da mesa, todas as quatro pessoas da equipe de montagem, um depois do outro, mudaram o pedido com um comentário do tipo "isso parece bom, também quero um desse!". Agora eram cinco cafés da manhã idênticos. "Então", Walt disse, *será um dia daqueles!*" E foi embora.
- Um produtor de televisão do Disney Studio estava descontente porque Walt não o tinha considerado para ser um "criativo". Determinado a mudar a percepção de Walt, e lembrando do trabalho artesanal do próprio Walt quando construía trens e miniaturas no celeiro de sua casa de Holmby Hills, o produtor gastou semanas criando uma maquete. Ele chegou mais cedo um dia e montou seu trabalho no escritório de Walt, insistindo para que ele visse seus esforços antes de começar seu dia. Entusiasmado com o produto de semanas de trabalho, o produtor esperou a reação, mas não aconteceu nada. "Bem", o produtor lamentou, "pelo menos você pode me dar um 'E de Esforçado'". Reagindo finalmente, Walt respondeu: "Vou te dar um 'M de Merda'".
- Walt saiu do prédio de animação do Disney Studio e tentou acender um cigarro, mas seu isqueiro falhou. Apareceu então Ken Anderson, um dos maiores talentos de roteiro e desenvolvimento de personagens. O isqueiro dele funcionou, mas

funcionou tão bem que colocou fogo no bigode de Walt, que era sua marca pessoal, diante de uma multidão de animadores. Ken não dormiu direito à noite e, quando foi chamado ao escritório de Walt no dia seguinte bem antes do meio-dia, já esperava o pior – que seus dias na Disney estavam contados. Walt estava esperando por ele, com instruções. "Venha, Ken, vamos almoçar." E assim foram ao restaurante da Disney, onde todos puderam vê-los comendo e conversando.

Anos depois, me lembraram dessas histórias durante uma sessão de gravação para a atração da Ford Motor Company na Feira Mundial de Nova York, em 1964-1965. Eu escrevera a narração para o passeio Magic Skyway que Walt e os Imagineers tinham criado para o Pavilhão Ford. No segundo ano da Feira Mundial, a Ford pediu que Walt fosse o narrador.

Gravamos cedo numa manhã de 1965. A voz de Walt estava mais rouca do que o normal. Conforme ele engasgava linha após linha, o número de imprecações aumentava. Primeiro foram dirigidas a mim, pois Walt reclamava do comprimento de algumas frases e da pronúncia dos nomes dos dinossauros que faziam parte da atração. O trecho a seguir dá um pouquinho do sabor do que foi aquela sessão de gravação:

"Graças a alguma mágica fora de moda, este carro da Ford Motor Company será a máquina do tempo de nossa história – então, se sua imaginação está pronta, aqui vamos nós! Viajaremos para o passado – muitos milhões de anos –, de volta a um tempo em que criaturas gigantescas faziam a terra tremer e voavam como planadores no céu. Você deve conhecer alguns nomes: alossauros, brontossauros, triceratopes, tiranossauros..."
Caramba este é complicado – é bem grande –, estou com um sapo na boca... Melhorou, Marty? Ruim? Oh, merda – não quero que ninguém me ouça falando

palavrão, Marty – antes de mandar isso para a Ford você vai editar, certo, Marty?

Claro, Walt!

Walt *não* era um chefe que queria um "sim" a qualquer custo. Ele simplesmente não gostava de "não".

Em 1953, Walt mandou Dick Irvine, Bill Cottrell (presidente da WED, casado com Hazel, irmã de Lillian Disney) e Harrison "Buzz" Price a Chicago para repassar a ideia da Disneylândia com os maiores operadores de parques de diversão da época que estariam reunidos para uma convenção. A equipe da WED relatou a reação dos "especialistas" em parques de diversão:

Resultado. A ideia do parque do sr. Disney é muito cara para ser construída e muito cara para operar. "Diga a seu chefe", eles disseram, "para guardar o dinheiro dele. Diga para ele se concentrar no que entende e deixar o negócio de diversões para quem é da área."

O mestre em "conseguir o sim" de Walt era seu consultor favorito, Buzz Price, autointitulado "o homem dos números", autor de *Walt's Revolution! By the Numbers*. Desde o início da Disneylândia, Buzz focou os objetivos de Walt. Mais tarde, ele escreveu:

Walt disse que seu parque deveria ser um *work in progress*. Diferente de empreendimentos do gênero existentes, esse não deveria nunca estar finalizado. A ideia de um reinvestimento constante era um novo conceito. Walt identificou a instabilidade do público e o desafio de sempre oferecer alguma coisa nova. Para mim, essa grande aventura empreendedora era uma exposição ao "sim, se", uma expressão mais útil que o "não, porque"... "Sim, se" é a expressão do realizador, aquele que mostra o que precisa ser feito para tornar plausível o possível. Walt gostava dessa expressão. "Não, porque" é a expressão daquele que mata qualquer negócio. "Sim, se" é o termo usado pelo negociador. Pessoas criativas crescem com "sim, se".

Para muitos de nós, Walt era o diretor de elenco supremo. Ele conhecia os talentos de sua equipe melhor do que qualquer um e estava sempre buscando caminhos para expandir suas habilidades – como se quisesse nos deixar prontos para uma tarefa a ser realizada num futuro projeto que ainda só existia na sua cabeça.

Não muito tempo depois de ser transferido para a Imagineering depois de 27 anos como animador, X. (de Xavier) Atencio foi chamado ao escritório de Walt. "Eu quero que você escreva o roteiro de Pirates of the Caribbean", Walt explicou.

"Mas, Walt", X. respondeu, "eu nunca escrevi um roteiro." X. não só se tornou o autor dos diálogos falados por Johnny Depp nos filmes *Piratas do Caribe* como se transformou num letrista depois de Walt ter gostado de sua ideia para uma música que os piratas cantariam: "Yo ho, yo ho, uma vida de pirata pra mim!".

Quando o modelo completo da cena do leilão que faz parte da atração dos Piratas ficou pronto, X. percebeu que tinha exagerado nos diálogos, mas Walt não permitiu que ele cortasse nenhuma linha. "Pense assim", Walt explicou, "é como num coquetel: você ouve uma palavra aqui, outra ali e tem uma ideia geral do que está sendo falado. Nossa viagem de barco é ainda melhor; se você quiser ouvir o resto da conversa, volte para um novo passeio!"

Herb Ryman costumava dizer que Walt era o "maestro de uma das maiores orquestras do mundo – e eu tenho orgulho de ser um de seus músicos". Mas John Hench comparava o elenco de talentos de Walt com "cachorros numa coleira". Os "cachorros" mais confiáveis, John dizia, "podiam vagar longe para o leste ou para o oeste, experimentando novos truques". Os outros eram mantidos em coleiras mais apertadas; tinham que ficar perto de casa e "cuidar da loja". A orientação que valia para todos, John explicou, era que "Se Walt tinha decidido em que direção caminharia, ninguém podia sair dela. Se ele decidisse ir para o norte, *todos* iriam para o norte, ninguém iria para o sul".

No final dos anos 1950, uma das minhas tarefas era escrever *The Story of Disneyland*, um guia vendido como *souvenir*. Como os custos de impressão e produção aumentaram para 24 centavos e o produto era vendido a 25 centavos, a equipe de *merchandise* queria dobrar o preço final para 50 centavos. Naquela época, Walt era o juiz e o júri até mesmo de decisões tão banais como essa. Eu acompanhei a reunião da equipe com ele. "Não", foi a sua resposta. Os motivos de Walt eram claros e diretos.

Veja, não precisamos lucrar com *cada* linha de *merchandise*. Nossos visitantes levam esses livros para casa, colocam-nos na mesa e os amigos veem e pensam: "Esse lugar parece divertido!". Então, quando eles vêm, compram ingressos para o parque, comida e *merchandise*. É assim *que* lucraremos. Mantenha o preço em 25 centavos; eu quero o maior número de livros que você conseguir vender na casa das pessoas em todos os cantos do país – e ao redor do mundo.

Marc Davis, um dos maiores talentos de animação da Disney desde 1930, teve uma experiência semelhante quando saiu do Studio para a Imagineering no começo dos anos 1960. Apesar de ter feito dezenas de apresentações para Walt ao longo de sua carreira, tendo sido responsável por alguns dos mais famosos personagens das animações Disney – de Tinker Bell, em *Peter Pan*, a Cruella De Vil, em *101 dálmatas*, e Malévola, em *A Bela Adormecida* –, Marc estava nervoso quando apresentou os primeiros esboços de um *storyboard* para um show a ser apresentado no parque.

Quando Walt, mergulhado em pensamentos, não respondeu imediatamente, Marc ficou sem chão. "Walt, tenho outra ideia e é bem mais barata." Então Walt respondeu rapidamente. Colocando a mão no ombro de Marc, deu o tom de como os Imagineers deveriam criar para os parques da Disney. "Marc", Walt disse, "tenho um andar inteiro de profissionais de finanças e contadores que me dirão qual o jeito mais barato de se fazer alguma coisa. Eu pago você para *me dizer qual o melhor jeito!*"

Passei por uma experiência embaraçosa quando tinha 25 ou 26 anos. A lição tornou-se uma regra que dividi com a equipe criativa da Imagineering no meio século seguinte. Numa reunião, Walt fez uma pergunta informal, e eu respondi. Infelizmente, quando voltei para meu escritório, descobri que tinha passado a informação errada. E foi aí que cometi o *maior* erro. Em vez de ligar-lhe ou mandar-lhe um recado corrigindo o erro, não fiz nada.

Um ano depois, um assunto semelhante surgiu em uma reunião, e, dessa vez, eu tinha a resposta correta. O olhar de Walt poderia ter secado a Bruxa Má do Oeste. "A última vez que discutimos isso, você disse…"

Eu não precisava de um relatório com a assinatura de Walt para explicar o meu "erro juvenil". Aqui está a regra: não se espera que ninguém tenha todas as respostas. Se você for questionado e não souber a resposta, diga "eu não sei, mas vou descobrir". E, quando o fizer, não deixe de passar a informação correta. Você nunca sabe quem é o elefante que está na sala – e elefantes nunca esquecem.

Walt e a sra. Disney adoravam o avião da companhia – um dos primeiros Grumman Gulfstream, comprado em 1963. Quando foi aposentado e exposto atrás dos estúdios da Disney em Hollywood, na Flórida, em 1992, ele tinha batido recordes de longevidade e milhagem para um aparelho em serviço empresarial: 29 anos, 12.300 horas de voo e quase 7 milhões de quilômetros!

Uma das razões de os Disney amarem aquele Gulfstream para quinze passageiros no começo dos anos 1960 era que ele podia atravessar o país, de Burbank a Nova York. Os pilotos logo descobriram a escala favorita para reabastecimento de Walt: Grand Island, Nebraska. A família que cuidava da pequena estação estendia um tapete vermelho para que os passageiros pudessem esticar as pernas e, claro, fazer ligações – era uma época bem anterior aos telefones celulares. Mas o maior atrativo era o bolo que a dona da estação assava para os executivos que paravam ali. Era um produto original do Meio-Oeste estadunidense dos anos 1960 – direto do coração e do coração do país –, exatamente como o produto de Walt.

Em uma das viagens, porém, reabastecemos em Lincoln, a capital de Nebraska. Eu entrei imediatamente no terminal e procurei um telefone para ligar para meu amigo e ex-colega da UCLA Sandy Ragins – na época rabino de uma congregação judaica em Lincoln. Imagine minha surpresa quando a operadora da central de telefone de Lincoln respondeu minha chamada para me informar que "o rabino Ragins está de férias esta semana".

Tenho certeza de que cruzar as infindáveis plantações de milho de Nebraska foi uma das inspirações de Jack Lindquist para o brilhante Cornfield Mickey [Campo de Milho do Mickey]. Para celebrar os 60 anos de Mickey Mouse, Jack – o extraordinário gerente de marketing e mais tarde primeiro presidente da Disneylândia – desenvolveu um desenho da cabeça do Mickey que seria vista pelos passageiros dos aviões que cruzavam os Estados Unidos. Como Jack relatou na sua autobiografia, *In Service to the Mouse*: "O perfil do Mickey tinha 6,5 milhões de pés de milho e cerca de 1,2 quilômetros quadrados de aveia. A cabeça do Mickey tinha cerca de 5,6 quilômetros de circunferência". Foi plantado nos arredores de Sheffield, Iowa – uma cidade de 1.224 habitantes. Quando 15 mil pessoas apareceram para comemorar o aniversário do Mickey, e o desenho se tornou uma atração para os passageiros que cruzavam os céus, Cornfield Mickey foi tema do programa *Today*, do *Good Morning America* e da CNN. Essa foi apenas uma das incríveis ações de marketing de Jack Lindquist.

Se aquele avião pudesse falar, que histórias contaria! Minha favorita é uma que Buzz Price contou. Durante as preparações para a Feira Mundial de Nova York de 1964, seu organizador, o comissário dos parques da cidade de Nova York, Robert Moses, pegou uma carona com Walt Disney na aeronave da companhia. Enquanto Walt Disney e Robert Moses discutiam sobre o local designado para a área de entretenimento da Feira, Buzz fez o papel de *bartender*, enchendo os copos com uísque "mais de uma vez", lembrou. De repente, Walt mudou de assunto. "Você está muito gordo para voar no meu avião!", Walt disse enfaticamente para Buzz.

Buzz levou a sério as palavras do chefe. Nas seis semanas seguintes, perdeu cerca de catorze quilos. Sempre o homem dos números, ele contou cada quilômetro corrido, cada peso levantado e cada caloria consumida.

Um dos pontos fortes de Walt nos relacionamentos com os talentos era que ele sempre deixou claro que se preocupava conosco. Muitos de nós trabalhamos sem parar durante meses para criar e montar os quatro shows da Disney na Feira Mundial de Nova York – especialmente "it's a small world", que foi criado em onze meses, a partir do primeiro esboço feito em Glendale até a inauguração em Nova York. Mas as recompensas chegaram rápido: Walt colocou o Gulfstream à disposição num voo semanal que levou muitos de nós – com nossas esposas – de Burbank a LaGuardia para quatro dias de visita à Feira.

Minha esposa, Leah, e eu tivemos a sorte – junto com Ham Luske e Mac Stewart (e suas esposas), que criaram o programa de TV *Disneyland Goes to the World's Fair* – de viajar para Nova York com Walt e Lilly Disney. Os Disney ficaram no fundo do avião, só os dois em um espaço que poderia acomodar oito ou nove pessoas. Nós seis estávamos bem confortáveis na parte da frente. Mas, antes que o avião decolasse, Walt apareceu na entrada da parte de trás e (de costas

"Eu não sou mais Walt Disney! 61

para a sra. Disney) deixou bem claro que o banheiro do fundo não era exclusivo da "Madame Rainha"!

Outro voo memorável para mim aconteceu após uma apresentação para Henry Ford II que não foi bem-sucedida. A intenção era, depois da Feira, manter a Ford como uma patrocinadora da Disneylândia. Fizemos todo o possível para que a apresentação fosse um sucesso em Dearborn, Michigan. Claude Coats e X. Atencio cuidaram da parte criativa, usando uma maquete fabulosa que enviamos para Detroit. Eu trabalhei com o fotógrafo Carl Frith para ilustrar a canção comercial exclusiva que Walt tinha pedido para Bob e Dick Sherman escrever; ela se chamava "Get the Feel of the Wheel of a Ford" – Dick tinha até gravado uma versão em sua melhor imitação da voz de Maurice Chevalier. E Walt fez a apresentação final, descrevendo o que a Disney poderia fazer para a Ford com a Disneylândia e a equipe da Disney como uma base na Costa Oeste.

Henry Ford II não apenas não reagiu como parecia não considerar o valor potencial que o talento da Disney tinha para apoiar o produto da sua empresa. Eu sei que foi isso que fez Walt explodir quando estávamos a bordo do Gulfstream.

Apesar do impacto que o Pavilhão Ford desenvolvido pela Disney teve durante a Feira Mundial (ele foi o segundo em número de visitantes, só perdendo para o da GM entre os 150 expositores participantes) e do fato de Walt ter concordado em abrir mão de seu cachê pessoal de US$ 1 milhão para emprestar seu nome durante o evento em troca do patrocínio da Ford para a Disneylândia, o sr. Ford parecia não prestar atenção. Walt não poupou o empresário quando decolamos do aeroporto de Detroit. "Este", ele disse, "é o homem mais estúpido que já conheci!"

Minha experiência me mostrou que Walt Disney deixava clara sua reação para os mais importantes executivos com os quais nos relacionamos durante o desenvolvimento de shows patrocinados para a Disneylândia ou para a Feira Mundial.

J. Stanford Smith, vice-presidente da General Electric (mais tarde CEO da International Paper Company), visitou os escritórios da WED, em Glendale, para ver a atração Carousel of Progress que estava sendo preparada para o pavilhão da GE na Feira Mundial de Nova York. A apresentação era uma sequência dramatizando a mudança e melhora de vida das famílias com a evolução dos produtos para o lar; levava o público dos dias pré-eletricidade até "hoje". Smith reclamou que a atração mostrava produtos da GE que não eram mais produzidos. Walt pacientemente explicou a abordagem, reforçando que ele sempre "usou a nostalgia de um tempo a ser lembrado de maneira carinhosa" para estabelecer uma relação com o público. "Eu amo a nostalgia", ele sempre nos dizia.

O sr. Smith não estava sentindo nenhuma nostalgia. Tudo que ele conseguia ver eram velhas máquinas de lavar e secadoras de 1920 e aparelhos de TV de 1940 que a GE não fabricava mais. Walt acabou perdendo a paciência e abandonou a reunião. Depois, soubemos que saiu dali direto para o escritório do advogado da WED com a seguinte mensagem: "Estou fora deste contrato!".

Por sorte, e coincidência, Walt tinha uma visita pré-agendada de Gerald Philippi, CEO da GE, ao Disney Studio para a segunda-feira seguinte. Tommie Wilck, então secretário número 1 de Walt e um bom amigo, contou-me que as primeiras palavras de Walt assim que o sr. Philippi sentou-se foram: "Estou tendo problemas com um de seus vice-presidentes!". O sr. Philippi entendia a frase própria do show business: "O show deve continuar"... porque essa foi a última vez que ouvimos falar da reclamação do sr. Smith. E o Carousel of Progress não foi apenas um grande sucesso da Feira, mas seguiu divertindo o público da Disneylândia por seis anos depois do evento. Em 1975, foi levado para o Magic Kingdom no Walt Disney World, onde uma versão da atração original ainda está ativa, cinquenta anos depois de sua estreia em Nova York.

Walt Disney não era de elogios, mesmo quando realmente gostava do trabalho da pessoa.

Por muito tempo, fiquei me perguntando como ele – tão pouco propenso a exprimir seu apreço por um trabalho bem-feito – pôde ser recompensado pelo entusiasmo dos incríveis talentos com os quais trabalhei nos anos 1950 e 1960, enquanto Walt estava vivo. Eu sempre ouvi o compositor Richard Sherman, um dos criadores mais articulados da magia da Disney e vencedor de um Oscar, descrever a reação de Walt a músicas como "A Spoonful of Sugar" ou "Super-califragilisticexpialidocious", de *Mary Poppins*: "'Vai funcionar' era típico", Dick lembra quase cinquenta anos depois, "e Bob e eu sabíamos que esse seria o elogio que receberíamos", completa.

Acho que Walt Disney acreditava que *o elogio estava no produto*, no sentido de que a reação positiva do público a um filme da Disney ou a um programa de TV ou a uma atração da Disneylândia era todo o elogio de que precisávamos. Sentar em um cinema e gargalhar vendo os pinguins dançarinos de Dick Van Dyke ou secar uma lágrima quando Dumbo é separado de sua mãe ou fazer um passeio pelo mundo de todas as crianças no "it's a small world" no Magic Kingdom talvez ajude a entender por que Walt não acreditava que precisava expressar seu elogio. O público sempre falou por ele, claramente e com bastante entusiasmo.

Nós sabíamos onde estávamos na lista de talentos de Walt Disney. Ouvíamos isso de nossos líderes e gerentes. E sabíamos por conta dos novos trabalhos que recebíamos.

Uma coisa que sei por experiência própria: nada na minha relação com Walt Disney ou seu irmão foi influenciada, positiva ou

64   Sonhe e faça acontecer

negativamente, porque sou judeu. Na verdade, Tommie Wilck me contou que um dia Walt me chamou quando eu estava na sinagoga celebrando os dias sagrados judeus Rosh Hashanah e Yom Kippur. Quando Tommie disse a Walt onde eu estava, ele reagiu da seguinte forma: "É onde ele deveria estar, com sua família". Tenho certeza de que alguns dos principais talentos da empresa e executivos – como os compositores Dick e Bob Sherman; Irving Ludwig, líder da Buena Vista Distribution, responsável pelo marketing dos filmes da Disney; Armand Bigle, que dirigiu a operação europeia da Disney de Paris – nunca tiveram uma "questão judia" ou qualquer outro problema desse tipo com Walt ou Roy.

Acredito que o rumor que geralmente aparece sobre o assunto deve-se a vários fatores que cercam a história dos irmãos Disney: primeiro, cresceram no Meio-Oeste, onde não existiam tantos judeus; segundo, pareciam *outsiders* no ambiente de Hollywood, onde quase todos os estúdios foram criados ou dirigidos por judeus de raízes europeias – os Goldwyn, os Mayer, os Thalberg, os Stein, os Wasserman; e terceiro, o fato de que foi Charles Mintz, um distribuidor e (a propósito) um judeu, que pirateou o primeiro personagem de sucesso de Walt, Oswald, o Coelho, e assinou contratos com os animadores que o criaram em meados de 1920. A boa notícia é que esse "roubo", que na época foi quase uma sentença de morte para o Disney Brothers Studio, levou Walt a criar Mickey Mouse.

Talvez tenham sido Walt e Roy que sofreram discriminação de quem quer que começou os rumores antissemitas. Os talentos que conheci e com os quais trabalhei dentro da Disney, e que eram judeus, nunca experimentaram a "discriminação"... a não ser naquelas situações em que Walt não gostou de nosso trabalho!

✳ ✳ ✳

"Eu não sou mais Walt Disney!   65

Nunca soube qual de minhas realizações colocou-me na lista de "favoritos" de Walt. Alguns de meus trabalhos iniciais certamente o levaram a prestar atenção em mim porque se relacionavam à comunicação de seus projetos para patrocinadores em potencial. Foram pequenos livretos de 24 ou 28 páginas promovendo Liberty Street e Edison Square, e o primeiro livreto promovendo a Disneylândia dos Estados Unidos para potenciais patrocinadores de atrações existentes ou planejadas. Também trabalhei um texto de Walt para uma seção do jornal *Los Angeles Times* descrevendo todas as novas atrações para a primeira grande expansão da Disneylândia: as novidades de 1959, Submarine Voyage, a Matterhorn Bobsleds, e o primeiro sistema de monotrilho operando diariamente em todo o hemisfério ocidental.

Mas eu não estava preparado para o que aconteceu em uma manhã.no começo de 1960, quando Walt se juntou a mim e ao meu chefe Eddie Meck, o diretor de publicidade da Disneylândia, para um café no Hills Brothers Coffee House, numa esquina da Town Square, na Disneylândia. De repente, tornei-me o tema da conversa quando Walt perguntou: "O que você está fazendo ultimamente, Marty?". Eu disse a Walt que era o responsável por escrever todo o material publicitário para Eddie colocar na mídia. Olhando diretamente para meu chefe, Walt respondeu: "Bem, vamos ter de dar algo mais importante para você fazer, Marty".

Ele era um homem de palavra. Poucos meses depois, fui alocado por meio período na WED Enterprises e designado, em janeiro de 1961, para acompanhar o designer John Hench, o arquiteto Vic Green e Jack Sayers, executivo da Disneylândia, na viagem para Dearborn, Michigan, onde começaríamos a trabalhar no Pavilhão Ford para a Feira Mundial de Nova York de 1964-1965.

De repente, estava começando a achar que minha carreira na Disney, como em uma música que depois seria criada para o desenho animado *Hércules*, tinha a oportunidade de ir de "Zero to Hero"[zero a herói].

> ## "OS SEGREDOS DE LIDERANÇA DE WALT DISNEY"
>
> Em 18 de novembro de 2009, em Las Vegas, na convenção anual da Associação Internacional dos Parques de Diversão e Atrações (International Association of Amusement Parks and Attractions – IAAPA), um painel com os Disney Legends debateu o estilo de liderança de Walt Disney. Com a moderação do ex-Imagineer Bob Rogers, presidente da BRC Imagination Arts, o painel incluiu eu e mais quatro talentos da Disney já aposentados: Blaine Gibson, ex-animador que se tornou o escultor-chefe da Imagineering; Bob Gurr, designer da maioria dos veículos da Disneylândia, incluindo o Monorail; Buzz Price, que indicou os lugares exatos para a Disneylândia e o Walt Disney World; e o compositor vencedor do Oscar Richard (Dick) Sherman.

Leia a seguir os principais pontos levantados pelos participantes:

Bob Gurr: Walt tinha um jeito de enxergar um pouco além do que você tinha feito. Ele dizia: "Isto é interessante. *E se...*" e você saía da sala mais inspirado do que quando entrou. Isso é liderança.

Marty: Walt estava sempre procurando alguém em quem apostar.

Dick Sherman: Bob [seu irmão e parceiro nas composições] e eu sempre dizíamos: "Sim, nós podemos!"... e depois procurávamos descobrir como fazer!

Bob Gurr (*Walt pensou que Bob fosse engenheiro – mas, na verdade, ele não é*): Walt não estava interessado no certificado que você levava para a Disney. No papel, eu não era qualificado para fazer a maioria dos designs de veículos no começo da Disneylândia. Nós aprendíamos sozinhos como fazer.

Marty: A lição de Walt era que você não pode julgar ninguém de antemão. Você nunca saberá o que uma pessoa talentosa é capaz de fazer se não lhe der uma chance.

"Eu não sou mais Walt Disney! 67

Blaine Gibson: Ele sempre usava o trabalho de um funcionário para entusiasmar o outro.

Dick Sherman: Ele enfatizava o conceito de equipe com suas próprias ações. Todo mundo era igual numa reunião de roteiro – Walt arregaçava as mangas e era mais um no grupo.

Marty: Não importava quem você era ou qual era sua tarefa. Ele só queria a melhor ideia. Nosso trabalho era dar a ele o melhor do que sabíamos.

Dick Sherman: Walt estava aberto às ideias de todos. Ele era o árbitro.

Buzz Price: Walt tinha um jeito muito particular de fazer que todos se concentrassem na solução de um problema.

Bob Gurr: Ele construiu confiança. Por conta dessa confiança, nenhum desafio assustava.

Marty: Ele era totalmente focado no público – na experiência dos visitantes nos parques.

Dick Sherman: Em certo sentido, *ele era o público*. Tínhamos de agradar o chefe. Seu gênio *enriquecia* a ideia.

Buzz Price: Ele tinha um instinto para identificar as pessoas com as quais queria trabalhar.

Bob Gurr: Mas você nunca podia esperar, ou receber, um "boa, rapaz" de Walt Disney. Você só descobria por outros que ele tinha gostado de seu trabalho.

Ele teria gostado do trabalho desse grupo de Disney Legends. Juntos, eles somam mais de duzentos anos de serviços prestados para a empresa de Walt Disney.

6

"Apenas faça algo de que as pessoas gostem!" – Walt Disney

Como eu disse, o foco principal de Walt era o público. Depois de algumas semanas de desenvolvimento, Herb Ryman tinha certeza de que chegara a uma solução para o desafio de design que Walt lhe passara. Mas Walt deu uma olhada e rejeitou a ideia sem dar nenhuma pista que pudesse ajudar a refazer o trabalho. Sua frustração era enorme. Então, Herb disse quando Walt saía da sala: "Bem, me dê uma dica do que você está procurando!". Walt se virou, a sobrancelha erguida, como se surpreso, e respondeu: "Apenas faça algo de que as pessoas gostem!".

Um dia, no início de 1950, John Hench, profundamente compenetrado num desenho para *Peter Pan* – a última produção de animação em que ele trabalharia como um dos principais artistas do Disney Studio –, ficou surpreso ao sentir alguém olhando por sobre seu ombro. Walt tentou disfarçar quando John percebeu sua presença, mas saiu sem dizer nada... até que chegou à porta. "Quero que você trabalhe no meu projeto da Disneylândia", Walt disse, assumindo que John sabia do então secreto projeto em desenvolvimento. "E", disse com naturalidade, "você vai gostar dele!"

Tive o privilégio (enquanto minha carreira ia de membro da equipe de escritores para a de vice-presidente de Conceitos e Planejamento, depois presidente e, mais tarde, vice-presidente e principal executivo criativo da Imagineering) de trabalhar com todos os fantásticos talentos da equipe original de Walt da WED Enterprises, assim como com os Imagineers que vieram depois – muitos dos quais ajudei a transformar, por mérito deles, em estrelas.

No começo, Walt precisava de roteiristas para seu novo conceito de entretenimento familiar. E eles vieram, principalmente dos estúdios de cinema e de televisão de Hollywood, da Disney e da Twentieth Century-Fox: diretores de arte, designers, magos de efeitos especiais, escritores, designers de produção, construtores de maquetes. Eles foram reunidos por uma nova espécie de designers como Bob Gurr, treinado para desenhar carros, mas significativamente mais importante por ser esperto o suficiente para saber que "não" e "isso não pode ser feito" eram respostas que você nunca poderia dar para os sonhos de Walt Disney.

O nome "Imagineering" foi sugerido para Walt em uma reunião com Buzz Price, o economista que recomendou os locais em Anaheim e Orlando para a Disneylândia e o Walt Disney World, respectivamente. O termo combina "imagination" ("imaginação") com "engineering" ("engenharia"). Walt gostou do termo de imediato. Para garantir que Buzz recebesse o crédito que lhe era devido pelo nome, Walt enviou-lhe uma carta nos anos 1960 agradecendo pela sugestão.

Ele também gostou – e gravou – do texto que escrevi para descrever o processo na WED: "Imagineering é a combinação de imaginação criativa com *know-how* técnico".

Esse grupo talentoso incluiu meus mentores, meus amigos e, nos anos dourados, minha equipe. Eles eram os melhores dos melhores. Definiram Imagineer e Imagineering. Desenvolveram e deram continuidade às 140 disciplinas que compõem a Imagineering hoje. Sua paixão por ir além do que fizeram em outro momento não tem limites. Sua dedicação a Walt e compreensão da paixão dele pela excelência não têm fronteiras. Eles acreditam de verdade e são verdadeiros seguidores e líderes. Walt criou a Imagineering, mas foram os Imagineers que a fizeram cantar e dançar.

Ela nunca teria acontecido se Welton Becket, amigo e vizinho de Walt Disney, um arquiteto de Los Angeles, tivesse aceitado o trabalho de designer. Quando Walt o procurou para falar sobre projetar a Disneylândia e explicou o conceito que estava nascendo em sua cabeça, o sr. Becket deu o seguinte conselho ao amigo: "Você vai precisar de arquitetos e engenheiros, claro. Mas, Walt, você precisa treinar seu próprio pessoal. Eles serão os únicos que entenderão como realizar sua ideia".

Minha sorte nos anos 1960 e 1970 como "o garoto" na equipe da WED era que eu tinha como mentores Herb Ryman, John Hench e outros futuros Disney Legends (o programa dos Disney Legends só foi instituído em meados de 1980). Não devem ter visto a si mesmos como professores, mas qualquer um que trabalhasse ao lado deles enquanto transitavam da animação para os filmes *live-action* e, então, para parques temáticos e designs estaria fazendo um programa de mestrado em criação de parques temáticos. Escrevi sobre alguns deles nestas páginas, mas, com o intuito de ser o mais justo possível, os nomes a seguir são dos Imagineering Legends que mais me influenciaram: Ken Anderson, X. Atencio, Mary Blair, Roger Broggie, Harriet Burns, Claude Coats, Bill Cottrell, Rolly Crump, Marc Davis, Marvin Davis, Don Edgren, Bill Evans, Blaine Gibson, Harper Goff, Yale Gracey, Bob Gurr, John Hench, Dick Irvine, Fred Joerger, Bill Martin, Sam McKim, Wathel Rogers e Herb Ryman. Também considero três Disney Studio Legends como meus professores: o ícone da propaganda e da arte gráfica Bob Moore e os compositores Richard e Robert Sherman. E a lista do Marty não estaria completa sem mencionar Al Bertino, T. Hee, Vic Green, Bob Jolley e Bob Sewell, da Imagineering; Jim Love e Norm Nocetti, do Disney Studio; e o "crupiê de Vegas" Card Walker.

Foi o autor Ray Bradbury quem talvez tenha captado melhor a essência da organização da Imagineering. Uma vez, Ray incentivou Walt Disney a concorrer para prefeito de Los Angeles e ouviu: "Por que eu deveria concorrer a prefeito se já sou o rei da Disneylândia?". Em uma palestra para Imagineers em dezembro de 1976, durante o desenvolvimento do Epcot, Bradbury chamou o grupo de "Pessoas da Renascença":

John [Hench] e Marty me disseram que eu deveria vir aqui para explicar vocês para vocês mesmos... E dizer o que vocês são e o que eu sou e o que estou fazendo aqui. Há vários lugares no mundo em que eu poderia estar, mas tenho vindo à WED e ido à Disneylândia há vários anos, e gosto do que vejo... E, então, realmente, vocês são Pessoas da Renascença. Se existe alguma organização da Renascença, é esta. Vocês ainda não chegaram ao máximo, mas estão no caminho e, em algum momento nos próximos vinte anos, quando alcançarem o topo, o mundo todo estará olhando para vocês.

A WED Model Shop, onde os designs são estudados em três dimensões, tornou-se o centro de produção dos tutoriais dos Legends, sempre disfarçados de sessões de design para viagens submarinas e passeios de trenó, aventuras piratas e surpresas assustadoras. Todos os dias havia uma experiência de aprendizagem diferente enquanto Walt desafiava seus designers e roteiristas a imaginar novas experiências para a Disneylândia, a Feira Mundial de Nova York e, logo antes de sua morte, o Walt Disney World.

Aqueles que tiveram a sorte de ser nomeados para suas equipes – *sempre* um esforço em equipe – também eram desafiados a passar do ensino médio para a graduação, recebendo nossos diplomas das mãos destes professores: John Hench, de design, cor e filosofia; Marc Davis, de roteiro, personagem e animação; Claude Coats, de teatro e continuidade; Herb Ryman, de conceitos gerais e principais ilustrações de roteiro; Bill Evans, de definição de tema através do paisagismo; Rolly Crump, de iconografia estranha e maravilhosa; Blaine Gibson, de transformação de esboços em pessoas reais; Yale Gracey, de como criar os mais simples e mágicos efeitos; Roger Broggie, de fazer qualquer trabalho (e tudo); e muitos outros. Eles (e alguns dos maravilhosos talentos técnicos do Studio, com destaque para Ub Iwerks, o gênio de filmes, câmera e projeção) são os *leprechauns*[1] que ajudaram Walt a encontrar o arco-íris que levou ao pote de ouro chamado Disneylândia.

As lições também eram aprendidas fora da sede da WED, em Glendale. Como não havia um restaurante no campus de Glendale, o almoço era feito sempre em algum lugar próximo, onde as discussões normalmente eram sobre alguma produção teatral local, exposição ou experiência de viagem. Muitas vezes, no entanto, o assunto era como resolver o desafio criativo do dia, e isso também acabava sendo uma maneira de os Imagineers se informarem sobre o que cada um estava fazendo. Meus companheiros de almoço eram frequentemente Coats, Gibson, Joerger e Sewell, administrador da Model Shop e um talento que ajudou a criar os preciosos dioramas do Museu de História Natural de Nova York no final dos anos 1930.

Uma das preocupações durante essas refeições eram as observações que meus companheiros faziam dos outros clientes e dos funcionários dos restaurantes. Uma noite, na Flórida, durante a construção do Epcot, estávamos jantando em um restaurante local, e percebi que Blaine Gibson, nosso escultor-chefe, estava totalmente concentrado em estudar o chef, que tinha aparecido e conversava com alguns clientes. Quando perguntei, Blaine admitiu que estava analisando as enormes mãos do chef. Ele tinha razão, quando olhamos, percebemos que suas mãos eram fora de proporção se comparadas

---

1. Criaturas do folclore irlandês que realizam desejos e revelam a localização de tesouros escondidos. [N. T.]

com o resto do corpo. Para Blaine, não era apenas uma curiosidade: ele estava fazendo notas mentais daquelas mãos para usar mais tarde em nossos personagens de Audio-Animatronics.

Eu sei que o amor de Blaine pelos animais e pelo estudo de sua anatomia e movimento nasceu em parte dos anos que passou trabalhando com as animações da Disney. Motivo ainda maior foi o fato de ter sido criado em uma fazenda no Colorado. Quando passou a esculpir figuras humanas para as atrações de nossos parques, não pude segurar minha curiosidade. Um dia, perguntei-lhe de onde vinha sua inspiração para criar os personagens humanos para os shows – por exemplo, os incríveis bucaneiros do Pirates of the Caribbean. Meio sem jeito, admitiu que sua esposa, Coral, tinha desenvolvido a técnica do chute sob a mesa durante os jantares: quando Blaine ficava muito tempo observando os clientes ou os atendentes, Coral caprichava no chute. Mas ela não conseguiu encontrar um jeito de fazer que ele parasse de observar descaradamente os colegas da igreja.

"Você quer dizer", eu perguntei, "que alguns de nossos piratas foram inspirados em frequentadores de sua igreja?" "Sim, isso é bem possível", admitiu o escultor-chefe da Imagineering. "Walt queria piratas realistas e encontrei ideias e inspiração em muitos lugares!"

Realismo vindo de experiências de vida era fundamental para o grande ilustrador Herbert Dickens Ryman, que desenhou o primeiro conceito geral da Disneylândia em 1953. Graduado no Art Institute of Chicago, Ryman tornou-se um dos artistas mais talentosos do departamento de arte da MGM nos anos 1930, quando trabalhou com o lendário Cedric Gibbons para ilustrar cenas e locações ao redor do mundo para filmes clássicos como *O grande motim*, *David Copperfield*, *Terra dos deuses*, *Tarzan* e *A Queda da Bastilha*. Então, um dia, Ryman se deu conta de que não conhecia as pessoas e os lugares e se tornou um viajante, passando semanas na China, Camboja, Japão e Tailândia na década de 1930. Também visitou Europa, África e

74   Sonhe e faça acontecer

– como artista da Disney – fez parte do *tour* Walt Disney pela América do Sul nos anos 1940 (os esboços de Herb foram importantes para dois filmes inspirados nessa viagem e feitos para o governo: *Saludos Amigos* e *Como é Bom se Divertir*).

"Eu costumava achar que poderia pesquisar tudo nos livros; que podia copiar um cavalo, uma águia, um carvalho ou uma garota na praia", Herb disse. "Eu achava que estava tudo na *National Geographic*. Mas, ao tocar as ruínas e sentir o vento no rosto enquanto caminhava pela Muralha da China ou descansar em um oásis no deserto, comecei a perceber o que é o real e que é preciso sentir a natureza. Essa é a principal fonte de minha inspiração."

Logo depois de sua primeira odisseia na Ásia, nos anos 1930, Herb foi convidado por John Ringling North para passar um verão viajando com o Ringling Brothers Circus, na época em que existiam tendas de circo. Ele ganhou uma suíte particular na caravana circense em 1949, 1950 e 1951. Os esboços que Ryman fez dos bastidores e suas aquarelas eram tão reais que o palhaço Emmett Kelly disse que Herb "colocava o cheiro de poeira na tinta".

Walt ligou para Herb num sábado de 1953 para lhe pedir ajuda na produção do primeiro esboço geral da Disneylândia. Herb guarda um diário detalhado e, no livro *A Brush with Disney: an Artist's Journey, Told Through the Words and Works of Herbert Dickens Ryman*, publicado em 2002 pela Ryman Arts, ele descreve em detalhes como tudo aconteceu:

Eram cerca de dez horas da manhã do dia 26 de setembro de 1953 quando Walt me ligou. Ao observar que ele estava no Studio em um sábado de manhã, ele comentou: "Sim, é meu estúdio e posso vir aqui sempre que quero".

Eu não estava trabalhando para o Disney Studio naquela época porque, em 1946, eu voltara para a 20th Century-Fox. Eu tinha abandonado Walt, e isso era um ato criminoso (pelo menos ele pensava que era).

Eu estava curioso e me sentindo orgulhoso por Walt ter me telefonado. Não tinha ideia do que queria.

Ele me perguntou quanto tempo levaria para chegar até lá... "Estarei na porta esperando", disse-me.

[...] Bill Cottrell, Dick Irvine e Marvin Davis, todos meus amigos, estavam lá. Então Walt falou: "Herbie, estou criando um parque de diversões. Estamos trabalhando nisso agora" [...] Eu perguntei: "Como você vai chamá-lo?". Respondeu: "Vou chamá-lo Disneylândia". Eu falei: "Bem, é um bom nome. Por que você queria me ver?". E ele disse: "Bem, meu irmão Roy vai para Nova York na segunda de manhã. Voará para se encontrar com banqueiros. Herbie, nós precisamos de US$ 17 milhões para começar... Você sabe, banqueiros não têm imaginação. Eles não conseguem visualizar quando você lhes conta o que está querendo fazer, realmente não conseguem. Então vou precisar mostrar para eles o que nós faremos antes de ter qualquer chance de conseguir o dinheiro". Eu disse: "Eu adoraria ver o que você vai fazer. Onde está?". Ele apontou para mim e disse: "Você vai fazer!". Retruquei: "Não. Não vou. Você não pode me chamar num sábado às dez horas da manhã e esperar que eu faça uma obra-prima que o Roy possa levar para conseguir dinheiro. Isso vai envergonhar a mim e a você". Walt pediu que os outros saíssem da sala.

Estávamos sozinhos. Ele caminhou pela sala com os braços cruzados... olhando para mim sobre seu ombro esquerdo com um pequeno sorriso como o de um garoto quando realmente quer alguma coisa. Com os olhos brilhando, perguntou: "Herbie, você faria isso se eu ficasse aqui com você?". Então comecei a pensar, bem, ele está realmente falando sério, e Walt, afinal de contas, era meu amigo, e então eu disse: "Claro, se você ficar aqui comigo durante toda a noite de hoje e de domingo e me ajudar, eu fico. Vamos ver o que consigo fazer".

Nosso acordo animou Walt; ele pediu sanduíches de atum e *milk-shakes* e começamos a trabalhar. Era apenas um desenho a lápis com um pouco de cor, mas Roy conseguiu o dinheiro – então acredito que acabou dando certo.

Poucos podem duvidar que "acabou dando certo". Mas, em seu exemplar do livro *Disneyland: Inside Story*, publicado em 1987, Herb escreveu a seguinte observação abaixo da reprodução de seu desenho: "Primeiro desenho da Disneylândia – 23 de setembro de 1953. Feito sob considerável pressão e sem prévia preparação".

Não há dúvida de que aprendi mais com John Hench do que com qualquer outra pessoa, exceto Walt. Eles tinham uma sintonia tão grande que, no fundo, a maioria de nós os considerava os dois lados de uma mesma moeda – Walt, o intuitivo que assumia os riscos e mestre motivador; John, o pensador filosófico e o porta-voz articulado dos conceitos de design dos parques e resorts da Disney.

John adorava contar a história da reclamação que fez a Walt, quando ainda trabalhava com animação, de que os dançarinos eram mais efeminados que atléticos. "Como você sabe?", perguntou Walt. Quando John disse que era sua impressão, Walt acertou com o empresário Sol Hurok que John passasse uma semana nos bastidores da companhia de balé Hurok durante sua visita a Los Angeles. A experiência mudou a percepção de John; a partir de então, ele passou defender a força e as características atléticas dos dançarinos – masculinos *e* femininos.

Escalado por Walt para redesenhar o Plaza Inn de estilo vitoriano da Disneylândia no começo dos anos 1960, John disse que não sabia nada de restaurantes. "Bem, descubra!", foi a resposta de Walt. Então John se matriculou em um curso de gerenciamento de restaurantes na UCLA e, a partir de então, não se tornou apenas o principal designer, mas a autoridade da equipe de designers em organização e requisitos de restaurantes.

John Hench bateu todos os recordes de longevidade da The Walt Disney Company. Ele ainda trabalhava diariamente quando ficou doente aos 94 anos, 64 anos depois de se juntar ao grupo como desenhista de esboços de *Fantasia*, em 1939. Sua curiosidade insaciável e desejo de aprender levou-o a trabalhar em muitos departamentos importantes no Studio: roteiro, layout, background, efeitos de animação, câmera, câmera multiplano, efeitos especiais. Todos consideramos John um verdadeiro homem da Renascença.

Numa sexta-feira, decidi descobrir como John sabia tanto sobre assuntos tão diferentes e pedi para sua assistente, Sandy Huskins, me trazer "todos os livros e revistas que John leva para casa nos fins de semana". Ela os reuniu cuidadosamente e, na segunda, 35 livros e revistas estavam sobre minha mesa! Iam de *Women's Wear Daily* a *Scientific American*. A partir daquele dia, decidi que não me afastaria de John Hench. Tornamo-nos grandes amigos e colaboradores durante muitos de seus 64 anos de Disney. Nossa "parceria" – Hench, o guru do design, e Marty, o *quarterback* conteudista e ligação com os patrocinadores – foi fundamental para a criação do parque Epcot e de inúmeras atrações, de Anaheim a Tóquio e Paris.

Em seu livro *Designing Disney: Imagineering and the Art of the Show*, publicado em 2004 pela Disney Editions, John lembra como usou seus anos como "guru da cor" para comunicar a importância das cores para a experiência do público:

Prestamos muita atenção na relação entre as cores e como elas nos ajudam a contar nossas histórias. Nada num parque temático é visto de maneira isolada. As linhas de uma história nos ajudam a coordenar as relações com as atrações adjacentes. Visualizamos as construções e suas fachadas uma ao lado da outra e também o contexto que circunda aquela área, a paisagem, o céu com as mudanças de clima, assim como os móveis decorativos que podem fazer parte das estruturas. Nesse sentido, desenhar um parque significa criar experiências de cor distintas, mas de certa maneira relacionadas, de uma ponta a outra... Cada uma das atrações tem um esquema de cor que identifica claramente a história para o visitante, e ainda complementa as atrações próximas.

A cor ajuda os visitantes a tomarem suas decisões porque estabelece uma identidade para cada atração do parque. A cor de um objeto é uma parte inevitável de sua identidade – é tão importante quanto a forma em nos ajudar a reconhecer o que vemos... Depois de uma vida inteira como designer, me convenci de que algum tipo de memória ancestral, uma consciência coletiva herdada de impressões sensoriais, imagens e símbolos, tem um papel importante em nossa resposta ao que enxergamos.[2]

Apesar de ter contribuído em todos os parques da Disney ao redor do mundo, incluindo a Disneylândia de Hong Kong, John nunca deixou de considerar que o parque original foi o mais significativo. Em seu livro, escreveu:

Quando me perguntam: "Qual sua maior realização?". Respondo: "A Disneylândia é nossa maior realização. A Disneylândia foi a primeira, e lançou o padrão para todos os outros". Ela foi o exemplo para muitos empreendimentos na indústria do entretenimento, e seus princípios de design foram adotados por outras indústrias também. O conceito de um ambiente "temático" – lugares desenhados de maneira que todos os seus elementos contem uma história – foi desenvolvido e popularizado por Walt Disney. Sua influência foi extraordinariamente espalhada e pode ser vista hoje em muitos aspectos de nossa experiência diária – em lojas e shopping centers, hotéis, restaurantes, museus, aeroportos, escritórios e até na casa das pessoas.[3]

John sempre gostou de caminhar pela Disneylândia com Walt para discutir futuros projetos e, nesses momentos, ficava sempre de sobreaviso para não ser confundido com Walt, já que os dois tinham aproximadamente a mesma altura e compartilhavam um item em

---

2. Do livro *Designing Disney*, de John Hench com Peggy Van Pelt. Copyright © 2004 by Disney Enterprises, Inc. Reimpresso com permissão da Disney Editions. Todos os direitos reservados.
3. Ibidem.

particular: um bem aparado bigode preto. Um dia, quatro ou cinco visitantes pediram o autógrafo de John – enquanto Walt ficou de lado, observando em silêncio. Mais tarde, ao longo do rio da Frontierland, o barco *Mark Twain* passou e um pai exclamou para seu filho: "Veja! É o Walt Disney!". Ao ouvir isso, Walt apontou para John e disse: "Não, ele é aquele ali!".

A grande empresa de planejamento, design criativo e engenharia originalmente chamada WED Enterprises foi incorporada em dezembro de 1952 com o propósito claro de trabalhar com Walt Disney na criação da Disneylândia. As iniciais são as de Walt: Walter Elias Disney. Era uma empresa da qual Walt e sua família eram os únicos donos, e manteve-se assim durante a abertura e a expansão da Disneylândia, os primeiros planos para o Walt Disney World e a criação das quatro atrações da Disney para a Feira Mundial de Nova York em 1964-1965.

Walt fez um acordo de cavalheiros com seu irmão Roy O. Disney de que levaria qualquer projeto que fosse oferecido à WED, sua empresa pessoal, para Roy, contando com a possibilidade de que a Walt Disney Productions pudesse incluí-lo em seu portfólio. No caso das quatro atrações da Feira Mundial de Nova York, a companhia aberta Disney preferiu não participar dos pavilhões da General Electric, da Ford Motor Company ou do Estado de Illinois. Isso permitiu que a WED se tornasse a designer dessas três atrações de sucesso. No entanto, Roy levou para a Walt Disney Productions a quarta produção quando a Unicef pediu para Walt criar uma atração "sobre as crianças do mundo". Ela se transformou no "it's a small world", hoje presente em todos os parques Disney do estilo Magic Kingdom ao redor do mundo.

O receio de que os acionistas pensassem que Walt estava concentrando projetos em sua empresa, a WED Enterprises, tirando da Walt

Disney Productions uma receita potencial, fez que a Walt Disney Productions comprasse da família Walt Disney os ativos da WED depois da Feira Mundial de Nova York em 1965. Esses ativos eram alguns prédios em Glendale e a equipe que Walt reunira e treinara e que tinha projetado a Disneylândia e as atrações da Feira Mundial.

Com a venda da WED para a Walt Disney Productions, a família Walt Disney criou a Retlaw (Walter escrito de trás para a frente) Enterprises para administrar seus ativos pessoais e investimentos, incluindo a Disneyland Railroad e o sistema Monorail. Walt financiou pessoalmente a estrada de ferro durante a construção da Disneylândia e o Monorail quando ele foi incorporado em 1959. A Retlaw foi vendida para a Walt Disney Productions em julho de 1981 e, em função das negociações, a companhia adquiriu o trem a vapor e os ativos do Monorail da Retlaw.

7

"A maior obra de design urbano nos Estados Unidos é a Disneylândia"

De todos os elogios escritos e falados sobre a Disneylândia, acredito que o favorito de Walt Disney foi feito durante uma palestra em 1963, na Conferência de Design Urbano na Harvard University. O palestrante era James W. Rouse, criador do Faneuil Hall Marketplace, em Boston, do Harbor Place no Inner Harbor de Baltimore, do South Street Seaport, em Nova York, e da nova cidade de Columbia, em Maryland, que lhe valeu uma ilustração na capa da *Time*.

Eu acho, e isso pode ser de alguma forma chocante para uma plateia tão sofisticada quanto esta, que a maior obra de design urbano hoje nos Estados Unidos é a Disneylândia.

Se você pensar na Disneylândia e em sua performance em relação ao seu objetivo, seu significado para as pessoas – mais que isso, seu significado para o processo de desenvolvimento –, vai concordar que se trata de uma obra de design urbano espetacular nos Estados Unidos.

Ela tomou uma área de atividade – o parque de diversões – e levou-a a um nível tão alto de performance, de respeito pelas pessoas, de funcionalidade para o público, que se tornou algo realmente novo. Ela preenche todas as funções que se propôs a atender de maneira útil e rentável para seus proprietários e construtores.

Eu tenho mais para aprender com os padrões propostos e com os objetivos que foram atingidos com a construção da Disneylândia do que com qualquer outra neste país.

Tive a sorte de, naquele primeiro verão na Disneylândia, antes de voltar à UCLA para terminar meu último ano, de matar, como parte de meu trabalho, minha curiosidade estudantil de saber mais sobre a Disney e a Disneylândia. Meu texto favorito é de 1953, um documento de suporte preparado para Walt. A partir dele, foi desenvolvida a placa de dedicatória da Disneylândia. Acho que um texto maior tinha sido escrito pelo talentoso Bill Walsh, que fora publicitário antes de se tornar produtor do original *Mickey Mouse Club* e, depois, corroteirista, com Don DaGradi, de *Mary Poppins*. O título do texto era "A história da Disneylândia":

A ideia da Disneylândia é simples. Será um lugar para as pessoas encontrarem alegria e conhecimento.

Um lugar para pais e filhos compartilharem momentos agradáveis juntos: um lugar para professores e alunos descobrirem caminhos para a educação. Aqui, as gerações mais antigas poderão sentir a nostalgia dos dias idos e as novas gerações poderão sentir o desafio do futuro. Aqui estarão as maravilhas da Natureza e do Homem para que todos possam ver e entender.

A Disneylândia será baseada em e dedicada aos ideais, aos sonhos e aos fatos que criaram a América. E ela será equipada para representar esses sonhos e fatos e divulgá-los como uma fonte de coragem e inspiração para todo o mundo.

A Disneylândia será parecida com uma feira, uma exposição, um *playground*, um centro comunitário, um museu de fatos vivos e um lugar para shows de beleza e mágica.

Será preenchida com as conquistas, as diversões e as esperanças do mundo em que vivemos. E vai nos lembrar e nos mostrar como podemos fazer para que essas maravilhas sejam parte de nossas vidas.

Essas palavras começaram a ganhar vida quando cursamos o que chamarei de "a escola Walt Disney de história e criação". Um dia, no primeiro verão, acompanhei o fotógrafo Fritz Musser, da equipe da Disneylândia, em um trabalho na Frontierland. O pesado equipamento da época obrigou Fritz a pegar um atalho. Naquele tempo, podia-se dirigir no perímetro da Disneylândia e estacionar atrás do restaurante Plantation House. O único problema era que o caminho de terra que levava ao estacionamento estava "no palco" – completamente visível para os visitantes que navegavam no pequeno barco *Mark Twain* pelo Rivers of America.

Naquela ocasião, enquanto Fritz dirigia pelo caminho, o carro levantou um pouco de lama, que grudou em um homem solitário que caminhava pela estrada com chapéu e botas de *cowboy*. Fritz mal saíra do carro estacionado quando o homem enfiou seu dedo no peito do fotógrafo. "O que você está fazendo com *este carro aqui em 1860?*", Walt Disney perguntou. Tínhamos violado o fundamento principal da história com nossa visível contradição. A identidade do período, que era a base da história do Velho Oeste, tinha sido destruída para nossos visitantes. Walt fez que entendêssemos. Para mim, foi uma grande lição, trazendo muito do que eu tinha lido para a realidade tridimensional.

Quando voltei para o departamento de Relações Públicas da Disneylândia em setembro de 1956, depois de me formar, continuei buscando as melhores maneiras de expressar a mágica da Disneylândia nos materiais de publicidade e promoção. A seguir, estão alguns textos que continuam especiais para mim:

Gladwin Hill, no *The New York Times* (2 de fevereiro de 1958):

Qual o segredo do sucesso da Disneylândia? Muitos fatores podem ser considerados. Mas, se for para identificar um elemento, eu diria que é a imaginação. Não apenas a imaginação por parte de seus criadores, mas seu convite à imaginação dos clientes.

Walt Disney e seus colaboradores conseguiram gerar no mundo dos parques de diversões, tradicionalmente barulhentos e malfeitos, a mesma suspensão da descrença que tem sido o segredo dos sucessos teatrais ao longo do tempo... O visitante se entrega animado a um dos mais antigos jogos: "vamos fingir".

O segundo foi uma carta de Ray Bradbury para o editor da revista *Nation* em 28 de junho de 1958. Ele respondia a uma crítica recebida de um visitante (Halevy) descrevendo um dia na Disneylândia com o ator Charles Laughton, a quem ele chama de "uma das maiores mentes criativas e teatrais de nossa época". Bradbury escreveu:

Confesso que no início encarei a Disneylândia com um certo preconceito intelectual, mas isso acabou depois de minhas sete visitas. Disney erra bastante; e que artista não erra? Mas, quando voa, voa de verdade. Ficarei devendo a ele durante toda a minha vida a maneira como me fez voar sobre Londres à noite admirando a fabulosa cidade durante o passeio de Peter Pan. [...] Tenho sérias suspeitas de que o sr. Halevy amou de verdade a Disneylândia, mas não é adulto o suficiente, ou criança o suficiente, para admitir isso. Sinto muito por ele. Ele nunca viajará pelo espaço; ele nunca tocará as estrelas.

O terceiro foi um texto especial que hoje, nos termos jornalísticos, chamaríamos de editorial de opinião. Foi escrito pelo redator de publicidade do Disney Studio para o primeiro número do *Disneyland*

News. Isto foi o que Jack Jungmeyer escreveu na sua coluna "Under the Gaslight":

Ontem, na noite de abertura da Disneylândia, por uma espécie de mágica "disneyesca", redescobri o cenário de minha pequena cidade de juventude em um parque que está, na verdade, a mais de 3 mil quilômetros do lugar em que nasci.

O nome da cidade não importa. Mas suas agitadas áreas de comércio e avenidas residenciais arborizadas se encaixam perfeitamente na Main Street e nos mundos maravilhosos adjacentes do ontem, do hoje e do amanhã construídos por Walt Disney no terreno de sessenta acres neste agradável vale entre as montanhas e o mar...

Eu mal tinha entrado, olhava pela primeira vez a Main Street, quando fui tomado por uma avalanche de lembranças sentimentais.

Talvez tenha sido o apito da maria-fumaça em sua estação que provocou tudo isso. Talvez a visão da brilhante embarcação com pilhas de carga. Ou o som do bonde puxado a cavalo que seguia para a praça. Os prédios estranhamente familiares. O coreto sobre o verde. As lojas abertas. Toda a abençoada cena de que fugi, assim como centenas de vizinhos, depois dos anos de ensino médio, com receio de ficar preso para sempre nos limites de uma pequena cidade, animado para encontrar as grandes cidades que ficavam além das plantações de algodão e tabaco, seguir pelos caminhos brilhantes para Kansas City, Memphis, Denver, Chicago ou San Francisco [...]

Eu notei um homem ao longe, no final da rua. Sozinho. Silenciosamente admirando o lugar que ele imaginou por tanto tempo, agora completado, pronto para dar prazer e alegria para os milhões que o visitarão.

Então me lembrei que ele também foi morador de uma Main Street e nunca cortou sua ligação com a grande maioria dos moradores das pequenas cidades e do campo, seus gostos e seus ideais, apesar de sua imensa identificação com as grandes cidades como uma eminente figura pública.

O quarto texto não está assinado, mas, como aprendi ao longo dos anos, a caligrafia é inconfundível. É uma clara ilustração do quão pessoal a Disneylândia é para Walt Disney e como ele colocou a "mão na massa" em todos os detalhes. Estas são anotações de Walt em uma cópia feita para ser colocada nas placas de bronze que todos os visitantes podem ver ao passar pelos túneis por baixo dos trilhos da estrada de ferro para sair na Town Square da Disneylândia – o início da aventura do Magic Kingdom:

[Em cima, à esquerda] 22 de junho, 1955 / 13 palavras // [Em cima, à direita] Tema: / Dimensões: / Local: entrada da Disneylândia // [No centro; as anotações manuscritas estão em itálico] *Aqui* você sai hoje... / E visita o mundo de / Ontem, amanhã e *fantasia.* // *Indicação sobre a entrada: Túnel no portão principal* // [Embaixo] Esta placa não está pronta para abertura.

"A maior obra de design urbano nos Estados Unidos é a Disneylândia" 87

* * *

A cidade de Anaheim era uma noiva pouco provável para o casamento com o "novo conceito de entretenimento para a família" de Walt Disney. Aprendi muito da história de Anaheim com minha esposa, cuja família mudou-se para a cidade em 1948. Leah Gerber graduou-se na Anaheim High School em 1952, quando a população total da cidade era de 14 mil pessoas. Hoje, esse número indicaria um "dia ruim" na Disneylândia.

Anaheim já era nacionalmente conhecida nos anos 1940 e 1950, antes de Walt escolher o lugar para construir a Disneylândia. No entanto, o motivo não deixaria os fundadores da cidade orgulhosos. Fãs do programa de rádio de Jack Benny riram muito do personagem de Mel Blanc anunciando na estação de trem os nomes que muitos ouvintes fora da Califórnia provavelmente pensaram que eram inventados: "Trem saindo da plataforma nove para Ana-heim, A-zus-a e Cu-ca-monga!".

Uma lista atual das cidades da Califórnia mostra que Anaheim, em 2010, era a décima maior cidade do estado, com uma população de 353.643 pessoas. É a segunda cidade mais populosa de Orange County (depois de Santa Ana) e também a segunda em extensão territorial.

O nome da cidade é uma combinação de "Ana", que vem do rio Santa Ana que corre para o que já foi o limite oriental da cidade, e "*heim*", o termo alemão para "lar". Quando, em 1857, chegaram os primeiros fazendeiros alemães, eles imaginaram o lugar como "o lar à beira do rio". Foi elevada ao status de cidade em 1876.

A relação da Disney com Anaheim começou logo depois que Walt e Roy O. Disney procuraram o Stanford Research Institute "para determinar a viabilidade econômica do melhor lugar para o novo projeto – Disneylândia". O trabalho foi passado para Buzz Price.

"Eu perguntei para Walt se ele tinha alguma restrição em relação ao local para montar seu Magic Kingdom", lembrou Buzz muitos anos depois. "De maneira nenhuma", Walt respondeu. "Você vai me dizer qual é o melhor local."

Price analisou lugares potenciais no sul da Califórnia, até concentrar-se em Orange County, depois de considerar características da população, acessibilidade e fatores climáticos. Ele selecionou e recomendou para Walt e Roy Disney uma área de 160 acres de plantação de laranjas em Anaheim, próximo da Santa Ana Freeway, em Harbor Boulevard, que ainda estava sendo construída.

"Acertamos bem no nariz... um centro esquecido", disse Buzz pouco antes de morrer aos 89 anos em 2010. "Foi o lugar perfeito."

Embora muita terra estivesse disponível (os 160 acres foram comprados inicialmente por uma média de US$ 4.500 por acre de dezessete proprietários; hoje, o Disneyland Resort, incluindo dois parques e três hotéis, possuem 456 acres), havia assuntos obscuros que nunca foram publicados na mídia.

Keith Murdoch, o respeitado administrador de Anaheim de 1950 a 1976, contou-me sua maior preocupação: "É bom lembrar que nossa cidade ainda tinha menos de 15 mil habitantes em 1954. Muitos membros do conselho da cidade estavam preocupados com o ambiente pouco familiar que poderia resultar do empreendimento. Naquela época, só tínhamos velhos parques de diversão, como o The Pike, em Long Beach, para comparar".

Murdoch e Charles Pearson, o visionário prefeito de Anaheim, encontraram a solução para garantir a Disney a cooperação da cidade se eles comprassem os terrenos: uma viagem para o Disney Studio, em Burbank, e uma apresentação sobre o conceito da Disneylândia apresentado pelo próprio Walt Disney. Como tenho dito a muitas pessoas ao longo dos anos, Walt podia vender qualquer coisa, a qualquer momento. Ele era um grande vendedor porque realmente acreditava em seu produto. Vendeu a ideia para o conselho naquele dia, e o caminho foi aberto para a Disneylândia um ano antes da Grande Abertura, em 17 de julho de 1955.

Aquele dia de abertura ficará para sempre na história da Disney. Ele ficou conhecido como Domingo Negro, um dia em que muitos dos acontecimentos ficaram gravados como lendas urbanas:

- Senhoras usando saltos altos afundaram no asfalto mole: verdade. Uma camada de cobertura, principalmente de asfalto, foi colocada em todo o chão no dia anterior; quando a temperatura aumentou, o asfalto amoleceu e ficou perfeito para prender saltos. Isso é difícil de se ver hoje, mas 1955 era uma época em que as mulheres usavam sapatos de festa para ir a parques de diversões – e principalmente a grandes inaugurações.
- Não havia bebedouros suficientes porque Walt pretendia forçar os visitantes que queriam beber algo a comprar Coca-Cola e Pepsi-Cola, ambas vendidas no parque naquela época: verdade e também definitivamente *falso*. Não existiam bebedouros suficientes porque uma greve dos encanadores de Orange County interrompeu todo o trabalho que envolvia água. A greve foi resolvida alguns dias depois da abertura, forçando Walt a tomar a decisão de terminar os banheiros e "deixá-los beberem Coca".
- Os convites oficiais levariam de 10 mil a 15 mil visitantes ao parque, cuja capacidade real ninguém sabia, mas apareceram duas vezes mais pessoas: verdade. Tickets falsos estavam por toda parte, e ninguém respeitou os horários indicados nos bilhetes, criados para espalhar as visitas ao longo do dia.

O resultado de tudo isso foram filas gigantescas para as atrações e muitos gargalos – áreas onde as passagens se estreitavam provocando congestionamentos muito parecidos com os que acontecem na hora do *rush* nas rodovias da Califórnia. O pior era a entrada da Fantasyland. Atravessar a ponte levadiça era praticamente impossível – havia muitas histórias sobre a linguagem usada por algumas celebridades que tentavam chegar às atrações Peter Pan e Dumbo enquanto estavam parados na ponte com seus filhos.

A gravação em preto e branco que foi feita da Grande Abertura da Disneylândia é interessante de se ver. Foi o programa de TV ao vivo mais ambicioso feito naquela época. A ABC Television posicionou dezessete câmeras para captar a ação – e as cenas engraçadas. Walt tinha pedido para Art Linkletter, estrela da TV e do rádio, ser um dos mestres de cerimônias, e ele, por sua vez, convenceu dois de seus amigos a acompanhá-lo: os atores Bob Cummings e Ronald Reagan. Walt estava em todos os lugares, dedicando-se ao parque todo, na Town Square com o governador da Califórnia, Goodwin Knight, e apresentando os vários mundos nas suas respectivas entradas. O frequente "Estou no ar?" – e o olhar surpreso dos apresentadores quando a luz vermelha já indicava "Sim!" – fez o programa parecer amador. Mas o público foi enorme naquele dia e, no final do primeiro verão, a Disneylândia já tinha recebido um milhão de visitantes.

Tenho memórias bastante vivas do Domingo Negro. Como membro júnior da equipe de relações públicas, comecei o dia de trabalho exatamente onde tinha terminado o anterior: no escritório de relações públicas, que ficava na velha casa de fazenda que fora comprada junto com o terreno e se transformara no prédio da administração do parque. Porém, nossos escritórios foram completamente modificados para a ocasião, tendo sido tomados por uma equipe de televisão local que transmitia um programa durante os cinco últimos minutos de cada hora. O âncora era Hank Weaver, personalidade da televisão de Los Angeles. Eu corria para conseguir tudo de que precisavam – café, água e, claro, papel e papel-carbono para as máquinas de escrever.

Minha tarefa na segunda parte do dia era simples: caminhar pelo parque e oferecer apoio para qualquer repórter ou fotógrafo que visse meu crachá e pedisse ajuda. Por onde passava, parecia um "zoológico de pessoas", do qual eu também fiz parte quando

Davy Crockett dirigiu-se a mim de seu cavalo e, vendo meu crachá, pediu: "Marty, ajude-me a sair daqui antes que este cavalo mate alguém!". Eu consegui ajudar Fess Parker (e seu cavalo) a chegar aos bastidores.

O resto do dia foi uma confusão. À noite, voltei para Long Beach, onde ainda estava morando com meus pais. Acho que parei em cada um dos bares ao longo do caminho de 28 quilômetros!

A reação da mídia ao Domingo Negro influenciou imediatamente tudo o que fizemos naquele primeiro verão na Disneylândia, em Anaheim, e na WED Enterprises, em Glendale.

- H. W. Mooring, no *Los Angeles Tidings* (circulação: 59.777 exemplares): "O Sonho de Walt é um pesadelo – um fiasco do tipo que nunca vi nos trinta anos dedicados ao entretenimento".
- *Los Angeles Mirror News* (circulação: 232.176 exemplares):

  "MULTIDÕES RECLAMAM EM LONGAS FILAS POR TODO LADO – DISNEYLÂNDIA, O NOVO PLAYGROUND DE US$ 17 MILHÕES DE ORANGE COUNTY FOI UMA TERRA DE RECLAMAÇÕES NOVAMENTE HOJE QUANDO UMA ASSUSTADORA MULTIDÃO DE 48 MIL [SIC] PESSOAS ABARROTOU O LUGAR".

- Notícia da United Press publicada no *Times-Star* de Alameda, Califórnia (circulação: 8.139 exemplares): "A abertura foi uma tremenda confusão. A primeira dor de cabeça foi o engarrafamento de 11 quilômetros antes de chegar ao parque, considerado pela polícia 'o pior congestionamento que já vimos'".
- Cora Ulrich no *Santa Ana Register* (circulação: 32.557 exemplares): "Muitos cidadãos de Anaheim estão começando a considerar a abertura da Disneylândia com desânimo e 'emoções confusas' – o tipo de emoção que um homem sente quando empurra sua sogra de um barranco em seu novo Cadillac".
- Colunista Sheila Graham: "Para resumir, Disneylândia foi uma decepção... mas não desistam, garotos e garotas, Walt Disney

sempre foi um negociante esperto e tenho certeza de que fará algumas mudanças".

Sheila Graham estava correta. Na verdade, Walt ficou muito focado em corrigir os problemas que causaram muitas dessas reações negativas da imprensa antes mesmo de sair do parque no Domingo Negro.

Para a equipe de relações públicas, o plano era simples: chamar todos os destaques da mídia para visitar o parque novamente sem a multidão. Só assim eles poderiam realmente *ver* o parque – e experimentar as atrações que eram únicas no mundo da diversão: Jungle Cruise, na Adventureland; Flight to the Moon, na Tomorrowland; Peter Pan's Flight, na Fantasyland etc. Para isso, Ed Ettinger, o diretor de relações públicas, e Eddie Meck, o gerente de publicidade, estabeleceram a estratégia de convidar cada uma das empresas jornalísticas para um jantar no Red Wagon Inn, na Main Street, ou no restaurante Plantation House, no Rivers of America, na Frontierland – o evento seria seguido de uma amostra do entretenimento e das aventuras do parque. Depois de trabalhar o dia todo, aquelas noites valeram um verão completo para todos nós. Recebemos quatro jornais de Los Angeles (*Times*, *Mirror News*, *Examiner*, *Herald-Express*), as agências de notícias (Associated Press e United Press), os veículos que cobriam Hollywood (*Variety* e *The Hollywood Reporter*), as equipes locais dos principais jornais nacionais, como *The New York Times*, e até veículos internacionais. Rádio e televisão também receberam atenção, apesar de a influência local das notícias na TV não ser significativa em 1955.

O plano começou a dar certo quase instantaneamente. Leia esta coluna de Dick Williams, editor de entretenimento do *Mirror News*:

Se você está planejando uma viagem para a Disneylândia, saia à tarde para chegar entre 17h e 18h [...] Eu fiz outra visita ao parque de diversões [...] Jantamos no Swift's Red Wagon Inn [...] As filas andavam calmamente por todos os cantos, apenas com algumas poucas esperas [...] Na minha opinião, o parque todo parece muito mais cativante à noite do que de dia.

Essas noites provaram ser uma experiência única para um neófito de 21 anos. Deram-me contatos com as principais personalidades da mídia e suas equipes: editores, editores de cidade e repórteres locais e nacionais, incluindo Bob Thomas, da AP, e Vernon Scott, da UPI. Isso é que é aprendizado no trabalho!

Em setembro, voltei a minhas aulas do último ano da UCLA. O ano anterior a minha graduação e de retomada do trabalho na companhia, em setembro de 1956, foi um período de verdadeira experiência de aprendizagem para todos que estavam ligados à Disneylândia.

O parque foi um sucesso estrondoso, com 3,6 milhões de visitantes em seu primeiro ano, mas existiram muitos altos e baixos. Os portões fechavam às segundas e terças-feiras (até que a operação de sete dias na semana ficasse estabelecida em 6 de fevereiro de 1985), e as visitas durante as semanas eram esparsas, pois o fundamental turismo nacional e internacional que chegaria a representar 40% do total do público nos anos seguintes ainda não estava consolidado.

Os visitantes ensinaram muitas lições a Walt e à sua equipe. Por exemplo, o programa ao vivo Mickey Mouse Club Circus, tão popular na televisão, foi um fracasso no primeiro Natal; as pessoas queriam passear no Dumbo the Flying Elephant, mas não estavam muito interessadas em ver elefantes ao vivo no circo.

Walt Disney foi bastante rápido para corrigir alguns erros que tinha cometido. Percebendo a popularidade da Autopia, onde jovens motoristas, normalmente com seus pais, dirigiam réplicas de carros esporte movidos a gasolina pelas faixas de uma rodovia, Walt montou

94   Sonhe e faça acontecer

uma Midget Autopia na Fantasyland. Mas, na verdade, a atração ia contra o objetivo da Disneylândia de ser um lugar "onde pais e crianças podem se divertir – juntos!". A Midget Autopia só podia ser usada pelas crianças e, depois de um ano, foi fechada.

O fracasso do Mickey Mouse Club Circus não fez que Walt e suas equipe de marketing e entretenimento diminuíssem o ritmo de lançamentos de toda uma série de eventos especiais: Date Night, nas noites de sábado no verão na Disneylândia; Big Band Nights, com grandes nomes da época (Duke Ellington, Benny Goodman, Count Basie, Bob Crosby e os Bobcats, entre outros); Festas de Fim de Ano; e desfiles temáticos, no início de 1959, com Meredith Willson liderando 76 trombones – todos tocando a famosa melodia de *Vendedor de ilusões*.

Dois dos mais populares foram Grad Nite [noite de formatura] e Dixieland, na Disneylândia. Grad Nite começou com o pedido de grupos de famílias locais para que os graduandos do ensino médio comemorassem aquele importante momento de suas vidas de maneira segura e saudável. O evento foi lançado em 1961, com a participação de 8 mil pessoas de 28 escolas da área de Los Angeles. As regras eram duras: obviamente, não eram permitidos álcool, cigarros ou drogas; nenhum participante poderia dirigir (apenas transporte em grupo foi autorizado, de maneira a evitar que os participantes pegassem um carro depois de muita celebração); existia um código de vestimentas a ser seguido (roupas que "revelavam muito" não eram permitidas, nem jaquetas das escolas); e um responsável adulto deveria ser designado para cada grupo de vinte alunos. O programa foi tão popular que o número de graduandos que participaram ultrapassou os 5 milhões em 2009. Quando a Grad Nite completou 50 anos, em 2011, foram organizadas sete noites separadas, entre 12 de maio e 16 de junho, com a participação de 1.052 escolas e um público de 133 mil graduandos!

Guardo na memória aquele primeiro ano da Grad Nite, em 1961, não apenas porque marcou o início de uma importante tradição, mas porque convencemos a revista *Life* a cobrir o evento. Dez de seus melhores fotógrafos, incluindo lendas como Ralph Crane e Lawrence Schiller, realizaram o trabalho. Somando tudo, a *Life* tirou 10 mil fotos naquela noite e planejou uma capa e muitas páginas internas na edição de meados de agosto. Então, em 13 de agosto, os russos começaram a construir o Muro de Berlim. O Muro ganhou; Grad Nite perdeu.

Muitos anos mais tarde, depois de a *Life* deixar de ser semanal, tentamos comprar as fotografias para o arquivo histórico da Disneylândia, mas a Time Inc. recusou-se a vendê-las, mesmo não tendo planos para usar as 10 mil imagens.

Outro de meus eventos favoritos aconteceu no Rivers of America, na Frontierland, de 1960 a 1970. Chamado de Dixieland na Disneylândia, ele reuniu alguns dos maiores músicos de jazz do país: a lenda do trompete Louis "Satchmo" Armstrong, Al Hirt e Teddy Buckner, além do clarinetista de New Orleans Pete Fountain, o banjo de Johnny St. Cyr, e o grupo The Young Men from New Orleans (que estavam todos na faixa dos 80 ou 90 anos), The Firehouse Five Plus Two, e muitos outros. O evento começou com apresentações individuais – seis bandas no total – flutuando pelo rio em embarcações da Frontierland, cada uma delas tocando um tipo especial de jazz. Então, no final, todos os músicos se reuniam a bordo do barco *Mark Twain* para tocar o clássico "When the Saints Go Marching in" enquanto dezenas de funcionários da Disneylândia acenavam e soltavam fogos de artifício. Foi um espetáculo que nem New Orleans ou o lamacento Mississippi conseguiu igualar.

Meu amigo e colega Jack Lindquist, por muito tempo líder de marketing e mais tarde presidente da Disneylândia, descreveu a Dixieland, de 1962, no seu livro *In Service to the Mouse*:

Família

Charna Sklar (esquerda) e Henrietta Fuchs Baldoff (direita),
minhas avós. Por volta de agosto de 1960.

Leon G. Sklar, meu pai, diretor da Madison Junior
High School, norte de Hollywood, Califórnia.

Lilyn e Leon Sklar, meus pais. Por volta de 1960.

Eu (direita), aos 10 anos, e meu irmão, Bob (então aos 8), em New Jersey. Por volta de 1944.

Dia do casamento, 12 de maio de 1957.

Dia do casamento, 12 de maio de 1957: eu, Leah, Helen Gerber (mãe de Leah) e Marsha Gerber (irmã de Leah, aos 9 anos).

Eu, primo Armin Dolin, Leon (meu pai), tio Bernie Dolin e Bob (meu irmão). Por volta do começo dos anos 1950 na Califórnia.

Leah, Leslie (4 anos) e Howard (6 anos) na Disneylândia. Por volta de 1965-1966. Fotografados por mim.

Sentido anti-horário: Harry Gerber (pai de Leah), Marsha Gerber (irmã de Leah) e Helen Gerber (mãe de Leah). Por volta de 1957.

Família de Lilyn Fuchs, minha mãe (da esquerda para a direita): Martin (de quem herdei o nome), Armin, Henrietta, John, Lilyn e Frances.

Eu, Leah, Bob e Adrienne Harris (mulher de Bob), na região do SoHo, em Nova York.

Robert A. Sklar (Bob), professor de Estudos Cinematográficos, New York University.

Gabriel (meu neto) aos 3 anos, Leonard Sklar (filho de Bob) e Howard Sklar. Por volta de 1994, em jogo do California Angels em seu estádio em Anaheim.

Howard, Leah, Lilyn, eu, Flicka e Leslie. Por volta de 1990, na nossa casa de Los Angeles.

Mickey apresenta (da esquerda para a direita): Leslie, Rachel, Leah, Jake, Gabriel, Walt, Hannah, Katriina, Howard e eu, em 2012, na Disney California Adventure.

Eu com o amor da minha vida, Leah, 2012, em Los Angeles.

Convidamos o prefeito de Anaheim, o administrador da cidade, o conselho da cidade e vários departamentos, além de alguns importantes homens de negócio e líderes sociais, para encontrar as bandas e comemorar [no Disneyland Hotel].

A festa começou por volta da meia-noite, mas permaneceu parada e silenciosa até uma da manhã, quando alguns músicos começaram a improvisar. Então outros foram se juntando e, lá pelas duas da manhã, estavam todos pulando. Todos sabiam que às duas o bar precisava fechar e a festa deveria terminar. Mas Mark Stephenson, o chefe de polícia de Anaheim, declarou que se tratava de uma festa privada e, por isso, o bar poderia ficar aberto.

Com esse incentivo, a festa ficou mais animada. Outros músicos, incluindo Nellie Lutcher e Sweet Emma, emprestaram suas vozes para a que foi considerada uma das maiores *jam sessions* já realizadas fora de New Orleans.

Por volta das cinco da manhã, a cortina se fechou com Louis Armstrong tocando uma versão delicada e quase religiosa de "When the Saints Go Marching in" enquanto o sol começava a nascer no parque.

Acredito que ninguém que estava lá esquecerá aquela noite. Eu nunca esqueci.[1]

E eu também não. Foi emocionante estar lá, mesmo sabendo que precisaríamos voltar a trabalhar às 9 horas em ponto.

Meu chefe naqueles primeiros anos da Disneylândia era um verdadeiro ícone da publicidade em Hollywood. Eddie Meck tinha feito a promoção de tudo, das comédias de Frank Capra aos filmes de Clark Gable e Jimmy Stewart dos anos 1930 e 1940. Ele podia

---

1. Do livro *In Service to the Mouse*, de Jack Lindquist. Copyright © 2010 Neverland Media. Reimpresso com permissão. Todos os direitos reservados.

"A maior obra de design urbano nos Estados Unidos é a Disneylândia" 97

falar de trabalhos como o que fez para *Do mundo nada se leva*: "Pintamos de dourado dezenas de tijolos e os colocamos nas calçadas ao longo do Hollywood Boulevard. Quando alguém pegava um dos 'tijolos dourados' e o virava, lia o seguinte aviso 'Você não pode levar isto!' [referência ao título original do filme: *You Can't Take it with You*]!".

Não há dúvida de que Eddie Meck era o gerente de publicidade mais respeitado no meio. Um dia, acompanhei-o em uma de suas investidas para conseguir publicar uma história no *Los Angeles Times*. Paramos no escritório do editor do jornal, Norman Chandler, e descobrimos que ele estava numa reunião de diretoria. A secretária, no entanto, insistiu que o editor gostaria de saber por que Eddie estava lá e levou um recado no meio da reunião. Quase imediatamente, o sr. Chandler apareceu se desculpando e mandando lembranças para Gertrude, mulher de Eddie.

Outro dia, passei pelo escritório de Eddie e peguei-o ao telefone cantando de maneira horrível "Wabash Cannonball". Quando o sofrimento acabou, perguntei-lhe quem estava do outro lado da linha. A resposta: "Era a Aggie [Agnes Underwood, editora do *Los Angeles Herald-Express*]".

Talvez devido ao baixo fluxo de pessoas durante a semana, nossa pequena equipe de relações públicas tinha tempo para tirar sarro do jeito sincero e direto de Eddie Meck. Acho que isso começou quando ele recebeu e abraçou Jayne Mansfield, mas descobriu depois que a senhorita Mansfield ainda estava no carro e que ele tinha cumprimentado sua secretária. (Nós não fomos enganados!)

Usávamos todos os artifícios imagináveis para fazer o novo parque ir adiante. O problema do mundo jornalístico de Eddie era então a promoção para os entregadores de jornais. Basicamente, a equipe de Jack Lindquist trabalhava com os jornais locais para premiar seus entregadores de forma a construir uma rede de circulação, anunciando as viagens para a Disneylândia que eles poderiam ganhar. O problema tinha dois lados: primeiro, as equipes dos jornais normalmente se recusavam a seguir as regras, principalmente a que pedia uma reserva *antecipada*; e, segundo, como envolvia jornais e publicidade, existia um acerto que precisava ser feito entre Jack e Eddie quando chegava a época da visita ao Magic Kingdom.

Um dia, para nos divertir, acertamos com a equipe de segurança do portão principal que eles chamassem Eddie e lhe informassem que o editor Shorty Rogers e seus entregadores do *Martian Evening Star* tinham chegado. Na verdade, Shorty Rogers era meu músico de jazz favorito e o venerável *Martian Evening Star* ainda precisava publicar seu primeiro número (ao menos pelo que sei). Nem o nome do editor nem o título do jornal fez que se acendesse uma luzinha na cabeça de Eddie – mas não por conta dos nomes fictícios. É que ele estava preocupado com a falta de reservas antecipadas. Para esse homem muito profissional, eles *tinham falhado* ao não fazer as reservas.

Assim que ele saiu apressado do escritório da Disneylândia na City Hall (Prefeitura) para falar com Shorty Rogers e seus entregadores no portão principal, percebemos que tínhamos exagerado. Eddie ficou sem falar conosco durante muitos dias. Nunca mais aplicamos nossos truques baratos naquele maravilhoso profissional, reverenciado pela imprensa como se ele mesmo fosse um personagem da Disney. (Uma vez, o grande colunista Herb Caen, de San Francisco, escreveu que Eddie Meck não tinha "nenhuma relação com Mecky Mouse".)

Jack Lindquist tornou-se o maior guru do marketing para criar promoções para a indústria moderna da diversão (eu não estava por perto quando Barnum fazia isso). Jack e eu sempre instigávamos as pegadinhas e começamos isso bem cedo, quando nossa equipe foi designada para supervisionar uma das divisões no desfile anual de Halloween em Anaheim. Não era uma tarefa pequena, ou para uma cidade pequena. O Halloween Festival Parade começou como uma tradição local em 1924 e logo se tornou um dos maiores eventos de Orange County. No começo da Disneylândia, chegava a atrair 150 mil pessoas que assistiam ao desfile pelas ruas centrais da cidade. Jack deu a versão dele da participação de nossa equipe de relações públicas no desfile de 1956 em seu livro *In Service to the Mouse*. Ele a chamou de "Halloween Mischief" ("Travessura de Halloween"):

Quando a Disneylândia foi aberta, o maior evento da cidade de Anaheim era seu Halloween Festival, com o qual a Disneylândia se envolveu desde o início. Ele incluía competições de abóboras e de fantasias infantis na escola, a tradicional noite do doçuras ou travessuras e o Festival Parade que subia o Anaheim Boulevard, de Lincoln para La Palma Park. O evento também contava com a Anaheim High School Band, e outras bandas de ensino médio das escolas de Orange County, cercas coloridas, cavalos e enfeites representando os grupos locais, como Rotary, Kiwanis, escoteiros, bandeirantes, o prefeito e o conselho da cidade, assim como algumas peças representando os negócios locais e, finalmente, o Jaycees, que limpavam a sujeira que os cavalos deixavam ao passar. (Uma observação pessoal, nosso grupo era o 20/30 Club of Fullerton. O consumo de álcool dos integrantes facilmente ultrapassava a quantidade de sujeira de cavalo que eles recolhiam.)

Existiam quatro divisões no desfile, e meu chefe, Ed Ettinger, tinha sido escalado para ser o líder de uma delas. Cerca de uma semana antes do evento, Ed me chamou a seu escritório, disse que estaria fora da cidade a trabalho e me perguntou se eu podia assumir seu lugar. Na verdade, não era exatamente uma pergunta, então eu disse sim. Ele explicou que não havia muito a fazer a não ser garantir que a divisão ficasse em linha e pronta para se mover. Eu poderia pedir ajuda a nossa equipe. E tinha uma outra coisa: os líderes de divisão desfilavam na parte de trás do novo conversível Thunderbird e usavam cartola e casaca.

Primeiro, reuni meu time de compatriotas da divisão das relações públicas. Vestidos como valentes indígenas (uma cortesia dos armários da Disneylândia), minha equipe de batalha contava com Marty, Lee [Cake], Walter Scott e Milt Albright, nosso gerente de vendas e um dos primeiros funcionários da Disneylândia. Também persuadi os responsáveis pelas roupas a me conseguir uma cartola e uma casaca.

Na noite do desfile, estávamos prontos e animados depois de uma breve parada num bar local a fim de ficar mais fortes para enfrentar a noite. Quando encontrei os outros líderes de divisão, percebi que eu era o único usando cartola e casaca.

Placar: um a zero para Ed Ettinger!

Mais tarde, ele insistiu que só tinha feito aquilo para que eu ficasse bem, não para que aparecesse. Achou que eu deveria representar a Disneylândia com classe. Nunca acreditei numa palavra. Eu me senti como Fred Astaire procurando por Ginger.

De qualquer forma, de volta ao desfile, tudo ia bem: meus companheiros indígenas, gritando e dançando por todo o caminho, animaram as crianças. Eu fui no conversível, acenando e dizendo oi para todo mundo, apesar de ninguém saber quem eu era.

Quando chegamos ao final, o desfile se desfez, e então meus amigos indígenas me procuraram, pois estavam com frio e sede. Reclamaram que, enquanto eu usava cartola e casaca e desfilava num conversível, eles usaram tangas e perucas e dançaram descalços pelo caminho. Sugeri que fôssemos para o Disneyland Hotel e discutíssemos o assunto civilizadamente.

Levei a turma para o hotel no meu carro, mas, assim que sentamos no bar, fizemos uma terrível descoberta: o dinheiro, as chaves e os documentos dos indígenas tinham ficado nos seus carros, que estavam no parque. Eu só tinha US$ 20. Obviamente, nosso charmoso grupo de vitoriosos não iria muito longe. Então, Fred Werther, dono do Little Gourmet Restaurant no Disneyland Hotel, veio até nossa mesa e, depois de alguns comentários desagradáveis sobre nossas vestimentas inapropriadas para um restaurante elegante como o dele, lamentou que um grupo de clientes, reunidos em uma sala privativa, tinha contratado uma equipe de entretenimento que não tinha aparecido.

"Oh, o que fazer?", Fred suspirou.

"É seu dia de sorte", eu lhe disse.

"Talvez possamos ajudar", Marty falou depois de me olhar e acenar com a cabeça.

"Fred", eu disse, "diga a seu grupo que em cinco minutos Jack Lindquist e o autêntico Bando Itinerante de Índios Dançarinos estará pronto para se apresentar. Danças da chuva, cantos, mágica – tudo!"

Fred concordou e nos agradeceu.

"Nós iremos", eu disse, "mas antes queremos cinco filés para jantar."

Enquanto Fred foi dar aos clientes a "boa" notícia, nosso pequeno grupo de membros-do-desfile-que-se-tornaram-artistas aproveitou um delicioso T-bone.

Por volta das 23 horas, os participantes da convenção já estavam impacientes, então Fred finalmente nos anunciou: "Diretamente de Oklahoma, o fantástico Lindquist Indian Show!".

Depois da introdução, começamos a apresentação com algumas canções e danças que receberam aplausos tímidos. Então, apresentei nossa "autêntica dança da chuva". Marty, Lee, Scott [e] Milt se apresentaram de forma magnífica. Eu quase acreditei que ia chover!

Apresentamos danças e cantos nativos completamente falsos, seguindo o que eu me lembrava dos velhos filmes com Gene Autry e John Wayne. Pulamos e dançamos. Aplausos verdadeiros seguiram-se ao número final. Marty então, inesperadamente, anunciou que eu, o Grande Chefe Branco, iria puxar a toalha da mesa sem movimentar nenhum prato, copo ou talher. A plateia ficou em silêncio. Lee, Scott e Milt pegaram um lado da toalha enquanto eu peguei o outro. Marty ficou no meio e começou a contagem. Um tambor começou a marcar o ritmo cada vez mais rápido e num crescendo.

Um... dois... três...

Eu puxei com o máximo de força que consegui. Copos, pratos, garrafas de vinho, entradas, pães, manteiga, tudo voou em todas as direções. Os convidados pularam de suas cadeiras para não se sujar. Saímos correndo escada abaixo, pela cozinha e pela porta dos fundos. Entramos em meu carro e seguimos para a Disneylândia.

Então começamos a respirar de novo.

Depois de alguns minutos, os indígenas pegaram seus carros e foram para casa. Eu fiz o mesmo. Alguns dias depois, encontramos Fred. Ele parecia bravo e contou que o grupo lhe disse que nunca mais voltaria àquele hotel. Fred ainda reclamou da porcelana e dos copos quebrados; dos guardanapos de linho, do carpete que tinha ficado manchado com vinho e comida; e de uma cadeira quebrada. Então, deu um pequeno sorriso e disse: "Com certeza foi um show melhor do que os malditos acordeonistas teriam feito".[2]

Jack e eu passamos por algo que adoramos recordar. Foi no final dos anos 1950, em Anaheim. Ele comprou, em 1947, um Cadillac de um vendedor de Santa Ana que tinha uma ética bastante duvidosa. O carro tinha um hábito especial: cuspia partes do motor regularmente. Mas Jack adorava aquele Cadillac, então ele (e nós) lidávamos com o problema. Um dia, no caminho para o almoço, Jack seguiu pela West Street e virou na Ball Road quando o motor do Cadillac de repente começou a pegar fogo. Pulamos do carro e alguém correu para o posto que ficava na esquina para chamar os bombeiros. Mas, antes de terem completado a ligação, um minuto depois de termos parado, vimos o carro do chefe dos bombeiros, Ed Stringer, do outro lado da estrada; trinta segundos depois, o chefe de polícia, Mark Stephenson, chegou. Com mais um, já teríamos quórum para uma reunião do *staff* da cidade.

Fiquei tão animado que corri para uma plantação de laranjas no cruzamento mais perto do parque. Minha emergência, ao contrário da de Jack, era que eu precisava me aliviar. Aquela plantação estava

---

2. Do livro *In Service to the Mouse*, de Jack Lindquist. Copyright © 2010 Neverland Media. Reimpresso com permissão. Todos os direitos reservados.

destinada a acabar, pois o local era muito estratégico. Mas, quando as árvores começaram a morrer algumas semanas depois, Jack disse que a culpa era minha.

Tive dois grandes escritórios no final dos anos 1950. Um no segundo andar da City Hall e outro que agora faz parte do serviço de visitas guiadas. Se você virar à esquerda quando entrar na Disneylândia (como a maioria das pessoas faz) e passar por baixo da estrada de ferro, o primeiro prédio que cruzar é onde ficava o escritório. Quando o parque abriu, havia dois letreiros, um de cada lado da escada, que identificavam o prédio como Delegacia. Mas não era. Era meu escritório.

Duas experiências, que acabaram se repetindo em muitas ocasiões, influenciaram bastante minha futura carreira na Disney – e acredito que tiveram um papel importante na comunicação sobre o Magic Kingdom de Walt Disney.

A primeira resultou de um engano meu. Um dia, deixei a porta que dava para a Town Square destrancada, e muitos visitantes acabaram entrando na Delegacia. De repente, eu me vi sendo questionado sobre o parque, um papel que era dos anfitriões treinados que ficavam na City Hall da Disneylândia. Enquanto eu respondia a meia dúzia de perguntas que aquelas pessoas faziam, dei-me conta de que funcionavam como uma fonte primária de informações úteis para nós que éramos responsáveis por informar o público sobre o que era a Disneylândia. Lembre-se, isso foi no final de 1950; e somente depois da grande expansão de 1959 é que o público passou a ser de mais de 5 milhões de pessoas por ano. Daquele dia em que não tranquei a porta em diante, sempre que eu estava na Delegacia, minha porta ficava aberta.

Tão importantes quanto a porta foram minhas incursões até o Portão Principal para ver e ouvir o que os visitantes perguntavam nos guichês. Sempre era surpreendente. Normalmente, as perguntas eram do tipo: "Eu quero ir ao Jungle Cruise, ao Rocket to the Moon e ao barco *Mark Twain – mas não quero ir a nenhum* ride (passeio)!". O que *isso* significava?

Conforme fomos analisando os comentários, percebemos que Walt fez um trabalho tão bom falando da Disneylândia para os telespectadores que eles acabaram separando o que era oferecido ali do que existia nos velhos parques de diversões dos anos 1930, 1940 e 1950. Para eles, os carrinhos, os barcos, as rodas-gigantes e as emoções das montanhas-russas eram o que consideravam *rides* dos parques de diversões – os quais a Disneylândia não tinha.

Anos depois, a colunista Norma Lee Browning, escrevendo sobre o Epcot no *Chicago Tribune*, lembrou-se de ter perguntado a Walt sobre o que o levava à criação de novos conceitos. A resposta de Walt foi registrada por Browning:

"Oh, você parece minha mulher", ele disse com um gesto de impaciência e um gole em seu café. "Quando comecei a Disneylândia, ela costumava dizer: 'Mas por que você quer construir um parque de diversões? Eles são tão sujos'. Eu disse a ela que esse era exatamente o ponto. O meu não seria."

A Disneylândia nasceu de seu desencanto com os parques de diversões que visitava durante os fins de semana com suas filhas. A maioria, ele descobriu, não era nem divertida nem limpa, e não oferecia nada para os pais.

Decidiu corrigir tudo isso construindo seu próprio parque de diversões, um em que os pais pudessem se divertir ao lado de seus filhos. É por isso que a Disneylândia atrai tanto os adultos quanto as crianças, assim como todos os desenhos e filmes da Disney, desde o Mickey Mouse. ("Você morre se focar apenas nas crianças. De qualquer maneira, adultos são apenas crianças crescidas.")

Desde que me tornei um dos principais redatores publicitários, e o primeiro editor da nova *Vacationland*, uma revista para os turistas que criamos em 1957, percebi que inventamos uma nova linguagem para descrever o que as pessoas podem encontrar na Disneylândia. Os principais novos termos eram *aventuras, experiências, atrações* e, claro, *histórias*. Logo contaríamos com uma terminologia própria para tratar de ação (Submarine Voyage, Matterhorn Bobsleds) e nomes de lugares (Haunted Mansion, Pirates of the Caribbean, Splash Mountain, Big Thunder Mountain Railway) – tudo isso refletindo a ausência de "*rides* de parques de diversões".

Durante anos – na verdade, desde a abertura do Walt Disney World, em 1971 –, eu dava a última palavra nos materiais para publicidade e marketing... e minha caneta vermelha cortava a palavra *ride* onde quer que a encontrasse. A atração da Fantasyland Mr. Toad's Wild Ride sobreviveu – até ser substituída no Walt Disney World, em 1999, por The Many Adventures of Winnie the Pooh. O "Esquadrão da Verdade" diria que hoje existem apenas quatro atrações nos onze parques da Disney ao redor do mundo que possuem a palavra *ride* no nome: The Great Movie Ride (Hollywood Studios da Disney – Flórida); Listen to the Land Boat Ride (Epcot – Flórida; hoje conhecido como Living with the Land); Monsters, Inc. Ride & Go Seek! (Disneylândia de Tóquio); e o original Mr. Toad's Wild Ride, na Disneylândia.

Recentemente, em 2008, como a palavra *ride* tornou-se uma muleta para os redatores publicitários, escrevi um memorando para os meus sucessores, os líderes da Walt Disney Imagineering, Craig Russell e Bruce Vaughn, e o principal consultor criativo deles, o grande contador de histórias John Lasseter, da Pixar. Aqui está parte do que eu disse:

Quando descrevemos nossas atrações *apenas* como *rides*, caímos na mesma maneira como Six Flags, Knott's, Universal etc. descreverem suas coisas.

Devemos estar acima deles (porque nossas coisas estão!) e descrever o que fazemos como "atrações, aventuras, experiências imersivas e, claro, histórias" [...] Quando vocês estão criando a magia da Disney, as palavras para descrever isso devem sustentar as experiências mágicas!

Mandei um memorando parecido para Jay Rasulo, então presidente da Disney Parks and Resorts. Ele concordou com a minha visão – mas temo que seja uma batalha perdida. Com todos os atalhos abertos pelo mundo digital, acredito que defenderei esse conceito até o dia em que seguir para o pôr do sol. Além do mais, as aventuras, atrações e experiências que os Imagineers criam hoje para os parques ao redor do mundo são tão "autorais da Disney" que não precisam de nenhuma outra descrição a não ser: "Novo!".

Tenho três projetos favoritos feitos nos anos 1950 e 1960 na Disneylândia: o primeiro foi a *Vacationland Magazine*. A publicação surgiu como uma maneira de comunicar a história da Disneylândia, novas atrações, horários e dias de operação (lembre-se de que o parque ficava fechado para manutenção às segundas e terças-feiras até 1985), eventos especiais e outras informações para turistas em visita à Califórnia. O *Disneyland News*, mesmo sendo um tabloide derivado da redução de um jornal diário, era muito grande e volumoso. Precisávamos de uma publicação no formato de revista. Assim, na primavera de 1957, criamos a *Disneyland Holiday*. Como editor, meu trabalho era produzir as histórias, as fotos e as informações para o conteúdo. A estratégia, desenvolvida pelo nosso diretor de relações públicas, Ed Ettinger, e pelo gerente de propaganda, Jack Lindquist, determinava onde e como distribuir a publicação.

Decidiram que as primeiras entregas seriam feitas em hotéis e motéis que ficassem a um dia de viagem da Disneylândia. Isso significou Santa Barbara, ao norte, Las Vegas e Phoenix, a leste, e San Diego, ao sul. Contrataram um distribuidor cujo trabalho não era apenas o de entregar as revistas, mas se transformar num visitante bem-visto pelas equipes dos hotéis e motéis, muitos deles negócios familiares em 1950.

Ao longo do tempo, tivemos a sorte de contratar duas pessoas que se encaixaram no papel perfeitamente: Frank Forsyth e Bill Schwenn. Eles eram mais que distribuidores, eram caixeiros-viajantes que faziam amizade com donos e administradores que cuidavam para que nossas informações estivessem em evidência para seus hóspedes.

Desde o começo, a *Disneyland Holiday* foi um sucesso. Por volta de seu terceiro número, na primavera de 1958, ela tinha crescido de 20 para 32 páginas e tinha não apenas histórias e fotos dos convidados VIPs na Disneylândia (a atriz Shirley Temple Black, o chefe da Suprema Corte de Justiça Earl Warren, o vice-presidente Richard Nixon), mas muitos anúncios para outras atrações: Knott's Berry Farm, Catalina Island, Apple Valley Inn e até Forest Lawn Memorial Park (um cemitério). Tínhamos um grande sucesso em nossas mãos. Só tinha um problema: a revista *Holiday* nos ameaçou com um processo se não "parássemos e desistíssemos de usar o nome *imediatamente*"!

Por isso, no outono de 1958, nasceu a *Vacationland Magazine*. Tinha as mesmas histórias da Disneylândia e as informações sobre suas operações; as mesmas datas de publicação; mesmo *publisher*, editor e distribuidor; e o mesmo resultado: um grande sucesso com os turistas e a indústria hoteleira. Hoje, ela se tornou um item de colecionador. Se encontrar um dos seus primeiros números no eBay ou na Amazon, você vai ter de pagar caro para obtê-lo.

Meu outro projeto favorito é de 1959, um ano divisor de águas para o crescimento e a popularidade da Disneylândia. Com a expansão mais importante na história do parque, começava a realização da ideia de Walt do dia de abertura: "A Disneylândia nunca estará terminada enquanto houver imaginação no mundo". Com um movimento rápido, Walt adicionou estas atrações icônicas:

- O Monorail da Disneylândia – o primeiro monotrilho operando diariamente no hemisfério ocidental.
- A Submarine Voyage, que permitiu que as pessoas explorassem o "espaço líquido" a bordo da "oitava maior esquadra de submarinos do mundo".
- Duas novas Autopia Freeways, garantindo aos mais jovens motoristas a primeira oportunidade de dirigir um veículo individual em uma rodovia em escala para o tamanho deles e simulando uma experiência de direção real.
- Dois novos cruzeiros de barco – um dos quais continuou em operação até 1993.
- Matterhorn Mountain, com seus dois trens – a primeira montanha-russa a usar aço tubular e um sistema eletrônico, permitindo que mais de um trem pudesse estar nos trilhos simultaneamente. A atração Disneyland Skyway tinha sido aberta três anos antes (fechando em 1994) e levava os visitantes numa viagem aérea diretamente através do Matterhorn. Quando o rei Balduíno, da Bélgica, visitou a Disneylândia e andou num dos trens com a rainha e Walt, ele perguntou por que as montanhas "tinham buracos" [para a passagem dos veículos da Skyway]. "Porque", Walt respondeu, "é uma montanha suíça!"

Para mim, essa expansão significou que eu tinha de escrever uma mensagem para Walt Disney a fim de ser publicada como um suplemento de 24 páginas do *Los Angeles Times*. O texto era bastante simples e direto. Lembrava os leitores sobre a promessa de que "sempre existirá algo novo e diferente para você e sua família aproveitarem". E terminava da seguinte forma:

Desde nossa abertura, há quatro anos, a Disneylândia recebeu milhões de famílias da região sul da Califórnia, bem como milhões de outros norte-americanos e visitantes estrangeiros do mundo inteiro. Todos nós da Disneylândia agradecemos esse privilégio e esperamos sinceramente que você encontre tanto prazer e diversão nas novas aventuras da Disneylândia neste verão quanto o que tivemos criando-as para você.

Também gostei de produzir, em 1965, um suplemento do *Los Angeles Times*. Apesar de ter mudado para a Imagineering, continuei cuidando dos materiais mais importantes escritos para a Disneylândia – especialmente se Walt estivesse envolvido.

Estas histórias são algumas das melhores dos meus dias de redator da Disney: "The Many Worlds of Disneyland" [Os muitos mundos da Disneylândia] enfatizava que o Magic Kingdom era "muitos mundos diferentes"; "Daytime Fun – Nighttime Magic" [Diversão de dia – Mágica à noite] tinha um parágrafo de abertura de que eu gostei muito: "Uma história popular na Disneylândia fala de um texano assistindo ao show de fogos de artifício Fantasy in the Sky e dizendo: 'Legal, mas temos um bem maior em casa'. E a senhora que estava perto perguntou: 'Toda noite?'".

Ainda escrevi dois "artigos do Walt". Em um livro com uma capa com a foto de Walt em frente ao Castelo da Bela Adormecida, Walt mostrou seu respeito ao público – os 50 milhões de visitantes que tinham experimentado o Magic Kingdom. "Esta Tencennial Souvenir Edition é, na verdade, um 'cartão de aniversário' ao contrário – de todos nós da Disneylândia para todos vocês, dizendo 'obrigado' por nos ajudar a fazer esta nossa primeira década tão maravilhosa. Divertimo-nos muito recebendo você e sua família."

O texto, intitulado "Yesterday, Today and Tomorrow" [Ontem, hoje e amanhã], descreveu a chegada do Great Moments with Mr. Lincoln ao Opera House na Town Square. Terminava com estas palavras:

Do jeito que entendemos, a Disneylândia nunca estará finalizada. Sempre podemos continuar desenvolvendo e adicionando coisas. Um filme é diferente. Uma vez que ele está feito e mandado para exibição, não mexemos mais. Se existem coisas que podem ser melhoradas, não podemos fazer mais nada. Sempre quis trabalhar em algo vivo, algo que continuasse crescendo. Temos isso na Disneylândia.

Sempre achei que algumas linhas realmente expressavam a visão de Walt Disney, seu incansável espírito criativo e seu enorme orgulho do que ele e sua equipe já tinham realizado na primeira década da Disneylândia. Era também a renovação de uma promessa para o público – como Walt disse para suas equipes da Disneylândia e da Imagineering quando estavam celebrando aqueles primeiros dez anos: "Estamos só começando – por isso, não comecem a se acomodar com suas glórias!".

A Disneylândia era um lugar muito mais simples naqueles dias, especialmente para as equipes de marketing e operações. Como disse Jack Lindquist: "Queríamos tentar tudo, pois não havia precedentes". Se funcionasse, tornava-se uma tradição. Se falhasse, deixávamos de lado e seguíamos em frente. E todos nós podíamos testar nossas ideias.

Escrevi o primeiro roteiro para as visitas guiadas da Disneylândia, que começaram em 1962. E também fui o primeiro guia do *tour*. Dessa forma, pude ver o que funcionava e o que precisava ser revisto para dar mais força ao roteiro. O segundo e o terceiro *tours* foram comandados por Dick Nunis, diretor de operações do parque, e por Jack Lindquist. Recebi muitas sugestões – o que foi ótimo porque, mesmo antes de começarmos a cobrar (US$ 3 para adultos, US$ 2 para crianças com menos de 12 anos), tinha uma ideia de "como funcionava" e "como vender".

Praticamente desde o início, como um jornal publicou, a Disneylândia se tornou "quase um instrumento da política externa norte-americana". Há grandes fotos de Walt levando pela Disneylândia o primeiro-ministro Nehru, da Índia, o xá do Irã e o rei Mohammed, de Marrocos. Uma visita que ele perdeu foi do presidente Suharto, da Indonésia. Embora fosse próxima a relação do parque com o serviço de segurança do Departamento de Estado em todas essas visitas, de alguma forma o "homem mau do Oeste", na Frontierland – que fazia um show diário de tiro ao alvo com o xerife usando pistolas que faziam bastante barulho quando um alvo fosse atingido –, não foi comunicado sobre a visita do chefe de Estado. Quando Black Bart começou sua apresentação e puxou o revólver em sua cintura, percebeu a tempo que havia pelo menos uma dúzia de armas apontadas para ele – e todas estavam carregadas.

Entre os visitantes importantes estão vários líderes nacionais, como os ex-presidentes Eisenhower e Truman e o chefe da Suprema Corte de Justiça Earl Warren. Eu adorei a reação de Harry Truman, um democrata, quando a mídia pediu para ele dar uma volta no Dumbo. "Eu não", ele disse, recusando-se a entrar no elefante – símbolo do Partido Republicano.

Apesar de apenas parte de minha cabeça estar visível, guardo entre meus tesouros uma foto de 1959 tirada com o candidato à Presidência senador John F. Kennedy saindo da City Hall, na Disneylândia. Ele tinha usado nossos escritórios para uma reunião com o presidente Sékou Touré, da Guiné. Na verdade, era uma época muito mais simples.

Depois daquele suplemento de 1965, seguiram-se dezoito meses escrevendo para Walt... dos relatórios anuais da companhia ao roteiro para o filme do Epcot de Walt. Então, em 1966, ele morreu. Um novo mundo estava nascendo do outro lado do país, em um lugar ainda mais novo e sonolento do que Anaheim. Como Walt diria no filme sobre nosso Projeto X: "Este é o mais excitante projeto em que já trabalhei na Walt Disney Productions".

Mas, antes de tudo, estava a Feira Mundial de Nova York, o ponto de partida para o novo Walt Disney World.

8

"Vinte e seis!
Você é mais novo que meu filho!"

Mott Heath, executivo da Ford Motor Company que foi receber a equipe da Imagineering em Dearborn, Michigan, não parecia feliz. O sucesso do Pavilhão Ford na Feira Mundial de Nova York de 1964-1965 seria um troféu para qualquer um que quisesse promover sua companhia. Mas a mediocridade pode acabar com uma carreira. A Ford já tinha perdido uma oportunidade: a parceria em potencial entre Walt Disney e os Imagineers e o arquiteto Minoru Yamasaki, cujo Pavilhão Federal de Ciência fora aclamado pela crítica na Feira Mundial do Século 21 em Seattle, em 1962. Porém, depois de uma reunião inicial, Yamasaki chegou à conclusão de que o design do prédio e os shows e exibições de Walt Disney mais competiriam entre si do que se complementariam. Yamasaki abandonou a comissão, deixando Walt e os Imagineers com a responsabilidade de cuidar de todo o design do pavilhão (Yamasaki depois ficaria famoso com outro projeto em Nova York: as Torres 1 e 2 do World Trade Center, que desapareceram da cidade em 11/9/2001).

Agora, com a chegada da equipe da Disney, a confiança de Mott Heath tinha sido abalada por um dos membros da comissão de Walt: eu! Aos 26 anos, eu era mais jovem que o filho de Mott. Talvez ele não conhecesse a história da The Walt Disney Company. Walt tinha

114

apenas 21 anos quando foi de Kansas City para a Califórnia e convenceu seu irmão Roy a criar The Disney Brothers Studio. Isso, provavelmente, explica por que Walt nunca hesitou em mesclar idade e experiência com juventude e exuberância – como tinha feito naquela equipe do projeto Ford.

Nossa chegada em Dearborn, em janeiro de 1961, era o começo do meu processo de maturação. Eu tinha sido escalado para ser um dos principais redatores para a criação do segundo maior pavilhão da Feira. Só o Futurama da GM (uma sequência da exibição da empresa na Feira Mundial de 1939) era maior, atraindo 70 mil pessoas por dia.

A Feira Mundial de 1964-1965 foi aberta pelo presidente Lyndon Johnson, em 22 de abril de 1964, e celebrou o 300º aniversário da cidade de Nova York. Montada no mesmo Flushing Meadows onde os icônicos Trylon e Perisphere marcaram a entrada para a Feira Mundial de 1939, ela deu continuidade ao sonho do presidente da Feira, Robert Moses – inesquecível comissário dos parques da cidade –, de criar um parque permanente naquele local.

O tema da Feira, "Peace Through Understanding" [Paz por meio do entendimento], atraiu 51 milhões de pessoas aos seus 646 acres durante sua duração de um ano. A atitude otimista que permeou o evento – alguém a chamou de "uma Olimpíada para a indústria" – era perfeita para o estilo de entretenimento de Walt Disney. De muitas maneiras, ela refletiu o ponto de vista perseguido por Walt de que "qualquer coisa é possível". Ao mesmo tempo, em retrospecto, foi talvez a última grande fortaleza de uma "idade da inocência". Depois viria a turbulência do movimento pelos direitos civis e a Guerra do Vietnã, levando o presidente Johnson a não concorrer para a reeleição, o que foi seguido da violência na convenção democrata de Chicago em 1968. Já em 1964, a abertura da Feira Mundial foi pontuada por manifestações do Congresso pela Igualdade Racial (CORE), cujo líder, James Farmer, estava à frente do ativismo pelos direitos civis.

"Vinte e seis! Você é mais novo que meu filho!" 115

*** *** ***

Meus colegas naquela viagem para o trabalho no Pavilhão Ford foram Vic Green, um arquiteto mais conhecido pelo projeto do Matterhorn; Jack Sayers, vice-presidente de patrocínios corporativos; e John Hench, Disney Legend e designer da iconografia do parque – e, muito depois, meu "parceiro" na criação do Epcot.

Como a Ford, num movimento para diversificar, tinha adquirido a fabricante de eletrônicos Philco e suas subsidiárias aeroespaciais, colocamo-nos a caminho da sede da Philco, na Filadélfia; Western Development Labs, em Palo Alto, Califórnia; e Aeroneutronics (depois Ford Aerospace), a designer e construtora de satélites, em Newport Beach, Califórnia.

O trecho Detroit-Filadélfia ficou marcado para sempre na minha memória. Não apenas foi minha primeira e única viagem a bordo de um DC-3 (um aparelho da Ford pronto para ser aposentado depois de anos de serviço na América do Sul), como eu nunca tive um voo tão tumultuado, uma vez que o piloto seguiu através de uma tempestade. Não foi um grande prelúdio para nosso jantar daquela noite no renovado Bookbinder's Restaurant.

Como dizia nosso companheiro de viagem da Ford, John Sattler, ao apresentar nossa equipe em cada parada, meu trabalho era fazer anotações. O objetivo de todo esse *brainstorming* tinha dois lados. Primeiro, tínhamos de aprender o máximo que pudéssemos sobre a Ford Motor no menor tempo possível. A razão logo ficou óbvia: ninguém da Ford podia simplesmente sentar e conversar conosco. Era o período depois das mudanças feitas pelos então chamados "Whiz Kids" [garotos mágicos], homens que se juntaram à empresa depois da Segunda Guerra Mundial, incluindo Robert McNamara, que foi presidente da Ford antes de se juntar à equipe do presidente John F. Kennedy como secretário da Defesa. Os "Whiz Kids" levam o crédito por trazerem planejamento moderno, organização e sistema de controle gerencial para a Ford no período pós-guerra. Por isso, mesmo John Sattler, um verdadeiro profissional de relações públicas do escritório da Ford em Nova York, não poderia nos dar uma imagem completa da empresa; ele nunca tinha estado em muitos dos lugares que visitamos nem tinha encontrado as pessoas que conhecemos em Dearborn, Filadélfia, Palo Alto e Newport Beach.

O segundo objetivo de nossas viagens para os postos avançados da Ford (admito que, vez por outra, queríamos "Ver os Estados Unidos em seu Chevrolet!") era buscar elementos para as ideias que a equipe de design da Imagineering desenvolveria para o Pavilhão Ford. Nesse sentido, foi uma viagem bastante produtiva pelas seguintes razões:

- Disseram-nos que a Ford queria apresentar uma imagem internacional. Nossa solução: todos os visitantes do pavilhão passavam por uma área onde os carros eram mostrados em reproduções em miniatura de cidades ao redor do mundo. Isso foi inspirado pela Vila do Pinóquio em escala reduzida e outras fantásticas maquetes baseadas nos filmes da Disney, na viagem de barco Storybook Land, na Disneylândia.
- A Ford queria que o pavilhão criasse "uma ponte do ontem para o amanhã". A crença de Walt em usar a nostalgia para tratar do passado como uma maneira de engajar o público, levou-nos ao Modelo T de Henry Ford que, claro, revolucionou a produção automobilística no começo do século XX. Usando o "Pepper's Ghost", técnica mais tarde usada na cena do baile da Haunted Mansion na Disneylândia, nosso mago dos efeitos Yale Gracey criou uma infinidade de Modelos T enquanto os visitantes eram levados por uma esteira. Era possível até contar os Modelos T que saíam da linha de montagem.
- A linha de montagem – ou melhor, todas as peças que se juntam para formar um carro – inspirou Rolly Crump a desenhar a Orquestra das Peças Ford. Ele usou peças estilizadas, como

calotas, eixos, pistões, limpadores de para-brisa, entre outras, para criar uma "orquestra" animada que tocava músicas compostas especialmente por George Bruns, da Disney.

- As verdadeiras estrelas do show eram os carros Ford, Lincoln e Mercury. Em sua constante busca para transportar as pessoas de maneira mais eficiente em nossos parques, Walt desenvolveu, com os talentos da mecânica Roger Broggie e Bob Gurr, um sistema de trânsito no qual não existiam partes móveis nos carros. O chamado WEDWay Transit System movia os carros por um caminho determinado usando metade da energia de motores de um cavalo de força posicionados na pista elevada a uma distância de aproximadamente um metro entre si. As rodas de borracha giravam continuamente e, enquanto rodavam, engatavam uma placa de metal plana do lado de baixo de cada veículo, assim movimentando-o ao longo da superfície. Esse sistema, apresentado como o WEDWay PeopleMover em 1967 na Disneylândia, tornou-se a fonte de energia dos carros que se moviam no Magic Skyway de oito minutos da Ford. Para o passeio, feito a uma velocidade média de cerca de 7 km/h, gravei a voz de Walt descrevendo homens da caverna, dinossauros e a Cidade do Amanhã que as pessoas estavam vendo.

O sistema WEDWay trouxe um brilhante marketing para a Ford. Enquanto sua rival, a General Motors, colocou os visitantes de seu Futurama sentados numa cadeira que se movia, em colunas de três, os convidados do Pavilhão da Ford seguiam num carro real. Os carros eram mantidos numa área entre os pontos de embarque e de desembarque onde eram aspirados e limpos entre as viagens. Foram usados apenas conversíveis para acelerar a entrada e a saída, evitando que as pesssoas batessem a cabeça no teto. Durante as duas temporadas de seis meses da Feira, aproximadamente 15 milhões de pessoas passearam em 178 carros Ford, muitos experimentando o produto da fábrica pela primeira vez. A Ford estimou que, apenas no primeiro ano, os carros viajaram o equivalente a 34 voltas ao redor do mundo.

Mas havia uma exposição ainda maior para os automóveis da Ford. John Hench desenhou uma marquise com dois tubos de vidro elevados que levavam carros em direções opostas, passando para o lado de fora do pavilhão e, assim, expondo todos os modelos de carros da Ford na gigantesca área. Mesmo se não entrassem no pavilhão, os visitantes da Feira Mundial viam os veículos ao andar por ali. Eles assistiam aos conversíveis surgirem de dentro do pavilhão em tubos de vidro sobre a entrada, deslizar em direções opostas antes de voltar para o prédio e desaparecer. O público da Feira foi assim apresentado a um dos conceitos visuais preferidos, e mais eficientes, de Walt Disney: a "wienie" [salsicha].

Aprendi muito nessa experiência, especialmente pela oportunidade de viajar com, observar e ouvir John Hench. Tivemos algumas aventuras incríveis. Um dia, estávamos andando com os pilotos de teste da Ford em uma pista em Romeo, Michigan, a cerca de 195 km/h. De repente, nosso piloto tirou as mãos do volante e se virou para falar conosco no banco de trás. Assustador! Apesar daquela velocidade e do ângulo da pista, o carro seguiu firme e "dirigiu a si mesmo". Outro momento interessante aconteceu quando visitamos a unidade avançada de modelos da Ford. Quando encontramos dois designers trabalhando em assentos acolchoados reversíveis, John perguntou a eles se tinham ideia se o público estava interessado naquilo. "Não", os dois responderam. "Então por que", John perguntou, "vocês estão fazendo isso?" "Porque gostamos disso", eles responderam. "Bom", John continuou, "alguém já tentou isso antes?" "Oh, sim", eles disseram. "Estava no último Packard construído!"

Antes de ser destruído pelo fogo em 1962, o centro de visitantes Rotunda Ford em Dearborn foi uma grande atração turística – a quinta mais popular dos Estados Unidos no começo dos anos 1950. (Niagara Falls era a número um, antes da Disneylândia.)

A Rotunda foi originalmente desenhada pelo famoso arquiteto Albert Kahn para a Feira Mundial "Século do Progresso" de Chicago, em 1933, depois desmontada e levada para Dearborn, onde foi vista por algo em torno de 18 milhões de pessoas.

Normalmente, uma visita a exposições e demonstrações incluía uma viagem pela linha de montagem de River Rouge. Ela estava localizada tão próximo do rio que houve uma época em que o minério de ferro chegava em uma barcaça, era transformado em aço na fábrica e, ao final, surgia como um carro acabado. O único problema era que, quando observamos algumas das ações ao longo da linha de montagem em 1961, percebemos que algumas peças não encaixavam e os operários usavam pés de cabra para forçar o fechamento das portas. Havia até carros que saíam da linha no final porque não funcionavam. John Hench fez uma recomendação que desanimou nossos anfitriões da Ford: "Nunca mostre a um potencial consumidor sua linha de montagem River Rouge". "Mas recebemos milhões de pessoas todos os anos", eles protestaram. "Bom", John continuou, "não imagino que vão comprar um carro Ford depois de verem como são construídos!"

Os quatro pavilhões que Walt e os Imagineers ajudaram a criar – com o Futurama da GM e o Pavilhão do Vaticano, que exibiu a *Pietà*, de Michelangelo – ficaram entre os dez favoritos da Feira Mundial de Nova York de 1964-1965. Embora tenha passado a maior parte do tempo trabalhando no Pavilhão Ford, também participei de dois outros projetos da Disney. Walt ficou tão orgulhoso com o trabalho de criação dos Imagineers para a Unicef, "it's a small world", que me pediu um livreto de 28 páginas em comemoração ao feito. Levou o título: *Walt Disney's "it's a small world": Complete Souvenir Guide and Behind the Scenes Story* ["it's a small world" de Walt Disney: guia completo e história dos bastidores]. Foi tão bem recebido que era vendido no pavilhão patrocinado pela Pepsi-Cola. A foto de Walt cercado pelos "bonecos" do "small world" – feita pelo grande fotógrafo Earl

120 Sonhe e faça acontecer

Theisen para a capa da revista *Look* – é uma de minhas preferidas. Durante a redação do livreto, desenvolvi várias frases que identificaram a atração em cinco parques internacionais da Disney: *Junte-se ao cruzeiro mais feliz que já foi feito ao redor da Terra... Um reino encantado de todas as crianças do mundo.* O icônico cartaz que mostra um barco cheio de crianças de várias culturas e cores com bandeiras coloridas de diversas nações foi criado pelo designer gráfico Paul Hartley para acompanhar a mensagem de apresentação de Walt no guia. Mesmo hoje, uma cópia da ilustração está colocada na entrada de cada uma das versões da atração.

Minha segunda grande responsabilidade na Feira Mundial resultou em uma longa amizade com várias pessoas maravilhosas da GE, consolidando a conexão de três décadas entre as companhias. Uma delas foi Dave Burke, um executivo de marketing e relações públicas que representava a equipe corporativa da empresa nas relações com a Disney. Outra foi Ned Landon, porta-voz da GE para a comunidade científica, especialmente do GE Labs, em Schenectady, Nova York.

Minhas tarefas incluíam vários shows no grande pavilhão da GE, chamado Progressland. Foi apresentado o Carousel of Progress, de Walt Disney, uma das atrações mais populares da Feira. O espaço ainda incluía Progressland, uma "comunidade" de experiências para os visitantes.

O pavilhão acabou com um "bang" – literalmente. Ned Landon teve a tarefa de trabalhar com os cientistas da GE para criar uma demonstração real da fusão nuclear – reduzida, claro, para que não machucasse ninguém, mas real, de qualquer forma. John Hench insistiu que todo "bang" deveria ser medido e gravado, não dando chance para que nenhum visitante abrisse um processo por ter sido afetado pela fraca radiação. Ele estava certo: houve alguns processos chatos, mas os dados provaram que a demonstração era completamente inofensiva. E Ned Landon comemorou seu 90º aniversário antes de morrer em 2011.

Minha tarefa era trabalhar com o designer Claude Coats e o especialista em efeitos especiais Yale Gracey para criar o cenário para a demonstração. Ela foi chamada simplesmente de "The Dome Show" porque foi projetada no teto do pavilhão. Apresentamos ao público o poder do Sol como uma preparação para a criação da "energia solar" na demonstração de Ned Landon.

Em retrospecto, outra apresentação que escrevi (e reescrevi e reescrevi) para a Progressland foi o exemplo perfeito da frustração que sempre experimentamos quando trabalhamos com patrocínio corporativo. Progressland foi projetada como uma rua principal em uma comunidade, com fachadas de lojas e espaços internos onde ocorriam pequenas apresentações. Minha tarefa era contar a história da energia atômica usando um tucano falante – criado pelo Audio-Animatronics, sistema de animação tridimensional patenteado pela Disney. Minha frustração chegou ao máximo quando eu já tinha escrito oito roteiros, todos rejeitados pela GE, e estava pronto para finalizar o nono. "Qual era o público do show?", perguntei para meu contato na GE depois de ele ter rejeitado a maior parte do que poderia interessar ao visitante comum. Sua resposta me congelou. "Quatro pessoas", ele admitiu. "Meu chefe, o chefe dele, o VP para quem meu chefe se reporta e o VP executivo que lidera nossa divisão." Por sorte, não foram muitos os visitantes que pararam para ver nossa "butique nuclear". (E entendo que o VP executivo ficou muito satisfeito com a exibição.)

Uma das lições que aprendi com nosso trabalho criativo para a Feira Mundial foi de nunca subestimar os talentos dos funcionários da Disney. Para garantir o sucesso das quatro experiências da Disney, Walt reuniu toda a companhia – não apenas os Imagineers, mas também os roteiristas do Studio, como Larry Clemmons (Carousel of Progress) e James Algar (Great Moments with Mr. Lincoln); compositores como Bob e Dick Sherman ("it's a small world" e "There's a Great Big Beautiful Tomorrow" para o Carousel of Progress); a equipe de operações da Disneylândia, sob a direção de Dick Nunis, para cuidar do Pavilhão "it's a small world"; e muitos especialistas em som, projeção, iluminação e eletrônica.

Uma de minhas primeiras tarefas veio de uma ligação de Walt. Eu tinha escrito e gravado uma apresentação de *slides* de vinte minutos que usamos para dar a Henry Ford II e a outros executivos da empresa uma ideia de como seria o pavilhão, com ênfase na atração do passeio – "a wienie", como Walt dizia: "o dedo chamando" e dizendo "venha por aqui!" –, uma técnica usada pelos Imagineers em lugares-chave em todos os parques Disney. Walt queria que George Bruns escrevesse a música e me pediu que mostrasse a apresentação para George.

Eu estava animado, pois George Bruns era o rei da composição de músicas para a Disney. Sua "Davy Crockett, King of the Wild Frontier", cantada pelo próprio "Davy" (o mencionado Fess Parker), ajudou a alimentar a loucura nacional pelo programa de TV em meados dos anos 1950. Quando George chegou à WED, sentamos em uma pequena sala de reuniões. Expliquei a ele, que era um homem grande, que a narração estava gravada, mas eu precisaria trocar os *slides* manualmente. Então começamos.

Depois de cinco minutos, um som como o de madeira sendo serrada encheu a sala de reuniões. George estava dormindo e roncando! O que fazer? Não tinha sentido continuar a apresentação; eu já a sabia de cor. Então o acordei e perguntei: "Você precisa de mais alguma coisa para escrever a música, George?" "Não", ele disse, "estou pronto." E de fato estava. A peça que ele compôs e regeu para o passeio Magic Skyway tornou-se um dos destaques musicais da Feira.

Os objetivos de Walt em direcionar a sua energia e a de sua equipe criativa para a Feira Mundial no começo dos anos 1960 eram, em retrospecto, bastante claros. Primeiro, ele queria mostrar que o tipo de entretenimento que estava criando para a Disneylândia ao longo dos últimos dez anos poderia ser usado em qualquer lugar

– especialmente em Nova York. Por isso, a Feira foi a pedra inaugural no caminho do oeste para o leste; de Anaheim, Califórnia, para Orlando, Flórida. Segundo, ele queria expandir a Disneylândia e, de uma maneira ou de outra, as quatro atrações desenhadas pela Disney para a Feira foram reproduzidas em Anaheim.

Na verdade, a visão de Walt em usar um evento temporário como um campo de teste para atrações permanentes foi genial. Três tecnologias que teriam um papel importante no crescimento futuro dos parques Disney ao redor do mundo foram apresentadas, ou bastante desenvolvidas, na Feira Mundial de Nova York:

- Audio-Animatronics: A Disney nunca tinha criado uma "figura humana" para um de seus shows até apresentar Great Moments with Mr. Lincoln para o estado de Illinois; a família do Carousel of Progress da GE; e o homem das cavernas na atração da Ford Magic Skyway.
- Capacidade das atrações: O passeio de barco nos teatros giratórios do "it's a small world" e do Carousel of Progress teoricamente suportavam mais de 3 mil pessoas por hora – quase o dobro da capacidade da atração que mais comportava pessoas na Disneylândia.
- Transporte: A tecnologia WEDway PeopleMover, usada para transportar os carros da Ford em seu pavilhão, tornou-se uma atração na Disneylândia e, mais tarde, no Magic Kingdom, no Walt Disney World. Ela foi instalada, em 1981, no Aeroporto Internacional de Houston (hoje George Bush), como um sistema de transporte do "mundo real" levando passageiros entre os terminais.

Sem dúvida, a maior mostra da dedicação de Walt para o desenvolvimento de seu parque temático está relacionado à taxa que a WED Enterprises cobrava pelo uso do nome Walt Disney durante a Feira.

124 Sonhe e faça acontecer

A taxa estava fixada em US$ 1 milhão, a serem pagos pela GE e pela Ford. Esse pagamento poderia ser considerado uma parcela inicial de patrocínio futuro. A GE optou por continuar; a Ford recusou.

Não era uma questão de dinheiro para Walt Disney – era uma questão de *compromisso*. Se estivesse com ele, você era "família". Se seguisse um caminho diferente, você poderia comprar seu próprio ingresso para entrar na Disneylândia.

A Feira Mundial de Nova York foi um divisor de águas em muitos sentidos para os Imagineers. Quando começamos a trabalhar nos pavilhões, em 1960-1961, só existiam cem Imagineers. Ao longo dos anos, muitos designers criativos e engenheiros me disseram várias vezes que visitar a Feira Mundial quando crianças definiu seu futuro. A "sobrecarga sensorial" que os visitantes experimentavam tornou-se o sonho que despertou a carreira de muitos jovens como Tom Fitzgerald, hoje vice-presidente executivo e executivo criativo sênior da Imagineering.

A família de Tom morava em Briarcliff Manor, uma pequena cidade distante cerca de uma hora da Feira em Westchester County, Nova York. Eles visitaram a Feira várias vezes, a primeira quando Tom tinha 8 anos. "Os shows da Disney foram uma enorme revelação para mim", lembra. "Eles eram únicos... A direção de arte, os cenários, os bonecos Audio-Animatronics, a música, os atores que dublavam tudo aquilo, e a magia do público se movendo nos carros, nos barcos e nos teatros giratórios – quem, se não Disney, poderia fazer aquilo no nível que o Walt fez? Vimos todos os quatro shows da Disney... a Progressland da GE era pura mágica! E eu adorei o 'it's a small world' – a cor, a animação, a canção, o barco maravilhoso", diz Fitzgerald. "Meus avós tinham me dado um dólar e o usei para comprar a gravação do show. E toquei o disco várias vezes. Foi a Feira que me convenceu de que eu queria fazer parte da equipe da Disney."

Aqueles de nós que pegavam os voos de Los Angeles para Nova York e de volta para Los Angeles carregavam uma quantidade tão grande de desenhos, fitas, que hoje não passariam pela segurança. A WED alugou apartamentos na nova LeFrak City ao longo da Long Island Expressway. Don Edgren, cuja carreira de engenheiro na Disney começou como consultor nos primeiros anos da Disneylândia, era nosso residente-chefe. Ele passou três anos em Nova York como representante da Disney, fazendo contatos com a Ford e a GE e administrando a construção do "it's a small world". Muitos de nós aparecíamos à meia-noite ou às sete de manhã, depois do voo, encontrávamos nosso quarto e saíamos para trabalhar nas locações.

Uma vez, cheguei por volta de uma da manhã. Sabia que o grisalho Vic Green seria meu colega de quarto. Naquele dia, levantei bem cedo. Sabia que Vic se atrasaria se eu não agisse, então, depois de me barbear e tomar banho, eu o chacoalhei. "Vic, acorde! Vamos nos *atrasar!*". A pessoa na "cama do Vic" rolou, me olhou bem nos olhos e disse: "Eu não sou Vic e não vou trabalhar hoje pela manhã!".

Logo aprendi a lidar com os sindicatos em Nova York nos anos 1960. Eu estava ajustando o ruído de um dinossauro na área do Pavilhão Ford com um eletricista quando ele disse que precisava de alguns equipamentos e voltaria "em dez minutos". Fiquei bastante familiarizado com o barulho que faz o Tyrannosaurus Rex ao longo das duas horas seguintes, enquanto esperava o técnico voltar.

Entre os problemas que enfrentamos, estava a distribuição dos horários, que acabavam resultando em sobreposição de tarefas. Mas, para mim, o maior problema aconteceu algumas semanas antes da abertura da Feira, quando eu acompanhava a instalação da narração da atração da Ford. Era o primeiro ano da Feira; eu tinha escrito e gravado uma narração com um ritmo de alguma forma semelhante ao que Walt usaria na sua gravação para o segundo ano. O desafio era escrever diálogos para o tempo teórico de cada cena. Para ajustar

126 Sonhe e faça acontecer

a narrativa, eu realmente precisava passar pela atração – não uma vez, mas algumas vezes seguidas. Ainda havia tempo para revisar a duração de cada cena e gravá-la novamente. No entanto, fazer os veículos se movimentar pelo pavilhão era um verdadeiro desafio. Para que a atração funcionasse como eu precisava, era necessário parar o trabalho não apenas de meu eletricista favorito, mas de pintores, operários, soldadores, engenheiros e pessoal da limpeza. Ao mesmo tempo que andar naqueles carros da Ford era a chave do sucesso e da popularidade com os visitantes da Ford, a narrativa era o rabo balançando o cachorro.

No fim, já não havia mais tempo: eu tinha de fazer meus testes ou não teríamos som saindo dos rádios dos carros. Prometeram-me um "tempo de passeio" e cheguei a Nova York no domingo à noite para começar na segunda cedo. Mas a segunda acabou sem o funcionamento da atração, assim como a terça e a quarta. Na quinta, pelo menos, os veículos se moveram – com paradas, nunca completando um ciclo. Desesperado, apelei para Don Edgren, que prometeu, e garantiu, vários ciclos completos do trajeto na sexta à tarde.

Meu ajudante era um jovem talento membro da equipe de instalação dos Audio-Animatronics. Apesar de ter 20 e poucos anos, Jim Verity era a terceira geração de empregados da Disney – seu pai e seu avô tinham trabalhado no Studio. Enquanto seguíamos pela pista, sentei num carro com meu gravador reproduzindo a narrativa. O trabalho de Jim era andar rapidamente ao lado do carro segurando uma lata de tinta spray preta; ao meu sinal, ele marcava a calçada de cimento, paralela ao trilho, com a tinta. Em cada marca, um mecanismo seria instalado mais tarde para acionar a narração de cada cena. Você pode imaginar a satisfação que senti no meio da tarde de sexta-feira. Poderia pegar meu voo das sete horas para Los Angeles, satisfeito por ter finalmente gravado a narração que seria ligada e desligada precisamente onde eu queria.

Despedi-me de Don Edgren e, como última verificação antes de ir ao aeroporto, pedi a Jim Verity que me acompanhasse em uma caminhada ao longo da pista. Logo percebemos que a equipe seguinte à nossa tinha pintado a calçada inteiramente de preto! Nenhuma marca estava visível. Minha semana inteira em Nova York tinha sido apagada. Perdi o voo para casa naquela noite. Foi uma noite bastante úmida em Nova York, e não estou falando de chuva.

Um dia, Walt foi inspecionar nosso trabalho, e o designer Claude Coats, o mago dos efeitos especiais Yale Gracey e eu o levamos de volta para o hotel. A conversa girou em torno de nossas experiências em Nova York, e Walt perguntou se nossas esposas estavam aproveitando a cidade. Ninguém respondeu. "Ah, entendi", Walt disse. Ele sabia que éramos todos pessoas de família e que algumas vezes ficávamos longe de casa. Na manhã seguinte, antes mesmo de sairmos para o trabalho, cada um de nós recebeu um telefonema da equipe financeira da WED com uma pergunta: "Quando você quer que sua esposa chegue?".

Para Walt, o evento mais difícil ocorreu no Pavilhão do Estado de Illinois, onde Great Moments with Mr. Lincoln trouxe as palavras imortais de nosso décimo sexto presidente (e o filho favorito de Illinois) para o público um século depois de pronunciadas. O escritor e produtor James Algar, do Studio, tinha combinado textos de seis diferentes discursos de Lincoln em uma potente e curta mensagem, e a equipe dirigida pelo designer Marc Davis, o escultor Blaine Gibson, os artesãos mecânicos Roger Broggie e Bob Gurr, e o programador e animador Wathel Rogers deram vida mecânica à impressionante figura. O único problema foi que, no dia da abertura, o presidente se recusou a falar e não moveu um músculo sequer, desapontando o governador, os senadores, o público, a mídia e, claro, Robert Moses, que tinha vendido o conceito do Lincoln em Audio-Animatronics para o estado de Illinois. Apenas vários dias depois, Honest Abe estava pronto para falar. Walt, infelizmente, precisou explicar por que "o Lincoln que pisca e fala" não funcionou.

Para os Imagineers, outro acontecimento deprimente foi a visita de Walt ao Carousel of Progress da GE. Era uma caminhada matinal – só Walt com os Imagineers –, mas servia como preparação para o evento daquela mesma noite: um *preview* do que Walt mostraria para os diretores da GE. O show durou apenas alguns segundos; *nada* funcionou – nada de Father bravo com Cousin Orville por ele ter tomado conta da banheira da família; nada de cachorro latindo em cada um dos quatro principais atos; nada da canção "Great Big Beautiful Tomorrow", dos irmãos Sherman. Walt ficou claramente irritado; ele queria ver e discutir cada cena com os principais Imagineers e ajustar o show antes da chegada de seus convidados cinco ou seis horas mais tarde. E se nada funcionasse *na hora*?

Quando os diretores da GE se reuniram naquela noite, Walt deu tranquilamente um aviso de que o show ainda estava em testes e "qualquer coisa poderia acontecer"... ou não acontecer. A apresentação começou com as palavras do ator Rex Allen: "Bem-vindos ao Carousel of Progress da General Electric. Muitos carrosséis estão neste momento rodando e rodando sem chegar a lugar nenhum, mas este aqui, a cada volta, estará fazendo progresso". E assim foi: todas as animações, texto, nuança de luz – tudo perfeito. No momento de o carrossel girar e brilhar, tudo funcionou também. A diretoria estava tão satisfeita que Walt poderia ter sido eleito CEO bem ali.

Para mim, o Pavilhão Ford deixou muitas memórias especiais. Como parte de nosso *tour* antes do processo, assisti à apresentação da campanha de lançamento do original Mustang feita pela agência de propaganda da Ford para o vice-presidente do setor de carros e caminhões, Lee Iacocca. Era uma preparação para a apresentação de gala do Mustang na Feira que seria feita bem na entrada do pavilhão. O Mustang foi um sucesso instantâneo, assim como seu chefe de vendas e marketing. Lee Iacocca estava no caminho para se tornar presidente da Ford de 1970 a 1978. (Quando Henry Ford II o demitiu, em 1978, Iacocca tornou-se CEO da Chrysler.)

Gosto de fazer listas dos Top 10, e a Feira Mundial de Nova York deixou muitas memórias para classificar. Além dos quatro shows da Disney, aqui está minha lista:

1. O filme do Pavilhão de Cera da Johnson. *To Be Alive*, de Francis Thompson, é um inspirador *tour* de vida e pessoas vivendo o máximo ao redor do mundo.

2. O Pavilhão da DuPont. Você andava em um laboratório de química no qual todos os tubos e maçaricos eram gigantes – uau! –, e uma banda de jazz tocava ao vivo durante os "experimentos". E então a história do filme se desdobrava, com atores de verdade entregando flores para atores na tela – e isso bem na sua frente. Foi pura mágica.

3. Pavilhão do Vaticano. A primeira atração era a *Pietà*, um incrível empréstimo do papa João XXIII para a Feira. Mas, para este não católico, tinha outras duas especiais atrações: os *banners* do artista franco-canadense Norman Laliberté maravilhosamente desenhados com temas religiosos; as cenas em miniatura da Natividade, e muito mais, criadas pela artista freira Mary Corita, de Los Angeles.

4. O Pavilhão da IBM, que tinha o formato de um ovo gigante e a "People Wall" (um estádio para quinhentas pessoas que subia hidraulicamente para o centro da esfera no começo de cada show). Foi uma inspiração de Charles e Ray Eames e do escritório de arquitetura Eero Saarinen Associates.

5. O Futurama II da GM. O custo de US$ 38 milhões (em valor de 1960!) do show foi extravagante – e o resultado foi lindo.

6. Os dançarinos zulus, trazidos da África para mostrarem suas impressionantes danças.

7. Apresentação do Mustang. O carro ainda é um clássico, e estar lá no seu lançamento foi incrivelmente excitante.

8. A Unisphere, símbolo do tema mundial "Peace Through Understanding". Um de seus produtores de design e construção foi Harper Goff, designer do original Adventureland Jungle Cruise, na Disneylândia, e mais tarde meu amigo, um Disney Legend e, mais que qualquer um, responsável pela aparência e layout da área internacional do Epcot, a World Showcase.

9. O "Picturephone", sistema da Bell, demonstrado ao longo do dia com ligações de Flushing Meadows para a Disneylândia, e vice-versa!

10. E a "experiência mais popular" da Feira: comer um waffle belga! Originalmente apresentado na Expo '58, em Bruxelas, tornou-se a guloseima de dar água na boca dos visitantes em Flushing Meadows. O que pode dar errado com um waffle coberto com chantilly e morangos?

9

Eles me deixaram para trás – e foram para casa!

Em 1967, o ano após a morte de Walt Disney, parecia que a empresa estava literalmente morta na água. Infelizmente, a água da terra pantanosa de que a Disney era proprietária, na Flórida, parecia muito estagnada. Na verdade, existia uma séria dúvida se a Disney continuaria com o desenvolvimento daquela grande propriedade, "duas vezes o tamanho da ilha de Manhattan". Se contarmos desde o momento da aquisição do terreno, o Walt Disney World, ou Projeto X, não tinha ainda três anos quando Walt morreu.

Enquanto vivia, ele havia deixado bastante claro que a WED (Walter Elias Disney) Imagineering, apesar de já não ser uma empresa de sua família, ainda era seu "lugar de diversão" pessoal. Foi lá que aconteceu o desenvolvimento do Projeto X. Os executivos do Disney Studio entenderam e ficaram longe para dar espaço a Walt. Embora ficasse a apenas 5 quilômetros de seu escritório em Burbank, Roy Disney visitou apenas *uma vez* a sede da WED, no número 1401 da Flower Street, em Glendale; Card Walker e Donn Tatum *nunca* estiveram no prédio até a morte de Walt.

Os almoços quase diários de Dick Irvine, John Hench e Joe Fowler (vice-presidente e gerente geral da Disneylândia, e que logo se tornaria o presidente da Imagineering) com os executivos no Studio nos primeiros meses de 1967 tiveram resultados. Nesses encontros, eles trabalhavam suas mágicas de vendas para fazer o Projeto X decolar. No início do verão, começou um grande trabalho de remoção de terra para a abertura de uma estrada empoeirada que ia de leste a oeste atravessando a parte norte da propriedade da Flórida para a planície de 400.000 m² onde o Magic Kingdom seria construído; e principiou-se a primeira drenagem dos canais para direcionar a água da chuva para dois caminhos naturais, Reedy Creek e Bonnet Creek, em lados opostos do local.

Embora muitos de nós, não entendendo completamente o que ocorria nas discussões da hora de almoço do Studio, tenhamos expressado para Dick Irvine nossa frustração com a falta de progresso, estávamos animados com as novas atrações e os trabalhos na Disneylândia. Pirates of the Caribbean e The Haunted Mansion estavam destinados a se tornar o novo padrão de nossa indústria – e também afetar o plano para o Walt Disney World.

No filme que escrevi para Walt e que foi apresentado pela primeira vez na Flórida no começo de 1967, registramos o número de visitas à Disneylândia: 6,7 milhões de pessoas em 1965-1966. Esse número foi a base que serviu para a Imagineering planejar o Magic Kingdom no Walt Disney World. Mas, afetada pela popularidade de Pirates e Haunted Mansion, o público da Disneylândia cresceu para mais de 9 milhões de pessoas em 1971. O dilema para os planejadores e designers da Disney era se comprometer com a construção de atrações e serviços sem um registro histórico de público, uma infraestrutura originalmente baseada no número de 6 milhões de visitantes – o equivalente ao da Disneylândia quando começamos a planejar – e gastos que ameaçavam quebrar qualquer cofrinho – e certamente o da Disney.

Outro assunto complicado para o planejamento: a Disney nunca tinha construído ou comprado um hotel. Welton Becket, amigo e vizinho de Walt, foi chamado de novo. A empresa de arquitetura de

Becket tinha projetado cartões-postais de Hollywood, como o Cinerama Dome e o prédio da Capitol Records, e estava trabalhando no Dorothy Chandler Pavilion no centro de Los Angeles. Dessa vez, Becket disse "sim" para o projeto Disney.

Dick Irvine telefonou-me um dia para anunciar que eu seria incluído na que se tornaria uma das mais importantes viagens relacionadas ao desenvolvimento da propriedade da Flórida. No começo de outubro de 1967, em Burbank, Irvine, chefe de design na WED, e três outros designers importantes e mestres do planejamento: Marvin Davis, Bill Martin e John Hench subiram a bordo do Gulfstream I. Também estavam a bordo Card Walker, vice-presidente corporativo da Disney, então responsável por marketing e comunicações; Dick Nunis, que era responsável pelas operações da Disneylândia e, logo depois, da Disneylândia e do Walt Disney World; Welton Becket e dois de seus arquitetos; e "os dois Joes": o almirante aposentado Joseph W. Fowler, presidente do comitê de operações da Disneylândia, e William E. ("Joe") Potter, um general aposentado que era da equipe de Robert Moses e fora contratado na Feira Mundial para liderar a equipe da Disney na Flórida. (Uma vez, em Nova York, observando Fowler e Potter carregando pranchas de apresentação para uma reunião na GE, Walt estranhou que um almirante e um general fossem "soldados" seguindo suas ordens.)

Nosso itinerário refletia o planejamento e o trabalho de design que ainda precisava ser feito. Paramos em Atlanta para conhecer um novo hotel projetado por John Portman; visitamos novos resorts em Miami e em Grand Bahama Island; e então fomos para Orlando. Foi a primeira viagem do grupo para a Flórida desde a morte de Walt em dezembro de 1966, e a minha primeira. No local do Walt Disney World, encontramo-nos com Bill Evans, o mestre paisagista da companhia. Bill, que já tinha criado a primeira fazenda de árvores ao norte do local onde ficaria o Magic Kingdom, logo estaria nos ensinando sobre a flora e a fauna da Flórida ("Não, sr. Becket,

134   Sonhe e faça acontecer

não podemos cultivar *esse* tipo de palmeira perto da que veio da Polinésia!"). E essa foi apenas uma das *várias* discussões que mudariam meus planos para o fim de semana.

A foto de Dick Irvine, Welton Becket e eu sobre um grande "X" amarelo no meio de uma área de cem acres ainda existe. Aquele era o lugar escolhido para o Magic Kingdom e o "X" amarelo indicava onde o castelo seria construído. Todos concordamos com aquilo, mas houve tantos outros desentendimentos que uma decisão rápida foi tomada: eu seria deixado para trás com um fotógrafo a fim de mapear a propriedade de cima e fornecer dados mais precisos para a pesquisa dos responsáveis pelo planejamento dos hotéis, campos, estacionamentos, estradas e outros desenvolvimentos da Fase Um.

Esse foi o meu itinerário de um fim de semana de três dias no final de outubro de 1967: alugamos dois helicópteros – um grande, que servia para o transporte militar, e um de trabalho da Bell para três passageiros. O fotógrafo Carl Frith fez um filme do helicóptero maior e fotos do menor – enquanto eu segurava seu cinto para que ele pudesse se inclinar "para uma melhor tomada".

O filme e as fotos são um registro impressionante da propriedade como era "antes da Disney" (existia apenas uma estrada construída, o caminho de terra que se tornaria o Vista Boulevard). As imagens também se tornaram instrumentos para o início do planejamento para o que se tornou The Vacation Kingdom of the World [O Reino Mundial das Férias], como eu tinha definido nos nossos primeiros materiais de marketing.

Todo mês de outubro, eu olho para a foto do "X" amarelo e pisco. Quarenta anos depois, num dia de pico, havia mais de 300 mil pessoas na propriedade do Walt Disney World – mais do que toda a população da área de Orlando em 1967! Quando me lembro daquele fim de semana, não sinto nenhum pesar por ter sido deixado para trás para acompanhar a filmagem do terreno. E acho que os milhões e milhões de visitantes do Magic Kingdom concordam comigo.

Eles me deixaram para trás – e foram para casa!

* * *

Embora tenhamos chegado a Orlando no Gulfstream da Disney e pousado nossa aeronave no pequeno Herndon Airport, Carl Frith e eu logo vimos que voos comerciais para McCoy Field – uma área de operações militares em 1967 – eram praticamente inexistentes. Quando saímos de McCoy, descobrimos os números: quatro linhas aéreas atendiam Orlando, com sete voos por dia. Para uma apresentação que fiz mais de quarenta anos depois, recebi estes números do Orlando International Airport referentes ao período de doze meses começando em 1º de abril de 2011:

- Passageiros por ano: 35.500.000
- Passageiros por dia: 95.205
- Voos por ano: 309.000
- Voos por dia: 846
- Passageiros internacionais (2009): 2.977.920

Em uma entrevista com Walt para o *Chicago Tribune* em 1966, Norma Lee Browning perguntou por que ele escolheu a Flórida e, especificamente, Orlando, para o Walt Disney World. Walt respondeu-lhe:

A Flórida e a região sul da Califórnia são as únicas duas regiões em que você pode contar com os turistas. Eu não gosto de lugares perto do mar por conta das multidões nas praias, e também porque o oceano limita a aproximação. Se você prestar atenção, vai perceber que a Disneylândia em Anaheim é como um centro com rodovias chegando de todos os lados. Prefiro assim. Foi por isso que escolhemos Orlando.

A pesquisa, na verdade, começou no início de 1960. Em seu livro *Walt's Revolution*, Buzz Price escreveu:

Em 1961, depois de rejeitar algumas outras alternativas, Walt nos pediu para ver o resto da Flórida e imaginar onde o parque poderia ser feito. Em 1963, estudamos profundamente uma localização na região central da Flórida. A conclusão principal foi que a região (não Miami, onde a maioria das pessoas esperava que fosse) era o ponto de máxima interceptação do turismo da Flórida e que Orlando, localizada numa posição central, era o ponto de máximo acesso do fluxo turístico da Flórida que vinha do sul, tanto do litoral leste quanto oeste do estado.

Muitos desafios precisaram ser vencidos bem antes de o primeiro visitante ter sido recebido em 1º de outubro de 1971. A região central da Flórida no começo dos anos 1960 ainda era o "Deep South" [Sul profundo]. Quando muitas de nossas equipes começaram a viajar para a região no começo de 1964 (as negociações para a compra da propriedade começaram em abril), encontraram vestígios de velhos hábitos. Não se dirigia para muito longe do lugar em que seria o Walt Disney World sem se encontrar um aviso de "apenas para brancos" nas entradas dos restaurantes, ou banheiros e bebedouros separados para afro-americanos e caucasianos. Do meu ponto de vista, ajudar a fazer da região central da Flórida um território que não se importasse com a cor e criar oportunidade de empregos para afro-americanos e latinos, especialmente, são as contribuições mais significativas do Walt Disney World como uma boa instituição do estado da Flórida. (Além disso, o apoio financeiro e o trabalho voluntário de membros do elenco são únicos na área de Orlando e em todo o estado.)

A primeira viagem para a região central da Flórida foi repleta de novas experiências para mim. Foram feitos alguns acordos para que nos levassem de barco para a parte mais distante e profunda do pântano de Reedy Creek, cerca de 15 quilômetros do lugar em que seria o Magic Kingdom. Observar os crocodilos tomando sol nas margens e mergulhando ao serem acordados pelo barulho do motor era fascinante e ao mesmo tempo assustador.

De uma frágil doca de madeira no lugar em que hoje está o Contemporary Resort, fomos levados por um barco de corrida para Riles Island, no meio do Bay Lake, onde vimos os primeiros tatus. Também encontramos uma cabana usada por caçadores ilegais durante suas expedições para pegar veados, javalis e perus selvagens.

Claro que a terra era sempre muito úmida. Para mim, poderia ser bem espetacular, especialmente se vista de helicópteros que voavam perto dos ciprestes nas margens do Bay Lake, totalmente cercados por água. Além disso, os engenheiros, com suas chatices em relação ao solo, levantavam todos os problemas de se construir em uma área alagada. Perto do "X" amarelo, no meio do que seria o Magic Kingdom, John Hench cavou um buraco de cerca de meio metro de profundidade. Quando voltamos na manhã seguinte, o buraco estava cheio de água – uma demonstração visual que impressionou a todos nós, californianos vindos do deserto.

Quase imediatamente, os designers da WED começaram a usar sua influência:

- As equipes de engenheiros abriram cerca de 45 metros do que seria o primeiro canal de drenagem, seguindo a premissa básica de que uma linha reta é o caminho mais direto – talvez relacionada com o período de seis anos em que o aposentado general Potter foi o governador geral da Zona do Canal do Panamá. John Hench reagiu imediatamente, pedindo a aparência de um rio natural. Ele desenhou sobre os planos, criando um canal curvo que, no papel, parecia um cobra.
- Bill Martin, que se tornaria diretor de arte para o Magic Kingdom, sugeriu a principal ideia para lidar com as terras úmidas entre a área de transporte e bilheterias e o Magic Kingdom: criar um "lago", mais tarde chamado Seven Seas Lagoon, e usar a terra retirada para elevar em 4 metros o nível de onde ficava o Magic Kingdom. Criar o solo elevado para o parque

não apenas transformou o Magic Kingdom num destino visualmente icônico, mas permitiu realizar uma das ideias de Walt para o Epcot: a criação dos "Utilidors" embaixo do Magic Kingdom. Com cerca de 4 metros de largura e 3 metros de altura, os corredores subterrâneos ou "utilidors" tornaram-se o lugar para acomodar os serviços e uma oportunidade para criar uma área de bastidores impressionante, abrigando todo o necessário para os membros do elenco: fantasias, cafeterias, manutenção, audiovisuais e outros eletrônicos.

- Bill Evans, uma das mais respeitadas autoridades em paisagismo do país depois de sua realização pioneira na Disneylândia, já tinha criado uma fazenda de árvores quando chegamos em outubro. Ele estava fazendo experiências com uma variedade de árvores e plantas não nativas da Flórida, incluindo a sequoia vermelha da Califórnia (que não vingou) e muitas variedades de eucaliptos. "Existem mais de quinhentas variedades de eucaliptos na Austrália", Bill nos ensinou. "Deveríamos ser capazes de encontrar alguns que se deem bem aqui". E ele conseguiu, usando-os como quebra-ventos e cenários.

- Os "dois Joes", Fowler e Potter, responderam pelo grande desafio em relação à qualidade da água do Bay Lake, que depois se tornaria o local do Contemporary Resort. A questão era que todas as belas raízes dos ciprestes, fora e dentro da propriedade do Walt Disney World, tingiam a água de um marrom escuro. A solução: drenar todo o lago e controlar a entrada da água. Um bônus da operação foi a descoberta, no fundo do lago drenado, de uma areia branca como açúcar que agora forma as lindas praias do Contemporary Resort e o entorno do Bay Lake. Como em muitos lugares da Flórida, o oceano recuou ao longo dos anos e deixou seus tesouros escondidos.

Embora estivéssemos lidando apenas com uma fração dos 27.400 acres (cerca de 110 quilômetros quadrados) que a Disney original- mente adquiriu (por US$ 5,5 milhões, cerca de US$ 200 por acre), essa área era quase cinco vezes o tamanho da Disneylândia. A maior parte dela era plana – afinal de contas, o ponto mais alto de todo o es- tado da Flórida, em Walton County, está a apenas 105 metros acima do nível do mar. Com nenhuma construção no terreno, era difícil de se estimar as distâncias, e as relações entre objetos, as estruturas, eram difíceis de serem avaliadas.

Em duas ocasiões, para ajudar os designers, balões cheios de gás hélio foram presos em pontos do Magic Kingdom. Eles marcavam a entrada do parque, o castelo, os resorts Contemporary e Polynesian e a área de transportes e de bilheterias (Transportation and Ticket Center – TTC). Nesse lugar, onde os visitantes parariam seus carros e embarcariam nos sistemas de transporte da Disney – monotrilhos, balsas e bondes –, os designers e os executivos da Disney podiam subir seis metros em equipamentos de construção para avaliar a dis- tância entre as principais atrações. Ter essa visão de passarinho foi extremamente esclarecedor, e muitas vezes desencorajador, já que as distâncias entre as locações davam a impressão de que seria impos- sível fazer as conexões.

Os desafios tornaram-se óbvios. Por exemplo, o Castelo da Bela Adormecida na Disneylândia, que tem uma altura de cerca de 24 me- tros, desapareceria se fosse visto a uma distância de 1,5 quilômetros – distância do TTC ao castelo. A solução: projetar um castelo que tivesse a altura de 58 metros, próximo do limite de 61 metros, após o qual se exige que seja colocada uma luz vermelha de aviso para aeronaves.

Enquanto a WED começava o planejamento, era interessante ler al- gumas das primeiras especulações sobre os compradores misteriosos do grande lote de terra. Na primeira página, debaixo da manchete

"Negócio com área gigante perto de Orlando revelado", a edição de 27 de maio de 1965 do *Miami Herald* cobriu os rumores com uma história escrita por Clarence Jones:

Uma empresa de advocacia de Miami trabalhando com US$ 5 milhões em dinheiro arquitetou uma das maiores e mais comentadas negociações de terra da Flórida dos últimos anos.

A empresa comprou 30 mil acres de um terreno estrategicamente localizado, a 20 quilômetros a sudoeste de Orlando, que pode se tornar o maior complexo industrial do estado.

As especulações mais recentes dizem que os compradores vão oferecer 3 mil acres para a Comissão de Energia Atômica para seu novo laboratório nacional de aceleração e, então, desenvolver indústrias espaciais nos 27 mil acres remanescentes.

Também há rumores de que a Ford Motor Co. planeja começar a trabalhar com mísseis e tecnologia espacial no local. A Ford, em Detroit, nega.

A McDonnell Aircraft Corp., construtora das cápsulas espaciais Mercury e Gemini e de uma série de aviões de guerra supersônicos, também é mencionada como uma possível compradora. A McDonnell agora tem sede em St. Louis. E há alguns homens de St. Louis envolvidos nas negociações.

Outra possibilidade é a Disneylândia do Leste, o há muito planejado parque de diversões que seria maior e melhor que a original Disneylândia, em Anaheim, Calif. Walt Disney esteve em Cabo Kennedy várias semanas atrás, mas nega que ainda esteja considerando a Flórida para seu novo empreendimento.

Banqueiros e consultores imobiliários têm tentado descobrir há meses o que está acontecendo. Se alguém de fora sabe, não contou a ninguém.[1]

---

1. Do *The Miami Herald*, 27 de maio de 1965. © 1965 McClatchy. Todos os direitos reservados. Usado com permissão e garantia das Copyright Laws of the United States. É proibida a impressão, reprodução, redistribuição ou retransmissão desse conteúdo sem expressa permissão escrita.

Apenas três semanas antes da coletiva de imprensa da Disney em novembro de 1965, o governador Haydon Burns resolveu oficialmente o mistério. Ele falou para o *Orlando Sentinel*: "Walt Disney deu ao seu governador o privilégio de fazer o anúncio oficial de que a Disney Productions [*sic*] é a empresa misteriosa. Eles construirão a maior atração da história da Flórida".

E o trabalho então passou para nós. Mas, enquanto planejávamos e desenhávamos, pelo menos tivemos a resposta de Walt para a pergunta que o governador Burns fez na coletiva de imprensa:

GOVERNOR BURNS: Será uma Disneylândia?
WALT: Bem... Eu sempre disse que nunca existirá outra Disneylândia, governador, e acho que estamos bem assim. Mas será algo equivalente à Disneylândia. Conhecemos as coisas básicas que têm o que chamamos de apelo familiar... Mas há muitas maneiras de se usar essas coisas básicas e dar a elas uma nova aparência, um novo tratamento. Na verdade, estou fazendo isso na Disneylândia... Mas... este conceito aqui deverá ser algo único... de maneira que exista uma diferença entre a Disney na Califórnia e qualquer outra coisa que a Disney faça... Perceba que eu não disse "Disneylândia" na Flórida [risos]... O que a Disney faz na Flórida... temos muitas ideias. Tenho uma equipe maravilhosa que agora tem dez anos de experiência em design, planejamento e operação... Você entra no que chamamos de "gag sessions"... sorteamos ideias entre nós, todo mundo está pensando em coisas que poderiam ser feitas se fôssemos refazer a Disneylândia... lançamos elas e pensamos todos juntos até surgir alguma coisa e rezamos e abrimos o papel e torcemos para que funcione. Estou bastante animado com isso porque fui acumulando essas coisas ao longo dos anos e algumas atrações na Disneylândia que possuem um apelo básico posso trazer para cá. Então, de novo, eu gostaria de criar novas coisas... odeio me repetir... Não gosto de fazer sequências de meus filmes. Gosto de pegar algo novo e desenvolver alguma coisa... um novo conceito.

O líder do design da WED, Dick Irvine, estava preocupado com toda a nova equipe que seria necessária para desenhar e construir o Walt Disney World. Como colocaríamos todos na mesma página?

Sugeri a Dick que fizéssemos uma seleção de materiais e artigos básicos – não apenas para a nova equipe, mas para nos lembrar a todos dos princípios que Walt seguiu para criar a Disneylândia. Juntei o material num grosso livro espiralado que chamei de *Walt Disney World: Background and Philosophy* [Walt Disney World: fundamento e filosofia]. Em 21 de setembro de 1967, distribuímos o livro na Imagineering com a seguinte nota de minha autoria:

> Esta compilação foi preparada como fundamento e ponto de partida para o desenvolvimento da "filosofia" para o parque temático ao estilo Disneylândia no Walt Disney World. Existe muito mais material, particularmente artigos sobre a Disneylândia, que poderia ter sido incluído. Mas a intenção aqui é fornecer, como uma base, a forma de pensar e a filosofia de Walt como foi aplicada na Disneylândia, e, ainda, pensamentos de Walt sobre o Walt Disney World que se aplicam ao que estamos começando agora.

O livro original tinha dezesseis artigos e material histórico, incluindo o primeiro texto sobre a filosofia da Disneylândia, escrito por Bill Walsh, uma transcrição da coletiva de imprensa de novembro de 1965, uma seleção de frases de Walt sobre a Disneylândia, minhas anotações das reuniões com Walt em que discutimos o filme do Epcot e uma série de artigos de várias publicações que, acredito, capturaram os aspectos principais do espírito da Disneylândia e ajudaram na sua popularidade. Para mim, e para muitos outros, o livro se tornou uma espécie de bíblia filosófica que continuei a usar como referência ao longo dos anos.

Mais tarde, depois que os legisladores da Flórida criaram o Reedy Creek Improvement District para ser o órgão responsável pela administração da propriedade do Walt Disney World, escrevi o prefácio do Epcot Building Code [Código de Construção do Epcot]. Embora o propósito principal fosse estabelecer os objetivos de segurança, saúde e bem-estar geral e a boa prática durante a construção, os pontos 2 e 3 do prefácio refletiam diretamente o pensamento de Walt Disney sobre o Epcot:

- Prover a flexibilidade que vai encorajar a indústria americana, através de empresas livres, a apresentar, testar e demonstrar novas ideias, materiais e sistemas surgindo agora ou no futuro nos centros criativos da indústria.
- Prover um ambiente que estimule o melhor pensamento da indústria e das profissões para o desenvolvimento criativo de novas tecnologias que atendam as necessidades das pessoas, conforme as experiências daqueles que vivem, trabalham ou nos visitam aqui.

"O filme do Epcot de Walt", como ficou conhecido, era um anúncio filosófico e histórico que voltava os olhos para o sucesso da Disneylândia e olhava para a frente, para o estabelecimento do Walt Disney World. Mas sua maior visão foi o "Experimental Prototype Community of Tomorrow" ou Epcot.

Aqui estão alguns dos principais pontos daquelas sete páginas de anotações que tomei em minha reunião com Walt, quando ele expressou as ideias que queria comunicar ao longo do filme. Eu transformei as ideias no diálogo de Walt:

- "O Epcot será o mostruário do empreendimento livre da América para o mundo."
- "No Epcot, podemos mostrar o que pode ser feito com um planejamento urbano apropriado."

- "A filosofia por trás do Epcot é a mesma da Disneylândia: as pessoas serão reis."
- "Ponto de partida do Epcot: a *necessidade* das pessoas (transporte, educação etc.)."
- "Enfrentar todos os problemas – resolvê-los – porque, se os controlarmos, não deixaremos que se tornem problemas."
- "O Epcot será uma comunidade de trabalho. Pessoas que crescem aqui terão habilidades compatíveis com as necessidades do mundo *atual*."
- "Disneylândia: há alguns anos, estava 'muito distante'... Um sonho... ninguém acreditava (nela). Mas ela possui uma filosofia baseada nas pessoas, e por isso atendeu a suas necessidades. Temos a experiência para fazer o Epcot baseando-nos na nossa experiência prática na Disneylândia."

Na primeira página do meu roteiro, no qual Walt começa a levar a plateia para uma viagem pelo país, da Califórnia para a Flórida, escrevi o seguinte:

WED ENTERPRISES, INC.*
20 de outubro de 1966
Terceiro rascunho

FILME DA FLÓRIDA DE WALT
NARRAÇÃO SÓ DE WALT

1. O SET NO STUDIO – TODA A ATMOSFERA DA FLÓRIDA
Walt está na frente de um mapa simplificado de todo o estado, mostrando a localização do Disney World, e também indicando os nomes das maiores cidades da Flórida com o propósito de localização.

---

* Tradução livre do roteiro original.

Eles me deixaram para trás – e foram para casa! 145

WALT

Bem-vindo a um pouquinho da Flórida aqui na Califórnia. Aqui é onde estão acontecendo os primeiros planos do nosso chamado projeto Disney World. O propósito deste filme é atualizá-lo sobre alguns de nossos planos para o Disney World. Mas, antes de entrar em detalhes, quero dizer uma palavra sobre o local de nosso projeto na Flórida.

Walt usa o mapa para descrever a locação central.

WALT

Como você pode ver neste mapa, temos uma localização perfeita na Flórida – quase no centro do estado. Na verdade, selecionamos este local porque é muito simples para turistas e moradores da Flórida chegarem de automóvel.

Walt move-se para um mapa um pouco maior, este mostrando um *close* da área de Orlando e Kissimmee. A propriedade do Disney World está claramente marcada. As principais rodovias (Interstate 4 e Sunshine State Parkway) são mostradas cruzando o estado, ao lado do Disney World.

146   Sonhe e faça acontecer

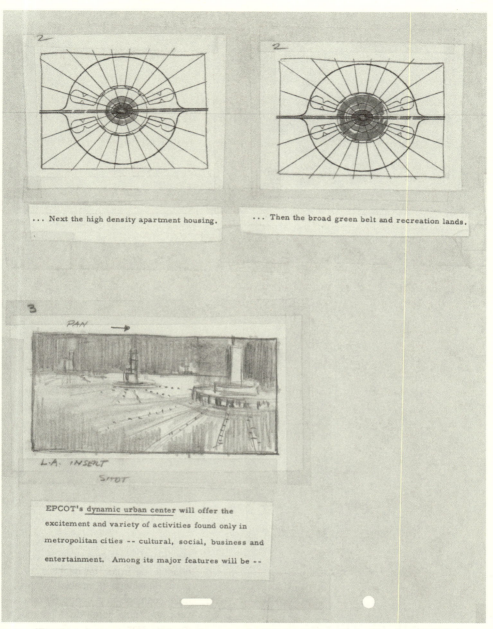

[Em cima, à esquerda] ... Próximo às acomodações de alta densidade. [Em cima, à direita] ... Então o largo cinturão verde e as terras de recreação. [Embaixo] O *centro urbano dinâmico* do Epcot vai oferecer a animação e a variedade de atividades encontradas apenas em metrópoles – culturais, sociais, negócios e entretenimento. Entre suas mais importantes construções estará...

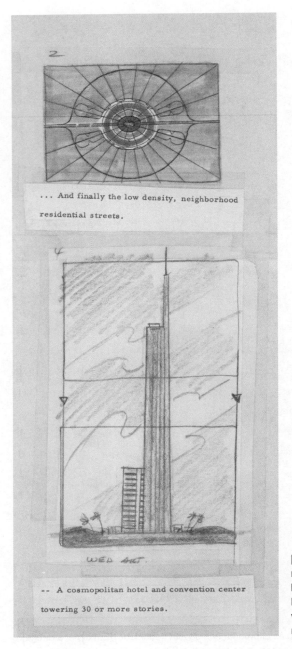

[Em cima] ... E finalmente a vizinhança de ruas residenciais de baixa densidade. [Embaixo] ... Um hotel cosmopolita e centro de convenções numa torre de trinta ou mais andares.

O diretor Ham Luske e o diretor de arte Mac Stewart transformaram meu roteiro em um *storyboard* visual, explicando o conceito da comunidade Epcot de Walt. Esta é a amostra de uma página.

Nós que trabalhamos perto de Walt sabíamos que ele tinha um pé no passado, porque gostava da nostalgia, e um pé no futuro, porque, desde sua invenção da câmera multiplano em 1937 (que recebeu o primeiro Oscar por realização técnica), estava constantemente procurando e integrando novas tecnologias que melhoravam o que colocava na tela do cinema. Ele deixou claro que não queria repetir-se, e isso significava inspirar seus artistas para constantemente desenvolver novas maneiras de criar magia.

Uma fonte de inspiração importante para o Epcot veio das visitas de Walt aos centros de desenvolvimento e pesquisa das maiores empresas: IBM, GE, DuPont, Sarnoff Labs da RCA, em Princeton, e outros. Sempre que Walt Disney chegava, os criadores do futuro mostravam no que de mais interessante e avançado estavam trabalhando. Frequentemente se dizia que Walt perguntava a seus anfitriões: "Onde posso comprar um produto que usa esta tecnologia?". Quando a resposta era "Não sabemos se o público está interessado nisso", Walt começava a ver um personagem que lhe lembrava sua experiência na Feira Mundial de Nova York.

Ao mesmo tempo que eu desenvolvia a face pública do projeto Epcot por meio do filme de Walt, um esforço paralelo mais importante estava sendo feito nos bastidores. Era o planejamento e o estudo dos aspectos legais visando, principalmente, que as leis que fossem aprovadas pelos legisladores da Flórida incluíssem, ao final, todos os sinos e assovios que a Disney precisava para realizar os objetivos de Walt no Epcot.

No *front* legal, no começo de maio de 1966, fui designado para ajudar na organização de um seminário nos Disney Studios, em Burbank, que reuniu membros da diretoria e equipe jurídica da companhia, advogados, outros consultores do estado da Flórida e os consultores jurídicos de um escritório de advocacia de Nova York que trabalhava para a Disney. Minha função foi organizar os materiais factuais reunidos por Robert Foster, o advogado da Disneylândia que passou meses trabalhando na Flórida com o advogado do estado Paul Helliwell e o conselheiro imobiliário Roy Hawkins para comprar as terras que se tornariam o Walt Disney World.

O trabalho de Foster por meio de seis empresas em Kansas e Delaware foi tão secreto que eu praticamente tive de ameaçá-lo dois dias antes do seminário para que ele revelasse toda a informação de que eu precisava para o evento acontecer. (Quarenta e cinco anos mais tarde, em um encontro de fã-clube da Disney no Walt Disney World, Foster e eu participamos de um debate sobre o resort. Fiquei chocado ao saber que talvez não fosse Bob Foster que estivesse guardando "segredo", e sim que este estivesse sendo escondido de Foster. Ele me presenteou com isto: "Seu malandro, por que você não me contou o que estaria em seu roteiro para o filme de Walt? Nunca soube nenhum detalhe sobre o Epcot!". Acredito que Walt e Roy achavam que, quanto menos ele soubesse, mais o negócio pareceria um "negócio imobiliário na Flórida" que ele estava ajudando a estruturar. Desculpe, Bob!)

Walt deu o tom da reunião afirmando que era importante para estabelecer os parâmetros do planejamento, assim a equipe jurídica poderia preparar os pedidos que a Disney faria para a Flórida. Walt enfatizou a necessidade de controlar a área, assim, o que aconteceu perto da Disneylândia – uma confusão de sinais luminosos ao longo do Harbor Boulevard, em Anaheim, que escondia a entrada do parque –, não se repetiria. "Mantendo o padrão elevado", Walt disse, "podemos preservar o prestígio de toda a área."

Walt destacou quatro desenvolvimentos básicos que precisavam ser incorporados ao Projeto Futuro, código usado para nos referirmos à propriedade:

1. O parque temático, baseado no que a Disney tinha aprendido durante quase onze anos na Disneylândia.

2. Áreas de hospitalidade para moradores e visitantes, incluindo "vizinhanças", hotéis e motéis.
3. Um complexo industrial, fornecendo "uma amostra da indústria em funcionamento" e uma base de emprego.
4. Outros recursos recreativos – esportes aquáticos no Bay Lake, campos de golfe, áreas livres etc.

Desses, Walt considerava os itens 2 e 3 como as áreas Epcot do Projeto Futuro.

O primeiro dia de reunião foi um dos mais tensos que já vivi. Os irmãos Disney passaram o dia inteiro ouvindo apresentações, com Walt fazendo perguntas importantes para a equipe jurídica de Nova York, para o vice-presidente da Disney Donn Tatum e para Foster e Joe Potter, que se tornou o homem da linha de frente na Flórida. Walt o tinha contratado como executivo número um na Flórida por suas habilidades administrativas e sua familiaridade com as equipes de engenheiros do Exército, que desempenharam um papel importante na criação dos canais de drenagem na propriedade do Walt Disney World.

Assim que Walt ficou em pé para sair no final do dia, Joe Potter finalizou dizendo: "Walt, estou na Flórida como seu representante já faz três ou quatro meses, e todos com quem eu falo acreditam que você pode fazer *tudo* e *qualquer coisa. Eles pensam que você pode andar sobre a água!*".

Sem dizer nada, Walt andou até a porta e saiu. Ouvimos seus passos ecoando no corredor. De repente, ele parou, e o ouvimos voltando. A porta se abriu e Walt enfiou sua cabeça na sala. "Eu já tentei isso", disse, antes de fechar a porta, deixando-nos em suspense: será que ele conseguiu?

Duvido que alguém na sala tenha pensado algo diferente.

Como único escritor do *staff* na WED naquela época, eu era o faz-tudo: liderava uma pequena equipe para a criação do roteiro de uma atração, toda a nomenclatura do parque e resort, alguns dos materiais escritos de marketing e trabalhava com nossos principais "participantes" (patrocinadores) em qualquer coisa relacionada aos shows, exibições e displays que eles patrocinassem. Por isso, Dick Irvine me pediu para criar um padrão para o display e a identificação de nossos patrocinadores mais importantes. Isso não existia, nem na Disneylândia. A ideia de Dick era fazer que todos – os que vendiam patrocínios, operadores do parque e nossos designers gráficos – conhecessem as regras. Reconhecíamos a importância de deixar claro para o público, nossos visitantes nos parques, que as atrações tinham sido criadas pelos Imagineers, ao mesmo tempo garantindo reconhecimento e oportunidade para associar nossos patrocinadores a alguma atração em particular. Para isso, desenvolvemos a forma que ainda é usada:

TÍTULO DA ATRAÇÃO
Apresentada por
Nome do Patrocinador

Por exemplo, um que está no Epcot hoje:

SPACESHIP EARTH apresentada por Siemens

Dick Irvine estava à frente de seu tempo nesse assunto. Ligue sua TV nos jogos de futebol do Ano-Novo e você vai entender por quê: Allstate Sugar Bowl, Capital One Bowl, GoDaddy.com Bowl, e, meu favorito, Tostitos Fiesta Bowl. Só o Rose Bowl, em Pasadena, se manteve firme. Em um recente Ano-Novo, foi "apresentado por Vizio".

Um princípio para manter o padrão Disney é ter *consistência* ao redor do mundo. Por isso, os visitantes encontram os seguintes exemplos: The Broadway Music Theatre, apresentado por Japan Airlines (DisneySea de Tóquio); Hong Kong Disneyland Railroad, apresentado por UPS (Disneylândia de Hong Kong); Autopia, apresentado por Chevron (Disneylândia); e Rock'N'Roller Coaster apresentado por Gibson Guitar (Walt Disney Studios – Paris).

Como eu era um faz-tudo na equipe da Imagineering, Dick Irvine constantemente me passava novos desafios. Um dia, ele me deu a seguinte tarefa: peça para Herb Ryman finalizar o conceito do design do castelo do Walt Disney World. "Herb está atrasando todo o projeto", Dick explicou. "Os arquitetos não podem fazer o projeto e os desenhos até que tenham uma direção conceitual." "Dick", perguntei inocentemente, "Herb não responde a você?" "Claro", respondeu. "Então por que você não fala com ele?", perguntei. "Porque", Dick disse, "ele não me ouve. Por isso quero que você diga a Herb que ele tem de *fechar a porta* e acabar o design."

Assumi minha nova tarefa com cautela. Primeiro, sugeri a Herb que Dick gostaria que ele mantivesse sua porta fechada: o raciocínio de Dick, claro, era que, se Herb fechasse a porta, ele ficaria em seu escritório e focado na finalização do design. Herb fez apenas parte do que Dick pediu... acontece que, com a porta fechada, era fácil para ele se tornar invisível e assim *sair* de seu escritório. Herb adorava andar e ajudar os colegas artistas nos projetos *deles* – especialmente gastar tempo para orientar qualquer jovem artista que precisasse de uma força para acertar seu traço.

Então, Herb me perguntou: "Por que você vem ao meu escritório todos os dias?". Eu tive de admitir que Dick tinha me pedido para fazê-lo terminar o conceito do castelo, que não estava em nenhum lugar visível de sua mesa. Com um suspiro, Herb disse para eu voltar na quinta e então veria o primeiro esboço. Quando cheguei, alguns dias depois, ele orgulhosamente me mostrou o primeiro desenho do conceito do Castelo da Cinderela do Magic Kingdom: era um *sketch* a lápis de 18 cm x 36 cm que *me* representava como uma gárgula ("gargoyle"), segurando meus roteiros contra o peito e distribuindo

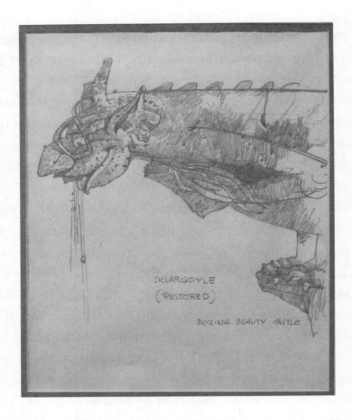

repreensões no parapeito! (Ryman chamou o desenho de "Sklargoyle".) O original está emoldurado e pendurado na minha casa.

Por sorte, Herb entendeu que aquilo não satisfaria Dick e concordou que eu voltasse na terça seguinte, quando ele teria um esboço. E assim foi: um delicado desenho a lápis do futuro Castelo da Cinderela. Ele se tornou a base para o belo projeto arquitetônico de Ted Rich – perfeito para o lugar marcado com o grande "X" amarelo.

Cometemos alguns erros iniciais de planejamento do Magic Kingdom. Na Fantasyland, ainda há um gargalo – uma passagem muito estreita para o volume do tráfego de visitantes – no corredor entre "it's a small world" e Peter Pan's Flight. E, como um novo conceito de Marc Davis, uma Western River Expedition com cowboys e índios de Audio-Animatronics, foi considerado uma grande atração, Pirates of the Caribbean não foi incluído nos planos iniciais do parque. Ele só foi adicionado em 1973 como parte do novo Caribbean Plaza, colado ao Adventureland. Mas a maior "mancada" foi a impressão que tínhamos do público da Flórida. Isso nos levou a decidir por não construir nenhuma "atração radical" para o dia de abertura: achávamos que haveria muitos idosos e aposentados. Quando as análises indicaram que o público era quase idêntico ao da Disneylândia – *famílias* com crianças pequenas e adolescentes, assim como jovens adultos procurando emoção –, os Imagineers foram chamados para resolver o problema o mais rápido possível.

Por sorte, duas oportunidades convergiram para que a reação fosse rápida. Uma era o contrato com a RCA, que trabalharia com nossos engenheiros no projeto do "primeiro sistema de informações-comunicações do século XXI" – associando computadores, telefones, monitores automáticos e televisão. O contrato teve alguma confusão: a RCA concordou em considerar um patrocínio para uma grande atração do Magic Kingdom depois de sua abertura, *se* (esta foi a palavra-chave) nós Imagineers pudéssemos desenvolver uma atração à qual eles se orgulhassem de estar associados. Dez milhões de dólares, o equivalente hoje a cerca de US$ 90 milhões, estavam sobre a mesa.

Antes da abertura do Magic Kingdom em 1971, John Hench juntou eu e o artista T. Hee para desenvolvermos uma história e um conceito para a RCA. Não demorou muito; a RCA estava, naquela época, nos negócios de computadores e pensamos em levar os visitantes da Tomorrowland para *dentro* de um computador a fim de contar a sua história.

Finalmente, depois de nove longos meses escalando nosso caminho corporativo, conseguimos uma audiência com o presidente e CEO da RCA, Robert Sarnoff. Na noite anterior ao grande dia, ajustamos nossa apresentação na sala de reuniões do conselho da RCA. Alinhamos de um lado da sala nove *storyboards* repletos de esboços, pinturas e conceitos gráficos. Tudo estava pronto de forma que o sr. Sarnoff pudesse ver tudo de sua cadeira ao se sentar no centro da sala. Assim que terminamos nossa perfeita preparação, os organizadores jogaram uma cartada brutal: o sr. Sarnoff, disseram, *sempre* se senta na ponta da mesa. Claro. Fizemos nossa apresentação na manhã seguinte com o presidente tão longe que ele precisaria de binóculos para ver nosso material. Foi impossível comunicar nosso brilhante conceito para a história do computador.

Por um momento, pensei que tudo se resolveria quando John Hench, T. Hee e eu nos reunimos com o sr. Sarnoff e os três vice-presidentes sentados ao lado dele. Mas então o sr. Sarnoff rabiscou um papel e passou-o para o VP mais próximo dele, que repassou o papel para o outro VP e então para mim. Quando abri, li: "*Quem são essas pessoas?*".

A realidade me acertou em cheio. Os VPs nem sequer tinham dito a Sarnoff quem nós éramos ou por que estávamos ali! Nove meses de minha vida foram embora com quatro palavras rabiscadas num pedaço de papel.

Meus colegas e eu voltamos para a Califórnia e fui direto ao escritório de Card Walker. "Card", eu disse, "não ligo se você me demitir, mas não gastarei outros nove meses de minha vida criativa para a RCA". A resposta dele foi clara: "Marty, vocês da Imagineering precisam encontrar um jeito de fazer a RCA patrocinar uma atração. Precisamos disso!".

Então voltamos para a mesa de projetos. E, para nossa sorte, havia uma ideia perfeita nos encarando. John lembrou-se do dia, em 1964, em que Walt reuniu uma equipe de Imagineers para discutir uma "viagem de foguete pelo cosmos" para a nova Tomorrowland, que estava planejada para ser aberta em 1967. "Walt queria construir uma atração do tipo montanha-russa, mas *no escuro*, algo que nunca ninguém fez", John escreveu em seu livro *Designing Disney: Imagineering and the Art of the Show*, publicado pela Disney Editions. "Ele queria ter um controle completo da iluminação para conseguir projetar imagens em movimento nas paredes internas."

A ilustração de John para a conhecida estrutura, desenhada em 1965, animou os Imagineers – e criou uma grande expectativa entre os fãs da Disney. Mas havia uma questão a ser resolvida: os sistemas de computador não eram sofisticados o bastante para projetar um sistema que pudesse funcionar com segurança no escuro. Mais uma vez, a tecnologia precisava alcançar a visão de Walt.

Uma boa ideia *pode* renascer no mundo da Disney... mas uma grande ideia *encontrará* seu caminho nos nossos parques em algum lugar do mundo. Space Mountain era, claramente, uma grande ideia, então John Hench e eu demos um jeito de fazer com que funcionasse para a RCA. Primeiro, tivemos de aumentar toda a estrutura – no Magic Kingdom, ela tem 56 m de altura e 92 m de diâmetro, contra os 61 m nas versões posteriores na Disneylândia, na Disneylândia de Tóquio e na Disneylândia de Hong Kong. Havia uma razão prática e necessária para isso: tínhamos de criar uma história para a RCA antes e depois da viagem espacial. Então, criamos os Spaceports ao longo do caminho de entrada, permitindo que os visitantes pudessem "ver o espaço" e assim observar os satélites de comunicação desenvolvidos pela RCA em 1970 em funcionamento. Como um pós-show, criamos uma rampa rolante que mostrava uma "casa do futuro", repleta de produtos da RCA – com destaque para a oportunidade de assistir a si mesmo em uma TV colorida na saída da atração.

Armados com esse pacote completo – incluindo a atração cheia de emoção –, tivemos outro dia de julgamento com o presidente Sarnoff.

Dessa vez, ao retornarmos à cena de nosso fracasso, organizamos novamente nossos *storyboards* – e de novo o pessoal da RCA nos lembrou (depois de já termos arrumado tudo) que o "sr. Sarnoff *sempre* se senta na cabeceira da mesa". "Tudo bem", eu disse, "quem quer que se sente *ali*" (apontei para a cadeira no centro) "será a pessoa com quem estarei falando. E, se o sr. Sarnoff se sentar *ali*" (apontei para a cadeira na cabeceira), "estarei de costas para ele durante toda a apresentação!".

Felizmente, o pessoal da RCA tinha alguém para interferir e, quando o sr. Sarnoff entrou (por último, claro), essa pessoa disse: "O pessoal da Disney gostaria que o senhor se sentasse *aqui*" – e assim ele fez. (Ninguém, posso apostar, tinha pedido isso a ele antes.) Dessa vez, o sr. Sarnoff não precisou de binóculos.

Vendemos... e, no dia 15 de janeiro de 1975, o coronel James Irwin, piloto do módulo lunar da missão Apollo 15 tornou-se o primeiro viajante oficial da atração.

Para realizar o objetivo de Walt Disney de ter um "voo de foguete no escuro", o designer Bill Watkins precisou trabalhar no primeiro design de uma montanha-russa da Disney feito inteiramente por computador. Bob Gurr criou um novo chassi para veículo que usava o projeto básico dos carros de 1974 feitos para a Matterhorn Mountain, da Disneylândia. Foi também a primeira atração da Disney de *pura* gravidade, sem aceleradores ou instrumentos de retardo, levando a arte do design de atrações a um nível que utiliza seu próprio sistema de velocidade e zona de segurança controlado por computador.

Combinar a atração e os elementos do show exigiu que os Imagineers criassem "o mais complicado, sofisticado e acurado modelo" que já tinha sido construído, disse Bob Gurr. Todas as voltas, guinadas e quedas que acontecem durante o passeio foram especificadas detalhadamente para que reproduzissem estrelas e a expansão sem fim do universo. Para isso, foram estudadas as posições de cada ponto da iluminação, da amplificação do som, dos projetores para criar asteroides que cruzam a superfície da montanha escura e dos reflexos dos espelhos em forma de bola. O resultado é uma experiência sensorial que provoca uma ilusão convincente de uma viagem espacial.

Mas é a visão geral da Space Mountain que caracteriza a atração como a palavra definitiva no que se refere a parque temático sobre o espaço. Isto foi o que o designer John Hench escreveu em seu *Designing Disney*:

A Space Mountain pediu para ter o formato cônico. Ela queria o eco da espiral do passeio expandindo dentro dela. A forma que abriga a atração segue seu movimento, assim, o centro da estrutura é naturalmente elevado, como o pico de uma montanha sendo empurrado por uma pressão que vem de baixo.

Para a construção do prédio, os engenheiros escolheram formas de concreto pré-fabricadas e suportes de aço em formato de T para a estrutura principal do teto. Eles queriam os suportes voltados *para dentro* do prédio, mas eu os queria *para fora* a fim de garantir que a superfície interior onde iríamos projetar as imagens fosse bem lisa. A distância entre os suportes em T varia, mais próximos no alto e mais distantes na base. Num teto cônico, isso garante um apropriado efeito dinâmico de perspectiva forçada. O design exterior resultante é forte, simples e visualmente efetivo.[2]

A Space Mountain tem uma forma abstrata, contemporânea e conta sua história por meio da arquitetura. O passeio é, acima de tudo, uma experiência de velocidade, enriquecida com iluminação controlada e projeção de imagens em movimento. Ela evoca ideias como a do mistério do espaço sideral, a excitação de sair em viagem e a emoção do desconhecido.

Para cada um de nós da Imagineering que participamos do nascimento da primeira Space Mountain, em 1975, ficou claro que seguíamos a visão de Walt Disney. E levou uma década para chegarmos lá! Sempre que estou na Tomorrowland, faço questão de olhar o rosto das pessoas saindo da Space Mountain – mais de 250 milhões se divertiram na Space Mountain original. E eu nunca pergunto: "Quem são essas pessoas!!?".

Em uma importante reportagem intitulada "Mickey Mouse Teaches the Architects" [Mickey Mouse ensina os arquitetos], publicada na revista do *The New York Times* em 22 de outubro de 1972 (um ano depois da abertura do Walt Disney World), o especialista em arquitetura e planejamento urbano Paul Goldberger escreveu um box intitulado

---

2. Do livro *Designing Disney*, de John Hench com Peggy Van Pelt. Copyright © 2004 by Disney Enterprises, Inc. Reimpresso com permissão da Disney Editions. Todos os direitos reservados.

"Disney's Secret Ingredient" [O ingrediente secreto da Disney], no qual ele registrou o seguinte:

Enquanto US$ 100 milhões eram gastos na nova cidade de Columbia, Md., e US$ 85 milhões em Reston, Va., a Disney Productions investiu US$ 400 milhões no Walt Disney World. E ainda planeja gastar outros US$ 50 milhões ou US$ 60 milhões nos próximos anos para expandir o Magic Kingdom e seguir adiante com o Lake Buena Vista, o condomínio já em construção no lado leste da propriedade. Tudo isso antes da cidade dos sonhos Epcot, para a qual a companhia ainda não começou a fazer estimativas financeiras.

A maneira como todo esse dinheiro foi conseguido dá crédito para a *expertise* da WED em criar coisas do nada; a empresa, até agora, conseguiu manter-se livre de dívidas de longo prazo. Por meio de um esquema criado por Roy Disney, irmão de Walt, que dirigiu a companhia da morte de Walt até a sua própria no ano passado, a Disney Productions vendeu debêntures conversíveis que foram rapidamente resgatadas quando o preço das ações comuns da Disney, estimuladas pela expectativa de lucros elevados do Disney World, subiu além do preço de conversão. As ações – nos últimos anos, um dos prêmios de Wall Street – saíram de US$ 15, em 1957, para US$ 200, neste ano.[3]

Roy O. Disney não se parecia ou agia como um gênio financeiro. No entanto, na segunda edição do meu *Webster's Unabridged Dictionary*, da Random House, eu encontro, entre outras, a seguinte definição de "gênio": "o espírito guardião de uma instituição"; "uma pessoa que influencia fortemente (para o bem ou para o mal) a personalidade, conduta ou destino de uma pessoa, lugar ou coisa". Essas

---

3. Do *The New York Times*, 22 de outubro de 1972. © 1972 The New York Times. Todos os direitos reservados. Usado com permissão e garantia das Copyright Laws of the United States. É proibida a impressão, reprodução, redistribuição ou retransmissão desse conteúdo sem expressa permissão escrita.

definições descrevem corretamente o impacto de Roy O. Disney na Walt Disney Productions.

Apesar de ter me relacionado intensamente com Roy no desenvolvimento de quatro dos relatórios anuais da companhia, começando em 1964, nunca me senti muito próximo dele durante a vida de Walt. Mas acabei apreciando e respeitando seu amor pela companhia que ele construiu com seu irmão mais novo e pelos funcionários da Disney que tornaram possível seu crescimento e sucesso. Ele era um líder de torcida e nos fazia sentir bem quando falava com a mídia sobre nossa equipe: "A organização Disney traz para este projeto os mais experientes, criativos e talentosos profissionais jamais reunidos para o desenvolvimento de uma atração de entretenimento ao ar livre".

Não há dúvida de que, apesar das histórias de conflitos sobre a direção da empresa e o dinheiro (a maioria verdadeiras, até onde sei), Roy O. Disney era totalmente dedicado a manter as criações de Walter Elias Disney, seus novos caminhos e seu interesse de evitar se repetir – algumas vezes com um grande custo para a empresa. Como Walt disse em uma coletiva de imprensa na Flórida em 1965: "Eu gostaria de criar coisas novas... você odeia se repetir... Eu não gosto de fazer sequências de meus filmes. Eu gosto de pegar uma coisa nova e desenvolver alguma coisa... um novo conceito".

Ainda que a história dos conflitos persistam, do conselho infame de Roy que disse "fique nos curtas", quando Walt começou a criar seu primeiro longa-metragem de animação, *Branca de Neve e os sete anões*, até a relutância de Roy em envolver a companhia na Feira Mundial de Nova York, deixando a produção das três primeiras atrações para a empresa pessoal de Walt, a WED Enterprises... até o tempo perdido para dar continuidade ao projeto Walt Disney World depois da morte de Walt, Roy e outros executivos da Disney passaram a conhecer (e acreditar de verdade) na capacidade da organização WED.

Diane Disney Miller, uma das filhas de Walt, me contou esta história que ilustra a relação entre Walt e Roy. No começo dos anos 1950, ela acompanhou Roy e sua esposa, Edna, a Nova York, para visitar seus pais, que estavam voltando de navio da Europa. "Foi tão bom o tio Roy ter me trazido aqui!", ela disse para seu pai. "Sim", Walt respondeu em um tom indiferente. "Ele sabe que estou bravo com ele, pois comprou a opção de algumas terras em Chatsworth para a Disneylândia!" (Chatsworth, num dos extremos do San Fernando Valley, está a cerca de 97 quilômetros da locação em Anaheim, que se tornou a casa da Disneylândia.)

Escrevo sobre minha experiência com Roy porque realmente acabei me afeiçoando a ele desde a morte de Walt até a sua própria, dois meses antes da abertura do Walt Disney World. Meu respeito por ele cresceu quando soube como, durante a construção, resolveu os conflitos entre várias facções e indivíduos da empresa Disney e algumas pessoas de fora. Ele foi a cola que manteve o projeto inteiro, apesar dos desafios de construir na região central da Flórida no final dos anos 1960, um lugar onde a infraestrutura e a oferta de materiais e de talentos da construção iam de poucas a inexistentes.

Um dos desafios relacionados aos suprimentos pode ser considerado, na verdade, como um desafio moral. O duro trabalho diário na construção naquela região úmida, com um calor que no verão chega a 32 °C, exigia muito da equipe da Califórnia. A cerveja gelada no final do expediente foi uma boa ideia, exceto por um problema: os da Costa Oeste não gostam de cerveja da Costa Leste. Isso exigiu uma solução criativa de Orlando Ferrante e sua equipe de Implementação de Projeto e Coordenação e Organização (PICO, sigla do nome em inglês) para renovar o espírito dos californianos. Ferrante conseguiu uma entrega semanal da Coors para a casa de um dos funcionários que ficava perto da propriedade. Toda sexta-feira à tarde, o expediente terminava com uma massa de sedentos californianos seguindo para pegar seu suprimento semanal de cerveja gelada do Oeste.

Depois de algumas semanas da morte de Walt, Roy pediu-me que lhe escrevesse um discurso. Foi o texto mais difícil que já tive de fazer. O ritmo do padrão discursivo de Roy e as ênfases nas palavras que refletiam seu papel como presidente e "gênio financeiro" da empresa deixavam pouco espaço para devaneios e frases. Mas fiquei realmente agradecido por ele ter me pedido ajuda e pelo obrigado que recebi após o evento.

Começamos a conversar mais durante uma viagem para uma "festa de debutante" no Japão – a gigantesca Expo 1970, em Osaka, que mostrou para o mundo, e para o povo japonês, que eles tinham se recuperado completamente da devastação da Segunda Guerra Mundial. Leah, minha esposa, e eu temos ótimas lembranças da viagem, muitas delas envolvendo Roy. Acho que Dick Irvine organizou a viagem para que todos pensassem em resorts (paramos em Oahu e na Big Island Hawaii, na ida e na volta) e novos tipos de atrações; havia muitos, incluindo a grande tela do Imax, novidade da Expo em Osaka. A viagem incluiu Card Walker, Donn Tatum, Dick Nunis, Joe Fowler, Joe Potter, John Hench, Claude Coats, Roy, Dick, eu e nossas esposas.

Parecia que todos queriam evitar Roy e Edna, então eu e Leah – como os mais novos da turma – tínhamos a obrigação de acompanhá-los. Acabou sendo divertido e interessante, porque Roy estava bastante relaxado. Durante uma tempestade, nós os levamos de Oahu para o Centro Cultural da Polinésia e, muitas vezes, em Tóquio e Osaka, tomamos café da manhã com os dois. Ouvimos ótimas histórias pessoais (que nunca repeti). Roy era muito divertido ao fazer alguns comentários sobre Edna quando ela não podia escutá-lo.

Roy assumiu novas responsabilidade com o progresso do Walt Disney World. Uma delas envolvia agradecer às pessoas que criaram, projetaram e construíram o Magic Kingdom. A tradição tinha sido estabelecida por Walt na Disneylândia. Ele pessoalmente escolheu os nomes que seriam colocados nas janelas das lojas e outros pontos na Main Street – nomes reais acompanhados por "negócios" fictícios. Por exemplo: PLAZA SCHOOL OF ART – PROFESSORES HERBERT RYMAN, JOHN HENCH, PETER ELLENSHAW (o maior pintor do Studio, cujo trabalho ganhou destaque no primeiro programa de TV sobre o parque; Peter mais tarde ganharia um Oscar por seu trabalho em *Mary Poppins*). E, claro, ELIAS DISNEY, EMPREITEIRO – DESDE 1895 –, um reconhecimento de Walt a seu pai que, de fato, *era* empreiteiro em Chicago quando Walt nasceu em 1901.

Claro que houve muitas pessoas da equipe que se sentiram injustiçadas em relação às escolhas de Walt. Então Dick Irvine me pediu que escrevesse um memorando para Roy sugerindo que, no Magic Kingdom, usássemos nomes fictícios para os proprietários e líderes das empresas fictícias. A resposta de Roy foi rápida e firme. "Não", ele escreveu à mão no memorando, "quero fazer exatamente como Walt fez na Disneylândia". E, para enfatizar, como um exemplo, escreveu uma janela para mim, escrevendo errado meu nome: MARTY SKALAR.

Hoje essa tradição continua não apenas no Magic Kingdom, mas em todos os parques no estilo da Disneylândia ao redor do mundo – a Disneylândia de Paris; a Disneylândia de Hong Kong; e, em escala reduzida, a Disneylândia de Tóquio. Primeiro, na abertura, nomes dos designers originais e construtores são incluídos. Depois, quando se aposentam, a homenagem é feita a operadores do parque e designers da Imagineering que representam apenas "o melhor nível de serviço, respeito e realização" – designados em conjunto pela administração do parque e por líderes da Imagineering.

Uma nota pessoal: meu nome como "criador original" está em janelas do Magic Kingdom, da Disneylândia de Paris e da Disneylândia

Eles me deixaram para trás – e foram para casa! 165

de Hong Kong. Quando me aposentei, no aniversário de 54 anos da Disneylândia, em julho de 2009, o parque homenageou-me com uma janela no segundo andar do prédio da City Hall, na Town Square. Está assim:

ID SOMNIATE – ID FACITE MAIN STREET
ESCOLA DE ARTES & CIÊNCIAS DESDE 1852
Martin A. Sklar
• Reitor •
Inspirando sonhadores e criadores do amanhã

Vou registrar dois fatos: primeiro, a janela escolhida faz parte do escritório em que já trabalhei na City Hall. E, segundo, meu nome está escrito corretamente.

Outras questões de nomenclatura estão relacionadas aos nomes dos resorts planejados para o Walt Disney World. Os primeiros projetos listavam os estilos dos hotéis: Polynesian, Asian, Venetian, Persian, Contemporary. Para o último, John Hench e eu recomendamos um "nome de verdade". Em uma apresentação gráfica elaborada, indicando os locais do Bay Lake, apresentamos o nome "Tempo Bay" para Roy. Ele ouviu atentamente e deixou John descrever por que o nome Tempo, junto com o grafismo que propusemos, era conveniente ao design do hotel. Quando terminamos a apresentação, Roy falou pela primeira vez: "O que há de errado com Contemporary?", ele perguntou. E, quarenta anos mais tarde, ainda não há nada de errado com o nome desse resort com 690 quartos às margens do Bay Lake.

A criação do Contemporary também forneceu duas das mais dramáticas histórias no desenvolvimento do Walt Disney World. A primeira ocorreu quando dois arquitetos do escritório de Welton Becket, que estavam fazendo os projetos, pediram uma reunião com John

166 Sonhe e faça acontecer

Hench. Eles lhe disseram que se demitiriam se a Disney insistisse em manter o monotrilho passando no centro do hotel. John ficou chocado. Afinal de contas, um dos atrativos principais do hotel era o sistema de monotrilho e o serviço que oferecia: levar os hóspedes para o Magic Kingdom e para outros hotéis da Disney. A ameaça acabou rapidamente quando Hench escreveu "Pedimos demissão" em um pedaço de papel e pediu para os arquitetos assinarem; de repente, eles mudaram de ideia.

A segunda foi a decisão de Roy Disney de adquirir a parte que era da U. S. Steel nos dois hotéis originais, o Contemporary e o Polynesian. O fato é que Walt e Roy Disney não gostavam de ter parceiros nos projetos. A Disney comprou a parte que a ABC tinha na Disneylândia nos anos 1950, e da Western Printing nos anos 1960. A ligação da U. S. Steel com as propriedades Disney estava no sistema único que eles tinham criado para construir os quartos nos hotéis da Flórida. Eles eram construídos em uma fábrica, totalmente equipados com móveis, levados de caminhão para o local da construção, levantados por um guindaste e "deslizados" para seu lugar como uma gaveta. O sistema de construção funcionava, mas a tomada em conjunto de decisões sobre a operação dos hotéis se provou complicada. Não muito depois de inaugurados, a Disney se tornou a proprietária única dos dois resorts.

Havia um outro nome que Roy insistiu em dar. Enquanto o material inicial, e até as primeiras placas colocadas nas rodovias, indicavam Disney World, Roy repetia apaixonadamente para que se incluísse o nome inteiro de seu irmão. Por isso, tornou-se *Walt* Disney World.

✳ ✳ ✳

Uma de minhas histórias favoritas sobre os anos em que o Projeto X era um segredo foi contada por Donn Tatum. Antes da coletiva de imprensa de 1965, Walt quis dar mais uma olhada na propriedade. Ele estava acompanhado de vários altos executivos da Disney – todos tinham sido aconselhados a usar chapéu e até colocar barba postiça, se possível: já existiam rumores de que a Disney era a compradora do terreno. O grupo passou uma noite em Orlando usando nomes falsos num hotel. No jantar, a garçonete ficou encarando Walt e, claro, ele percebeu seus olhares. Finalmente, quando a refeição tinha acabado, a garçonete se aproximou da mesa, olhou diretamente para Walt e disse: "Você se parece com Walt Disney!". Claramente ofendido, Walt respondeu: "O que você quer dizer com me *pareço* com Walt Disney? Eu *sou* Walt Disney!". E, para provar, ele mostrou para ela sua carteira de motorista da Califórnia.

Tanta preocupação com disfarces e segredos. Não muito tempo depois, em 24 de outubro de 1965, a manchete do *Orlando Sentinel* registrou: "Afirmamos: Empresa 'misteriosa' é a Disney". E, em 25 de outubro, o *Orlando Evening Star* estampava em sua primeira página em letras garrafais: "DISNEY ESTÁ AQUI!".

Com o apoio do escritor Randy Bright, que mais tarde desempenharia um papel fundamental no desenvolvimento dos pavilhões do Epcot, e Jim Love, meu editor de filme e narração favorito do Studio, criamos a mais importante apresentação em filme comunicando a visão da Disney sobre a propriedade. Foi acompanhado de uma maravilhosa e detalhada maquete da área do resort – o Magic Kingdom e os designs dos cinco hotéis presentes no projeto principal. Foi criado pela Model Shop da WED e tinha 12 m de comprimento e 58 m². Era um trabalho autoral e (como logo explicarei) alegrou uma vida longa e importante.

Em 30 de abril de 1969, a Disney, pela primeira vez na Flórida, demonstrou a versatilidade, a experiência e o talento de seus vários departamentos:

- A equipe de operações da Disneylândia, responsável por toda a complexa logística, que incluiu o aluguel do Parkwood Cinema, em Orlando, para a apresentação do filme e a coletiva de imprensa com a presença de Roy Disney e do governador da Flórida, Claude Kirk; a montagem da tenda para apresentar a maquete da Fase Um; a reserva de todos os quartos do Ramada Inn, nas proximidades Ocoee, por uma semana para acomodar e alimentar a mídia, e de onde partiram os *tours* de ônibus pelo campo de obras localizado a 7 quilômetros a oeste; e a organização da equipe da Disneylândia, incluindo guias/anfitriões para narrar as viagens.
- A equipe de construção, que criou as estradas de terra que serviram de acesso aos ônibus lotados de olhos curiosos da imprensa; autoridades do estado da Flórida, do condado e da cidade; convidados da indústria e VIPs.
- Os líderes corporativos da Walt Disney Productions, apresentadores e estrelas da mídia: Roy Disney, Card Walker, Donn Tatum, Joe Fowler e Joe Potter. Dick Irvine representou a WED e Dick Nunis liderou a equipe de operações.
- WED. Os Imagineers criaram todo o material para a apresentação: o filme; a heroica maquete de 58 m² que se tornou a estrela das fotos com todas as autoridades da Disney e da Flórida; reprodução da arte dos projetos em geral, das principais atrações do Magic Kingdom, do sistema Monorail e dos conceitos dos hotéis.

Em uma visita recente ao Walt Disney Archives nos Walt Disney Studios, em Burbank, me diverti ao ver o número estimado de jornalistas e autoridades que estiveram nos eventos de apresentação em 30 de abril. Um dos relatórios indicou 200, outro 600 e um diário da Flórida registrou 1.977 pessoas. Na verdade, a última cifra deve ter sido o número total da semana, pois existiam vários níveis de convites, especialmente para "autoridades, representantes e VIPs".

Mas os elogios da mídia chamaram minha atenção. Ormund Powers escreveu no *Orlando Star*: "Todos os maiores jornais, serviços de informação, redes de televisão e revistas dos Estados Unidos, bem como muitas publicações estrangeiras, estavam hoje na apresentação da Fase Um da Disney – uma apresentação tão rica em detalhes quanto os inacreditáveis planos para o Walt Disney World". O *Titusville Star Advocate* escreveu: "A maior atração turística do país e muito provavelmente do mundo, que promete fazer da região central da Flórida a 'Meca do prazer', foi revelada hoje pela direção da Walt Disney". Larry Vickers citou um "observador perspicaz" no *Lakeland Ledger*: "Isso é o que Deus teria feito se ele tivesse tido dinheiro!", mas foi, talvez, o governador Kirk, "visivelmente impressionado", segundo o *Tampa Tribune*, que deu a real dimensão do evento. John Frasca, jornalista do *Tribune*, incluiu o seguinte trecho em sua reportagem: "Kirk disse que ele 'não concorreu' à vice-presidência dos Estados Unidos porque queria estar na Flórida 'para esse grande dia'".

Todo o material criado para o evento com a imprensa no dia 30 de abril de 1969 teve um enorme valor residual. Em 10 de janeiro de 1970, inauguramos o Walt Disney World Preview Center, no Lake Buena Vista, próximo da Interstate 4 e State Road 535. A peça central era a maquete e o filme que eu tinha escrito. Nos 21 meses em que funcionou antes de fechar em 30 de setembro de 1971, o Preview Center atraiu 1.332.927 visitantes – demonstrando o extraordinário interesse pelo projeto. Os turistas de fora do estado representaram 59% dos visitantes, liderados por moradores de Michigan, Nova York, Ohio e Illinois.

✳ ✳ ✳

Menos de 24 horas depois do fechamento do Preview Center, em 1º de outubro de 1971, o visitante mais importante na história do estado da Flórida (sem considerar a chegada de Ponce de Leon em 1515 em busca da Fonte da Juventude) passou pelas catracas para entrar no Magic Kingdom. Sr. e sra. William Windsor Jr., e seus dois filhos, com 3 e 4 anos, de Lakeland, Flórida, foram os primeiros visitantes. Ao contrário do explorador espanhol (que não era aguardado), os Windsor fizeram parte do impressionante pequeno grupo de apenas 10.422 pessoas que estiveram no parque naquele dia. O número estava muito longe do planejado e previsto pelo governo de Orange County, Flórida.

No começo daquele ano, em janeiro, o *Orlando Sentinel* citou Ralph Poe, vice-presidente da comissão de tráfego do condado: "Claro, teremos um problema turístico, um problema de tráfego, um problema de segurança... Mas posso dizer que sabemos o que esperar... Com certeza, quando tantas pessoas vierem para a abertura – meio milhão, um milhão? – prevemos engarrafamentos e atrasos".

Parecia que todos, de Jacksonville a Miami, estavam vendo o fluxo de carros na Interstate 4 – todos menos a equipe da Disney. "Não estamos desapontados com o resultado", o *Atlanta Constitution* escreveu citando Donn Tatum, presidente da Walt Disney Productions. "É o que nós queremos."

"Houve uma razão para abrirmos um novo parque em outubro – as crianças voltaram às aulas e é o mês mais sossegado do ano", explicou Jack Lindquist. "É uma excelente época para treinar nossa equipe – chamamos isso de 'abertura suave'." Guardamos a "Grande Abertura" para o final do mês para ter o máximo de impacto de marketing – incluindo um especial de noventa minutos para a TV que foi ao ar pela NBC em 29 de outubro, estrelado por Julie Andrews, Bob Hope, Glen Campbell, Jonathan Winters e Buddy Hackett.

Em 25 de outubro, na presença do terceiro governador da Flórida em seis anos, Reubin Askew, Roy Disney leu a placa com a dedicatória que escrevi imitando a que Walt fez para a Disneylândia:

Walt Disney World é uma homenagem à filosofia e à vida de Walter Elias Disney [...] e aos talentos, à dedicação e à lealdade de toda a organização Disney, que fez o sonho de Walt Disney se tornar realidade. Que o Walt Disney World traga Diversão e Inspiração e Novos Conhecimentos para todos que vierem a este lugar feliz [...] Um Reino Encantado (Magic Kingdom) onde os jovens de coração de todas as idades podem rir e brincar e aprender – juntos.

Em novembro, no dia depois da Ação de Graças, o tráfego na Interstate 4 estava travado por 20 quilômetros, da cidade de Orlando até o Walt Disney World. No final do primeiro ano, até 30 de setembro de 1972, 10,7 milhões de visitantes fizeram do Magic Kingdom o parque temático mais visitado do mundo.

Um dos primeiros registros do sucesso do Walt Disney World na mídia nacional foi de David Brinkley, então âncora do *Nightly News*, da NBC (e, mais tarde, da ABC News). Tratando da "nova cidade" que a Disney tinha criado na região central da Flórida, Brinkley a chamou de "o mais imaginativo e efetivo planejamento urbano da América" – completamente diferente do que ele chamou de "parque de diversões do Mickey Mouse". E concluiu sua reportagem afirmando: "Depois que o pessoal da Disney tomar conta das grandes cidades, vamos tratar de trazê-los para Washington!".

10

"Diga à IBM que vá para o inferno!"

Jack Lindquist e eu estávamos em Armonk, Nova York, para mais uma reunião com a IBM. Nós – Jack, o guru do marketing, e eu fazendo a apresentação – fizemos todo o possível para ter sucesso. Em reunião com executivos em Nova York e Califórnia, tentamos convencer a "Big Blue" a patrocinar a Spaceship Earth, o principal pavilhão temático na entrada do Epcot Center, que já estava em construção no final dos anos 1970. Trabalhamos de todas as maneiras: de CEO para CEO, porque Frank Cary, da IBM, tinha sido colega de classe de Card Walker, da Disney, na UCLA; e uma apresentação especial do conceito feita pelo escritor Ray Bradbury, cuja prosa narrativa – escrita mais como um conto descritivo do que como uma experiência numa atração – pareceu fascinar o pessoal da IBM.

Naquele dia, na sede corporativa da IBM, no interior do estado de Nova York, nossos contatos nos deram a dica. Não podemos falar a vocês "oficialmente", mas, na segunda-feira, o sr. Cary enviará ao sr. Walker uma carta recusando-se a patrocinar o Epcot.

Era o final da manhã da sexta-feira. Enquanto seguíamos para a cidade de Nova York, Jack teve uma ideia. "Vamos ligar para Ed Block, da AT&T, e ver se conseguimos nos encontrar com ele hoje à tarde." Eram dias antes dos celulares, por isso paramos em uma vendinha. Jack ligou e, quando Ed Block disse: "Venha", pegamos o caminho.

Em nosso esforço de vendas, jogamos com os dois durante todo o tempo, sempre procurando colocar a IBM contra a AT&T. Agora, armados com a nova informação extraoficial sobre a IBM, entramos no escritório do vice-presidente executivo de marketing da AT&T. Jack foi direto ao ponto. "Ed, a IBM acabou de nos dizer que dará a resposta sobre o patrocínio na segunda-feira. Esta é sua última chance de vencê-los!"

"Diga à IBM que vá para o inferno", Ed respondeu. "Estamos dentro!"

Sem patrocínio corporativo, não existiria Epcot no Walt Disney World. Por sorte, nosso *timing* foi excelente. O Walt Disney World foi um grande sucesso: o público passou dos 13 milhões no Magic Kingdom em 1980, indicando um potencial de "espalhar o público" com um segundo parque. Da mesma forma, o conceito de identificação da Feira Mundial ainda estava vivo na América corporativa – embora em seus últimos dias. Houve muita cobertura de imprensa nos primeiros dias do Epcot referindo-se a ele como uma "Feira Mundial permanente". Nossa experiência de ter trabalhado com grandes companhias na Feira Mundial de Nova York em 1960 estava nos trazendo grandes dividendos.

A ligação de Card Walker em 1974 e sua questão desafiadora – "O que faremos sobre o Epcot?" – foi o começo de uma jornada longa e difícil para criar o terceiro parque Disney no mundo. Mais importante, seria o primeiro parque que não seguia o estilo do Magic Kingdom. Estávamos conscientes do objetivo de complementar e não competir com o Magic Kingdom. Esta era a chave para aumentar a permanência dos visitantes na propriedade do Walt Disney World e para construir sobre o tema "The Vacation Kingdom of the World" do resort.

174   Sonhe e faça acontecer

Oito anos mais tarde, em 24 de outubro de 1982, Card leu, na placa com a dedicatória no Epcot Center, as palavras que coescrevi com Erwin Okun, vice-presidente de relações públicas da Disney.

Para todos os que vêm a este
lugar de Felicidade, Esperança e Amizade,
Bem-vindos

EPCOT Center
É inspirado pela visão criativa de Walt Disney.
Aqui, as conquistas humanas
são celebradas pela imaginação,
as maravilhas dos empreendimentos e os conceitos de um futuro
que prometem benefícios novos e excitantes para todos.

Que o EPCOT Center entretenha, informe e inspire.
E, acima de tudo, introduza um novo senso de crença
e orgulho nas habilidades do homem para moldar um mundo
que ofereça esperança para as pessoas em todos os lugares.

Em retrospecto, posso claramente identificar quatro principais segmentos no desenvolvimento do Epcot Center que revelamos em outubro de 1982:

1. Decidir o que fazer.
2. Criar o conceito e convencer a administração da Disney a financiá-lo.
3. Vendê-lo para patrocinadores corporativos e internacionais.
4. Construi-lo.

Decidir o que fazer

Foi fácil saber por onde começar. Tínhamos os comentários feitos por Walt na coletiva de imprensa na Flórida em 1965, o filme de 24 minutos que eu havia escrito (incluindo quatro ou cinco minutos de narração do próprio Walt) e o trabalho secreto de vários consultores pesquisando estatutos estaduais, legislação federal, políticas de departamentos de governos; além de novos e interessantes desenvolvimentos ao redor do mundo. No entanto, muito desse trabalho era literalmente secreto. Até hoje, pelo que sei, o material compilado pela equipe de pesquisa para a Comunidade Epcot de Walt nunca esteve disponível para o público ou pesquisadores. Porém, a descoberta mais importante desse trabalho, no que está relacionado com o planejamento do terreno e o desenvolvimento da propriedade, foi incorporada na legislação aprovada pelo estado da Flórida em 1967, criando o Reedy Creek Improvement District (RCID) como uma agência governamental com jurisdição sobre a propriedade do Walt Disney World.

Inicialmente, determinamos que a "ideia do Epcot" era muito maior do que a equipe interna da empresa, por mais talentosa que fosse, poderia alcançar. Precisávamos escolher e aumentar a base de contribuintes criativos, encontrando talentos e ideias de campos variados e backgrounds diversificados.

Começamos nosso esforço criando uma série de conferências, primeiro para dar apoio ao marketing e ao desenvolvimento conceitual do Epcot Center. O programa foi dividido em dois objetivos principais:

Marketing

* Introduzir o conceito do projeto Epcot Center para executivos de alto escalão de empresas, governo, fundações e comunidades acadêmicas.
* Iniciar um diálogo com esses líderes e estimular seu interesse pelo patrocínio corporativo do projeto.

Desenvolvimento do conceito

* Solicitar uma troca de ideias entre especialistas considerando as questões principais que o Epcot deveria explorar, e as histórias que deveriam ser "comunicadas".
* Identificar especialistas que serviriam como conselheiros oficiais ao longo do desenvolvimento conceitual do projeto.

Chamamos esses encontros de Epcot Future Technology Conferences. O primeiro foi intitulado "Fóruns conjuntos sobre agricultura/ produção de alimento e energia". Ele aconteceu em 15 e 16 de maio de 1976, no Walt Disney World, e reuniu quarenta pessoas, da indústria, da academia e do governo, especialistas nos campos da energia e da agricultura. Além de Donn Tatum e Card Walker, ambos da Disney, também falou o autor e futurista Ray Bradbury. Entre os moderadores do fórum estava o dr. Daniel Aldrich, reitor da University of California em Irvine e muito respeitado no universo da agricultura.

Nossa equipe da WED Enterprises, liderada por três de meus colegas mais próximos – Frank Stanek, Pat Scanlon e Peggie Fariss –, organizou e planejou a programação. Um dos sete astronautas da Mercury original, L. Gordon Cooper, então vice-presidente de pesquisa e desenvolvimento da WED, foi o diretor da conferência.

Criei um texto sobre os fundamentos do Epcot que se tornou a introdução padrão do material impresso das conferências:

FUNDAMENTOS DO EPCOT

Walt Disney não foi para a Flórida apenas para construir outro "parque temático" ou mesmo um resort. Ele tinha algo muito mais importante em mente.

Walt estava olhando para muito além de seu tempo [...] para a criação do que ele chamou "Epcot [...] um Protótipo Experimental da Comunidade do Amanhã". Isto foi o que ele disse sobre o Epcot em 1966:

Não acredito que exista um desafio em nenhum lugar do mundo que seja mais importante para as pessoas do que encontrar soluções para os problemas de nossas cidades. Mas por onde começamos... como começamos a enfrentar esse grande desafio?

Bem, estamos convencidos de que devemos começar pelas necessidades públicas. E a necessidade não é apenas a de cuidar das velhas doenças das velhas cidades. Acreditamos que a necessidade é de começar a construir do zero em terra virgem e construir um tipo especial de nova comunidade.

Acreditamos hoje que o *insight* criativo que levou Walt Disney a propor o Epcot é tão válido quanto sempre foi, e ainda mais necessário.

As pesquisas de opinião pública nacional deixam claro que o governo e a indústria perderam a confiança do público norte-americano. Como resultado, a democracia e o livre empreendimento estão sendo ameaçados, tanto em casa quanto ao redor do mundo.

Ao mesmo tempo, o público está cada vez mais consciente dos complexos problemas da natureza. Todos têm necessidade de saber o que será feito para resolver essas questões.

Entendemos que o desenvolvimento do conceito do Epcot por Walt Disney deve-se à crença de que a confiança pública por nossas instituições democráticas e pelo nosso sistema de livre empreendimento pode e deve ser reafirmada fortemente.

Acreditamos que é aí que o Epcot pode desempenhar seu maior papel na sociedade de hoje.

PROPÓSITO DA CONFERÊNCIA

Introduzir o conceito do Epcot para reconhecidos especialistas em agricultura/produção de alimento e tecnologia de energia e extrair deles uma reação crítica à ideia.

Estimular comentários e discussão dentro de comunidades científicas e abrir as portas para a relação em construção entre essas comunidades e o Epcot.

Estabelecer o Epcot como um lugar de encontro em desenvolvimento onde pessoas criativas da ciência e da indústria de todo o mundo possam se reunir para discutir soluções específicas para necessidades específicas do ser humano.

A conferência teve um sucesso extraordinário – ultrapassou nossas esperanças e sonhos. O entusiasmo dos participantes nos levou a planejar e executar as seguintes conferências adicionais:

Março de 1977: "Boa saúde na América: desafio e escolha" (co-patrocinado pela Johns Hopkins University e o Johns Hopkins Hospital).

Maio de 1978: "Técnicas de conservação de energia para a proteção das plantas ao clima frio" (Frost Protection Workshop) (co-patrocinado pelo Departamento de Energia por meio do Argonne National Laboratory).

Maio de 1979: Seminário Espacial Epcot.

Outubro de 1982: Abertura do Epcot Center.

Outubro de 1983: "Comunicações e a qualidade de vida: olhando para o futuro" (copatrocinado pela Annenberg School for Communications da University of Pennsylvania, e pela School for Communication and Journalism da University of Southern California).

O público variou de um máximo de noventa pessoas, na conferência de boa saúde, até o seminário mais restrito com quinze professores, executivos e diretores de programas espaciais cuja discussão girou em torno da "história do espaço que deveria ser comunicada para os norte-americanos".

Com toda a franqueza, nós da Disney não estávamos preparados para o entusiasmo gerado pelo conceito do Epcot. Talvez tenha sido a popularidade do Walt Disney World, ou os *tours* pelos bastidores, onde enfatizávamos todos os sistemas de inovação já em funcionamento. Talvez tenha sido a atitude e o entusiasmo de todos os funcionários da Disney, dos membros do elenco operando as atrações até dos executivos e dos designers da Imagineering. Talvez tenha sido o legado de Walt Disney, ainda o mestre da comunicação depois de uma década de sua morte. Seja lá o que fosse, o *feedback* dos participantes era alto e claro nos resumos das conferências:

- O público não acredita no que a indústria, o governo e nem no que a academia lhes diz.
- O público *acredita* no Mickey Mouse.
- Por isso, vocês – da Disney – têm um papel-chave a desempenhar, contando as histórias e comunicando as informações de que o público precisa, da maneira que eles entendem e aceitam.

Também foi emocionante ter a oportunidade de apresentar nossos conceitos iniciais para o presidente Jimmy Carter em 1º de outubro de 1978. Naquele dia, o presidente visitou o Walt Disney World para abrir a convenção da Câmara Internacional de Comércio. Aproveitamos a reunião de 2.500 representantes de setenta países para encher uma sala do Contemporary Resort com as primeiras artes e maquetes, e os convidamos para a apresentação do Epcot Center. O maior bônus veio quando se juntaram a nós o presidente e sua família, incluindo Rosalynn e sua filha Amy.

Invariavelmente, deixamos as Epcot Future Technology Conferences ao mesmo tempo desafiados e empolgados – e com uma pasta cheia de nomes de participantes que queriam continuar envolvidos no projeto. Ótimo, mas como poderíamos aproveitar isso? A ideia que tivemos acabou se tornando vital para o desenvolvimento de nossos pavilhões do Epcot e, anos mais tarde, do parque Disney's Animal Kingdom: criamos grupos de consultores para os principais assuntos das áreas – energia, saúde, comunicações, a terra e os oceanos. Em muitos casos, esses grupos literalmente mudaram a direção de nosso desenvolvimento criativo.

E houve outro resultado significativo das conferências: os agitadores que encontramos na indústria, nas universidades e no governo que nos ajudaram a dar vida ao Epcot. Vários, como Carl Hodges, da University of Arizona, tornaram-se importantes consultores que trabalharam com nossa equipe WED para desenhar e construir os maiores pavilhões do Epcot. Outros, como Tibor (Ty) Nagy, um vice-presidente da General Motors, tornaram-se peças-chave na relação com suas companhias, ajudando-nos a conseguir os patrocinadores necessários para o Epcot. A participação deles foi absolutamente essencial ao começarmos o desenvolvimento do projeto.

✳ ✳ ✳

Desenvolvimento do conceito

Nossa equipe da Imagineering desenvolveu alguns conceitos preliminares, que apresentei nas Epcot Future Technology Conferences, na Flórida. Mas o real pensamento criativo estava apenas começando em Glendale, na Califórnia. E não estávamos pensando pequeno.

Começamos com o agressivo conceito de que desenvolveríamos *dois* parques distintos e separados – um mostrando países do mundo, seu povo, sua cultura e suas indústrias; o outro apresentando histórias sobre assuntos do "mundo real": energia, comida, saúde, espaço, comunicações.

Duas questões foram enfrentadas quando começamos nossos principais planos. Primeiro, quase todos os países são membros do Bureau of International Exhibitions (BIE). O regulamento limita a uma vez por ano a participação oficial de um país em uma feira mundial ou exposição internacional; não era permitida nenhuma exposição permanente. Isso significava que provavelmente seriam necessários muitos patrocinadores por país para financiar os pavilhões internacionais. O rei do Marrocos poderia ignorar as regras (e fez isso com o pavilhão de seu país, inaugurado em 1984). Mas, na maioria dos casos, indústrias e seus produtos de exportação – de comida a mercadorias especiais, *souvenirs* e agências de viagem e turismo – precisavam ser vendidos individualmente para pagar a conta. Por isso, exceto pelo Marrocos, nenhuma nação foi representada como tal no World Showcase, do Epcot.

O segundo ponto importante era o tempo gasto para desenvolver um conceito para os pavilhões do Future World do Epcot. Quase uma década antes, levamos nove meses para chegar aos vice-presidentes da RCA para então ter uma reunião com o presidente Robert Sarnoff... apenas para sermos rejeitados e voltarmos à mesa de projetos.

Agora estávamos tratando de assuntos do mundo real que raramente tiveram precedentes: como contaríamos histórias significativas

182 Sonhe e faça acontecer

e divertidas sobre energia, transporte, comunicação, alimentação? Lembro-me bem do dia em que Card Walker me perguntou como iríamos entreter nossos visitantes no passeio de barco que tínhamos concebido no pavilhão The Land. Os barcos passariam sob o domo do Living Laboratories, onde estaríamos cultivando comida de várias partes do mundo. "Não se preocupe, Card", eu lhe disse. "Veremos alface crescendo!" Ele não achou engraçado.

Claro, a administração da Disney receava que a ciência e a tecnologia se sobrepusessem ao entretenimento e às histórias. Num sentido mais direto, *estávamos* competindo com o Magic Kingdom. Se não fosse divertido, por que as pessoas iriam ao Epcot se o Castelo da Cinderela, o Jungle Cruise e o Space Mountain estavam apenas a 4 quilômetros de distância?

Meu "livro de regras" era claro e direto. Eu disse aos Imagineers que nosso papel era simples: criar ótimas histórias e apresentá-las de maneira única (se possível), e não nos preocupar em comunicar tudo que tínhamos aprendido sobre o assunto do qual o pavilhão tratava. Ao contrário, torne-o *divertido* e atraente. Na verdade, eu disse, é impossível sermos a fonte de toda a informação relevante sobre esses assuntos (criamos outras fontes como partes do projeto), então, vamos nos concentrar em criar ótimas histórias que instiguem a curiosidade, encorajando nossos visitantes a querer saber mais sobre os assuntos de nossas atrações.

Havia outro ponto essencial de que eu queria que os Imagineers se lembrassem. Apesar de a IBM ter recusado nossa proposta de patrocínio, pendurei em meu escritório um anúncio de jornal de página inteira que eles tinham feito. Simplesmente dizia: "O FUTURO É UM ALVO EM MOVIMENTO!". Seguir esse slogan, porém, *não* era simples.

A maioria dos projetos possui um ou dois pontos de virada, quando é o momento de "pescar ou cortar a isca". Para o Epcot, houve uma confluência de vários elementos que, no final, fizeram o projeto tomar forma e ganhar da administração da Disney a luz verde de que precisávamos. Aqui estão três dos mais significativos:

- Em outubro de 1976, no aniversário de 40 anos da formação do Urban Land Institute, Card Walker fez um discurso intitulado "Walt Disney World: máximo planejamento para o futuro". Ele destacou quatro principais objetivos para a criação do Epcot: demonstração e área de testes para conceitos originais; um "Fórum do Futuro" contínuo; uma fonte de comunicação para o mundo; uma troca permanente e internacional entre as pessoas.

Pela primeira vez, a Disney "tornou pública" uma indicação significativa de seus planos para o Epcot.

- Harper Goff, que projetou o Jungle Cruise original para a Disneylândia e o icônico submarino *Nautilus* para o filme *20.000 léguas submarinas*, de Walt, fez uma pintura mostrando como os diferentes estilos arquitetônicos de países tão diversos quanto China e França ou Reino Unido e México poderiam ser feitos para viverem lado a lado na área World Showcase. Com a ilustração, Harper vendeu o conceito para todos – de nossos designers até os administradores da Disney. Assim que a busca por patrocinadores começou, a versão de Harper ganhou o mundo. Com habilidades desenvolvidas como diretor de arte para o cinema, Harper iria liderar os conceitos para o design dos pavilhões do Japão, da Alemanha e do Reino Unido no Epcot.
- Desde sua primeira menção ao Epcot em seu filme, Walt Disney enfatizou que *nenhuma companhia* conseguiria realizar o projeto sozinha. No discurso de 1976 para o Urban Land Institute, Card Walker destacou "o interesse gratificante e o diálogo" em

relação ao patrocínio com "muitas das empresas líderes", citando especificamente IBM, RCA, Sperry Univac (hoje Unisys Corporation), AT&T, General Electric, Westinghouse, Ford, General Motors, Exxon, Gulf Oil e Kodak. Mas ninguém tinha assinado até então. Precisávamos de uma grande empresa que mostrasse acreditar na importância de participar do Epcot – um compromisso de dez anos a começar do Dia da Abertura, sem data definida. Foi então que a história de Ty Nagy tornou-se tão importante.

Uma das pessoas interessantes que Peggie Fariss encontrou em suas pesquisas sobre especialistas para participar da primeira Epcot Future Technology Conference foi o já mencionado cientista da General Motors chamado Ty Nagy. Minha lembrança é que ele, assim como muitos dos que convidamos para os fóruns do Epcot, decidiu participar mais por curiosidade – "O que uma companhia como a Disney está fazendo no mundo *real*, fora de seu reino da fantasia?". (Para alguns, claro, passar o fim de semana no Walt Disney World não era exatamente o pior dos compromissos.) Mas Ty Nagy estava intrigado; depois de trocar várias mensagens e ligações, ele convenceu o presidente de um comitê-chave da GM de que deveria deixar a Disney ir a Michigan para apresentar o projeto Epcot. O comitê, mais tarde, teve a tarefa de recomendar o curso de ação e direção futuros da GM. Foi chamado The Scenario 2000 Advisory Committee e seu presidente era Roger Smith, que logo se tornaria presidente e CEO daquela que era, em 1977, a segunda maior indústria do mundo.

Era a oportunidade de que precisávamos, e fizemos tudo o que foi possível para dar certo.

Primeiro, carregamos caminhões com todas as maquetes do projeto que tínhamos em desenvolvimento – um *layout* do conceito geral em detalhes, maquetes de meia dúzia de pavilhões, indo de energia a espaço, e fachadas de países no World Showcase – acompanhadas de dúzias de ilustrações, algumas grandes, *storyboards* de 1 metro por 2 metros. A GM nos deixou usar a área térrea da rotunda principal do Centro Técnico, em Warren, Michigan – uma área tão grande que a empresa a usava, às vezes, para apresentar sua linha completa de carros.

Para organizar a apresentação e maximizar o impacto total do projeto do Epcot Center, chamamos um dos grandes talentos de Hollywood, John DeCuir. DeCuir foi o diretor de arte do The Hall of Presidents, no Magic Kingdom, mas seus créditos nos filmes como diretor de arte ou designer de produção foram mais significativos para nós (e para a GM). Ele participou, entre outros, de *Ao sul do Pacífico*, *O rei e eu*, *Cleópatra* e *O mundo da fantasia*. Queríamos que a GM soubesse que "show business é o *nosso* negócio".

Reconhecendo a oportunidade, Card Walker encheu o avião da Disney – o mesmo Gulfstream I que Walt usava – com todos os principais executivos que poderiam no futuro estar envolvidos com a GM. Filmes e televisão, produtos de consumo, parques, materiais educacionais, marketing e o Disney Channel, que logo seria inaugurado – todos estavam representados.

Roger Smith ficou impressionado. Como executivo financeiro chefe da GM na época, ele viu uma oportunidade de tirar vantagem do excelente ano que a empresa estava tendo em 1977 e, ao mesmo tempo, manter sua tradição de liderança nas feiras mundiais. Por isso, Smith decidiu que a GM deveria se tornar a maior acionista do Epcot. Sua única dúvida era como apresentar o projeto para os outros executivos do alto escalão da GM, cujo apoio ele precisaria para comprometer talvez US$ 50 milhões (incluindo a remuneração da Disney, uma área VIP corporativa e uma "área de produto" pós-show).

A resposta acabou sendo simples – para Roger Smith e Card Walker. Eles acertaram que, enquanto o resto do grupo Disney voltava conforme o planejado, o vice-presidente de marketing, Jack

Lindquist, e eu ficaríamos, junto com as maquetes e as artes; assim, Pete Estes, presidente da GM, e outros executivos poderiam ver os conceitos na manhã seguinte. Quem acreditava que um presidente corporativo participaria de uma reunião às sete da manhã?

Jack e eu aceitamos o pedido de Roger Smith com uma condição: que fôssemos levados a uma loja para comprar camisas limpas para a apresentação. Bem-vestidos com nossas novas camisas, na manhã seguinte, entre 7 e 9 horas, realmente encontramos e fizemos a apresentação para o presidente Estes e outros líderes da GM. E, em 31 de dezembro de 1977, a GM se tornou o primeiro grande patrocinador do Epcot.

Enfrentando o dilema de não ter patrocínio suficiente da indústria para o Future World do Epcot, ou participação internacional no World Showcase, John Hench e eu tomamos uma importante decisão em relação ao projeto, cerca de uma hora antes de uma reunião com os chefes do Studio. Com a ajuda de nossa equipe da Model Shop, juntamos as maquetes dos projetos para o Future World e o World Showcase – criando assim um projeto com suficientes participantes em potencial unidos para garantir o dinheiro inicial que tornaria possível o sucesso do esforço de vendas.

Os responsáveis pela construção das maquetes da Imagineering bateram um novo recorde ao montar e pintar os dois modelos como uma ideia completa, de forma que parecia que tudo havia sido projetado daquele jeito desde o começo, e não juntado alguns minutos antes. A administração corporativa da Disney elogiou nosso desenvolvimento do conceito; nenhuma palavra sobre a reforma dos projetos vazou. Tivemos sorte de que isso aconteceu sem dar tempo para que os rumores fossem de Glendale até os estúdios em Burbank. Explicar uma mudança daquelas por telefone teria sido um desastre – especialmente se um dos sempre presentes executivos agourentos tivesse nos entregado para os tomadores de decisão oficiais.

"Diga à IBM que vá para o inferno!" 187

$$* * *$$

Todas as nossas energias estavam agora concentradas em liderar a equipe da Imagineering no desenvolvimento de centenas de pedaços do projeto. Com a união das duas metades do Epcot, John Hench e eu, em acordo com a equipe que operaria a atração, recomendamos que a entrada principal fosse colocada no meio – entre o Future World e o World Showcase. Dessa forma, as duas seções poderiam operar juntas, seguindo a mesma agenda – ou as horas de operação poderiam ser mudadas, se necessário, quase diariamente. A equipe de operações também poderia monitorar o número de visitantes entrando e direcioná-los para um lado ou para o outro, dependendo da capacidade e do tempo de espera para as atrações.

Animados com as oportunidades que nosso novo esquema permitiu, apressamo-nos para apresentá-lo à aprovação de Card Walker. Não tenho certeza se já o tinha visto mais agitado do que quando ouviu nossa proposta para a entrada principal. Ele imediatamente tirou o chapéu de CEO e colocou o de marketing, que usara durante tantos anos na Disney.

"Não podemos fazer isso", Card falou. "Quando nossos visitantes entrarem e saírem pelo Future World, nossos patrocinadores corporativos vão atirar neles duas vezes – na entrada e na saída. Com seu esquema, os visitantes podem passar pelos pavilhões do Future World apenas uma vez – ou nem isso! Não vou voltar para Roger Smith ou Cliff Garvin (presidente da Exxon) com esse plano – a entrada permanece na Spaceship Earth!"

E assim ficou. Mas, no final de 1990, com a abertura da Epcot Resort Area a sudoeste do parque, onde dois resorts da Disney (Yacht Club e Beach Club) e os hotéis Dolphin e Swan se tornaram importantes pontos de acomodação, foi preciso criar outra entrada para o Epcot. O chamado Epcot International Gateway, aberto em 1990, leva os visitantes diretamente para a área do World Showcase, do lado oposto ao pavilhão da França (um terceiro resort da Disney, o Boardwalk Inn, foi aberto em 1996 na Epcot Resort Area).

Uma segunda grande controvérsia surgiu sobre o local do pavilhão The American Adventure. Em uma visita a Washington, D.C., John Hench e eu ficamos apaixonados pelo Hirshhorn Museum, do Smithsonian, no National Mall. Projetado pelo arquiteto Gordon Bunshaft, da Skidmore, Owings & Merrill, para apresentar arte contemporânea, o prédio é basicamente um círculo elevado por quatro "píeres" com uma entrada localizada na área central. "O plano central", escreveu Paul Goldberger, crítico de arquitetura do *The New York Times*, em 1974, "não é apenas limpo, mas permite uma agradável sequência 'processional'...". Essa sequência era exatamente o que John e eu queríamos. Colocando o pavilhão na entrada do World Showcase e elevando-o de maneira similar ao Hirshhorn, imaginamos os visitantes andando sob o pavilhão e surgindo com uma visão do World Showcase. O conceito era como se a América estivesse abrindo seus braços e dizendo "Bem-vindo!" a todos os pavilhões de países ao redor do mundo.

O conceito era uma ideia maravilhosa – no papel. Um parque da Disney é uma comunidade viva de pessoas e eventos, e muitas vezes uma ideia, não importando quão eloquentemente seja expressa em palavras ou em desenhos, precisa basear-se na vida daquela comunidade.

Dick Nunis, chefe de operações de todos os parques da Disney, foi contra o conceito – não contra o design do prédio, mas sua localização. "Temos de dar aos visitantes uma razão para caminhar todo o percurso ao redor do grande lago", ele disse, concentrando-se no Promenade, o círculo de caminhos ao redor da massa de água que está no centro do World Showcase. "Precisamos colocar a grande atração – como o castelo do Magic Kingdom – do outro lado do lago para fazer que as pessoas *queiram* ir até lá!". Em outras palavras, precisávamos do que Walt Disney chamava de "wienie" – os dedos chamando e dizendo: "Venham por aqui ou você vai perder a diversão".

Dick estava certo; The American Adventure *é* o castelo do World Showcase, e é um incentivo importante para que os visitantes "deem a volta ao mundo". Claro que isso nos levou a redesenhar completamente o pavilhão. Uma estrutura contemporânea não se encaixaria arquitetonicamente entre os pavilhões do World Showcase, todos bastante tradicionais, com designs icônicos representando as nações, do Torii Gate japonês à Torre Eiffel francesa. O lar de nosso show American Adventure tornou-se um exemplo do estilo colonial da Geórgia, presente em importantes estruturas e casas ricas na América dos anos 1700. (O contemporâneo funcionaria para um hotel, mas não para esse prédio.)

Essas decisões conceituais fundamentais foram de várias maneiras colocadas em segundo plano por dois aspectos-chave do projeto: primeiro, determinar *o que* construir; e segundo, identificar e conseguir patrocinadores (de novo, na linguagem Disney, participantes). Sabíamos que as grandes corporações gostariam de chegar com suas "sugestões" para uma estrutura temática de 8.000 metros quadrados que leva seu logotipo e a frase "apresentado por" do lado de fora. Mas fomos sem dúvida muito ingênuos sobre o número de sugestões que teriam – e a maneira que argumentariam sobre seus pontos de vista.

Um grande exemplo foi o Universe of Energy (hoje Ellen's Energy Adventure), apresentado pela Exxon. Randy Bright, líder do desenvolvimento do show e da equipe de escritores, cuidou pessoalmente dessa atração. Foram feitas 39 – pode contar! – versões de roteiro para um filme que faz parte da atração até sua aprovação. Digamos que existia um número específico de "fatos" que achamos que poderiam ser apresentados de modo mais objetivo. Utilizamos um comitê de consultores em energia composto por especialistas que conhecemos durante os fóruns do Epcot... e seguimos o contrato assinado

190 Sonhe e faça acontecer

com a Exxon, em conjunto com todos os outros participantes do Epcot, que garantia à Disney a *aprovação final* de todos os elementos do show.

Muito do Epcot dependeu da interação e cooperação entre a The Walt Disney Company e grandes empresas. Por isso, é difícil separar a fase do conceito da fase de vendas. Geralmente, um acordo final com um participante dependia da habilidade dos Imagineers em criar um conceito de pavilhão que convencesse a administração de uma corporação e seu quadro de diretores a assinar a linha pontilhada.

Também sabíamos que a reputação da Imagineering, estabelecida por Walt na Disneylândia, e significativamente enriquecida pelos shows da Feira Mundial de Nova York e pelo próprio Walt Disney World, era um grande trunfo. Como Colby Chandler, presidente e CEO da Kodak, disse à mídia na abertura do Journey into Imagination: "Sabíamos desde o início que seria um desafio criar uma viagem que capturasse a imaginação de todos. Mas também sabíamos que, se alguém podia fazer isso, seria a Disney... O Epcot Center é um tributo à distância que a imaginação humana pode alcançar".

Em Glendale, direcionamos nossos esforços para o desenvolvimento de pavilhões sobre temas fundamentais: energia, transporte, comida, saúde, espaço, comunicações, oceanos e outros assuntos que respondem às discussões de nossos patrocinadores. De uma forma ou de outra, todos esses temas acabaram encontrando um espaço no Epcot, assim como vários outros que atendem aos interesses dos participantes, como Journey into Imagination, para a Kodak, e Horizons, para a General Electric.

Não fomos tão bem-sucedidos no World Showcase. Apesar de vários deles serem nossos melhores trabalhos – como os conceitos que desenvolvemos para o pavilhão das nações africanas, Israel, Espanha,

Dinamarca, Suíça, Costa Rica, Venezuela e Irã (fizemos até uma apresentação em Teerã para o xá!) –, eles não foram construídos.

Uma emoção especial para mim foi conhecer Alex Haley, autor de *Negras raízes*, que deu consultoria para nosso pavilhão das nações africanas. Certa vez, peguei o voo da meia-noite de Los Angeles para Orlando com uma troca de aeronave em Atlanta. Para minha surpresa, lá estava Alex Haley, esperando para embarcar no mesmo avião para a Flórida – às cinco da manhã. Tivemos uma ótima conversa, enquanto ao nosso redor pais corriam atrás de seus filhos, já antecipando sua viagem, imagino, para o Magic Kingdom.

Foi a extraordinária inventividade da equipe da Imagineering que nos levou adiante e abriu portas que, de outra maneira, ficariam fechadas. Inventar novos jeitos de apresentar nossas histórias tornou-se um lugar-comum. O sistema de passeio do Universe of Energy levou visitantes em seis grandes veículos de 96 passageiros por uma excursão em fila pelo mundo dos dinossauros. Na Spaceship Earth, os visitantes experimentam uma aventura de viagem no tempo em veículos que se movem para cima e para baixo em estruturas de dezoito andares, assistindo à história sobre as comunicações humanas. Em Journey into Imagination, os visitantes conheceram dois novos personagens, Dreamfinder e Figment (invenção de sua imaginação, claro), que se tornaram grandes estrelas. Figment ainda os recebe, trinta anos depois. E acredito que relançamos os filmes 3D, que estavam adormecidos desde os anos 1950, com um filme chamado *Magic Journeys*, de Murray Lerner – então quase uma voz solitária em sua crença naquela mídia. Na The Land, criamos um *tour* a pé através de vários biomas – um ambiente controlado de fazenda de onde alguns alimentos e peixes são levados para restaurantes do Walt Disney World.

Nos anos seguintes à inauguração, vieram mais experiências únicas: o maior ambiente oceânico construído na época, com os 21 milhões de litros do pavilhão Living Seas (hoje The Seas with Nemo &

Trabalho

Legends of Imagineering (da esquerda para a direita): Herb Ryman, Ken O'Brien, Collin Campbell, Marc Davis, Al Bertino, Wathel Rogers, Mary Blair, T. Hee, Blaine Gibson, X. Atencio, Claude Coats e Yale Gracey.

Walt demonstrando o movimento que ele queria para o personagem de Abraham Lincoln em Audio-Animatronics.

Eu, Welton Becket (líder da empresa de arquitetura Welton Becket & Associates), e Richard Irvine (então vice-presidente executivo e chefe de design da WED Enterprises). Dick está no "X" amarelo, que marca a localização proposta do Castelo da Cinderela, nesta foto que foi tirada em 1º de novembro de 1967.

Eu com a equipe de construção do Animal Kingdom.
Foto para o relatório anual.

Herb Ryman e eu revisando a ilustração da entrada do Epcot Center.

Lenda das paisagens Bill Evans (apontando) e o diretor de arte da Imagineering Bill Martin (terceiro a partir da direita) no local do Walt Disney World (por volta de 1967).

Art Kishyama (esquerda), da Imagineering, mostrando os planos do DisneySea de Tóquio para Jim Cora (centro), eu e Craig Russell (direita).

Rara foto de George Lucas (ajoelhado e sem a barba que é sua marca pessoal) revisando a maquete do Star Tours com Ed Sotto (também de joelhos). Eu estou à direita observando.

John Hench (à minha esquerda) juntou-se a mim para repassar o pavilhão Horizons no Epcot com os executivos da General Electric.

Quando John Hench (segundo à esquerda) recebeu o prêmio Lifetime Achievement da Themed Entertainment Association, foi acompanhado pelos ganhadores anteriores (da esquerda para a direita) Harrison (Buzz) Price, eu e Don Iwerks.

Mickey e Minnie se juntam a Bob Iger e Jay Rasulo no jantar de comemoração do 50º aniversário da Disney.

Disney Legend Blaine Gibson, agora em seus 90 anos, é alguém com quem mantenho estreito contato.

Este sou eu com um dos meus líderes de campo de construção favoritos, Walter Wrobleski, na Disney California Adventure.

"Disney Day" no Angel Stadium de Anaheim durante a época em que a Disney era proprietária do time. Ainda sou um grande fã.

Comemorando o início da construção do DisneySea de Tóquio (da esquerda para a direita): eu, Noboru Kamisawa, Jim Cora, Jim Thomas e Bill Gair.

Mergulhando no trenó da Matterhorn Mountain da Disneylândia. Se não está se divertindo no negócio de divertimento, você está no negócio errado!

Friends); e a atração Mission: SPACE, na qual os visitantes sentem a força gravitacional experimentada por astronautas quando são lançados ao espaço.

Desenvolver essas histórias e desenhar os pavilhões exigiu uma combinação única de talentos que trouxeram idade e experiência, juventude e inventividade, e talentos de fora da organização Disney. Quando me dei conta do número de filmes que tínhamos de criar do zero, chamei Randy Bright ao meu escritório e lhe disse que eram responsabilidade dele. Ele respondeu da seguinte maneira: "Ok, com uma condição: que eu possa montar minha própria equipe – e não precise usar os cineastas do Studio". Para alguns, aquilo foi uma heresia. Afinal de contas, todos os filmes dos parques da Disney até aquele momento, 1982, tinham sido feitos – segundo direcionamento de Walt (mesmo depois de sua morte) – por um produtor do Studio. Mas aqueles talentos que Walt podia chamar – James Algar, Winston Hibler, Bill Walsh, Don DaGradi – estavam agora aposentados ou já tinham morrido. Isso nos abriu uma porta e Randy pôde trazer novos cineastas: Jeff Blyth, para fazer um filme em Circle-Vision na China; Murray Lerner para *Magic Journeys* em 3D; Rick Harper e Bob Rogers, jovens roteiristas e diretores, para criar o lindo *Impressions de France*. Também contratamos excelentes diretores de arte: o veterano da Disney Harper Goff (*20.000 léguas submarinas*), Bill Martin (Disneylândia e o Magic Kingdom) e Bob Jolley (o supremo diretor de arte que deu os toques finais, inclusive de envelhecimento, nos pavilhões do World Showcase). Também trouxemos talentos da indústria do cinema, como Walter Tyler, um diretor de arte que tinha recebido um Oscar e que desenhou os cenários do The American Adventure.

Um dia, em uma discussão com um pequeno grupo que trabalhava uma história, tive uma inspiração. Lembrei-me de que a Disneylândia foi inaugurada sem nenhuma canção ou música original – foram todas derivadas, principalmente, dos filmes da Disney ao longo dos anos. Então, Walt pediu para Richard M. Sherman e Robert B. Sherman escreverem uma canção "explicando" o Enchanted Tiki Room, o primeiro show que apresentou bonecos de Audio-Animatronics – todos pássaros. A simples canção de 1963 que fizeram para o show em que "todos os pássaros cantam e as flores acompanham" foi um sucesso instantâneo. Logo, Bob e Dick capturavam a essência dos shows da Disney para a Feira Mundial de Nova York com "There's a Great Big Beautiful Tomorrow", feita para o Carousel of Progress, da GE, e "it's a small world", para o pavilhão apresentado pelo Unicef.

Esses shows da Feira Mundial foram montados na Disneylândia, e, logo depois, ganharam a companhia de duas outras atrações icônicas, cada uma delas com canções que contam histórias de X. Atencio: "Yo Ho (A Pirate's Life for Me)", no Pirates of the Caribbean (1967), e "Grim Grinning Ghosts", para a The Haunted Mansion (1969). Depois as canções secaram. Nos treze anos seguintes, não foi criada nenhuma nova para as atrações da Disney no Walt Disney World ou na Disneylândia!

Quando me dei conta disso, não acreditei. No que estávamos pensando, estando em uma companhia em que as músicas contaram histórias por décadas? Canções que incluem "Whistle While You Work" (*Branca de Neve e os sete anões*), "Who's Afraid of the Big Bad Wolf?" (*Os três porquinhos*), "When You Wish Upon a Star" (*Pinóquio*), "A Dream Is a Wish Your Heart Makes" (*Cinderela*), "The Ballad of Davy Crockett" (*Davy Crockett, King of the Wild Frontier*), "Feed the Birds" e "Supercalifragilisticexpialidocious" (*Mary Poppins*), e tantas outras durante a vida de Walt.

Em questão de minutos, eu estava ao telefone com Dick Sherman, e decidimos envolver meia dúzia de excelentes compositores para desempenhar um papel fundamental na narração do Epcot. Logo tínhamos as canções de Bob e Dick Sherman, "One Little Spark" e "Magic Journeys", para Journey into Imagination; de Bob Moline, "Listen to the Land" (The Land), "Canada (You're a Lifetime

Journey)" (Canada), "Energy, You Make the World Go 'Round" (Universe of Energy) e a inspiradora "Golden Dreams" (com Randy Bright, para The American Adventure). Mais músicas comerciais foram criadas para participantes, especialmente "Makin' Memories", de Bob e Dick Sherman, para um pré-show da Kodak sobre fotografia. Agora estávamos em movimento; todos estavam cantando a mesma canção. Era hora de encontrar os patrocinadores!

Vendendo o Epcot

Nenhuma história sobre o trabalho de convencer as corporações a patrocinar os pavilhões do Future World do Epcot estaria completa, ou correta, sem falar dos CEOs com os quais negociamos. Nenhuma companhia, com a possível exceção da AT&T (Ed Block nunca nos falou como ele envolveu o CEO), tornou-se parte de nosso projeto sem o envolvimento direto do presidente do conselho, do presidente ou do CEO.

Mas, antes de mais nada... o carregamento de maquetes e artes que enviamos por caminhões e trailer a Warren, Michigan, para as reuniões com a GM não pararam por lá. Quando Jack Lindquist e eu terminamos nossa apresentação para o presidente da GM, Pete Estes, nossa equipe empacotou o material, dividindo-o em porções bem-pensadas. Metade voltou para o oeste, para Glendale, e metade seguiu para o leste, em direção a Nova York. Já tínhamos nos dado conta de que não havia como fazer que todos os principais executivos com os quais precisávamos falar fossem para a Califórnia ou para a Flórida ouvir a nossa história. Precisávamos de um lugar no quintal *deles* que pudesse ser preparado de forma que sentissem que estavam entrando na sede da Imagineering. Graças a nossos amigos da RCA, encontramos o local perfeito: um estúdio de gravação da RCA no número 1133 da Sixth Avenue, esquina com a 44th Street, em Nova York.

Tenho certeza de que alguns dos grandes artistas que gravaram naquele local ficariam espantados se vissem como transformamos o espaço de um "templo do som" em uma "sinfonia do amanhã" para o Walt Disney World. Ainda tocávamos música ali, mas já gravadas, como parte de nosso filme, que normalmente representava um terço de nossa apresentação para potenciais patrocinadores. Tudo era orientado pela maquete geral do parque que mostramos na GM. O terceiro elemento era, infelizmente, um atentado às paredes acústicas do estúdio de gravação. Elas estavam quase cobertas por reproduções de grandes ilustrações do projeto.

A equipe de marketing manteve o Centro de Apresentação do Epcot ativo seis dias por semana por mais de um ano; assim, podíamos explicar e mostrar nosso projeto para empresas, agências de publicidade, executivos internacionais e funcionários do governo. Para as apresentações especiais, a pessoa que fosse necessária viajava da Costa Oeste ou da Flórida. Eram apresentações individuais e duravam de uma a duas horas. Eu ficava surpreso com o número de vezes que passava minha única noite no Waldorf numa suíte de sete quartos que, aparentemente, estava sempre reservada ou alugada no final dos anos 1970. Ela parecia estar sempre disponível, mesmo que eu nunca a tenha pedido.

Enquanto isso, Jack Lindquist e a equipe de marketing atuavam particularmente na cena internacional. Em seu livro *In Service to the Mouse*, Jack conta muitas histórias sobre a espera de dez dias nas Filipinas para um encontro com Imelda Marcos, mulher do presidente; sobre as *seis semanas* em Teerã esperando para uma reunião com o xá do Irã (o encontro aconteceu, mas o xá deixou o poder algumas semanas depois); e sobre ser "ameaçado de ter a cabeça cortada por um príncipe de 10 anos no Marrocos". Eu estava feliz de ter de fazer apenas pequenas viagens para sedes de organizações norte-americanas.

Na busca de patrocinadores para o World Showcase, continuamos utilizando o Walt Disney World. Em um fim de semana, Jack Lindquist trabalhou com o escritório da Disney em Washington para trazer uma dúzia de embaixadores de vários países e suas famílias para se divertir no Magic Kingdom e ver o local de construção do Epcot.

Liderando o desfile diplomático estava a estrela do grupo de embaixadores em Washington de 1962 a 1986, Anatoly Dobrynin, da então União Soviética. Minha esposa, Leah, e eu ficamos com a tarefa de receber a família Simcha Dinitz, de Israel – o embaixador foi repentinamente chamado de volta para Tel Aviv –, mas o fim de semana garantiu um *tour* de duas semanas na Terra Santa para Leah e eu, para o designer Rick Rothschild e para o diretor de arte Jack Martin Smith. Fomos acompanhados por um dos melhores guias de Israel, Shraga Ben Yosef, enquanto trabalhávamos com o governo (sem sucesso) para criar um pavilhão de Israel no World Showcase.

Para mim, esse fim de semana especial dos embaixadores no Walt Disney World foi marcado por um episódio: o embaixador da Suécia insistiu que seu fim de semana não estaria completo sem uma partida de tênis. Como melhor jogador da Disney por perto, fui escolhido para assumir o desafio. Ele era bom. Quando o set acabou em 6-6, jogamos um *tie-break*, que naqueles dias acabava com "morte súbita" se terminasse em 6-6, como aconteceu.

O que fazer? Como um bom anfitrião, tornei as coisas mais fáceis, e o escandinavo levou a vitória para casa.

Os CEOs com os quais nos reuníamos eram sempre desafios interessantes. Como com Sarnoff dez anos antes, sempre tivemos de enviar uma equipe na frente para avaliar os espaços. Invariavelmente, isso significava enviar ou alugar materiais básicos, como equipamentos de áudio e vídeo, cavaletes e quadros para as apresentações. E então começava a diversão. Deixe-me relembrar:

- Fiquei chocado ao ver meu parceiro de apresentação Jack Martin Smith, que tinha sido indicado a um Oscar por seu trabalho como diretor de arte em um filme, subitamente ajoelhado em frente a nosso *storyboard* com a ilustração de nossos dinossauros no pavilhão Universe of Energy. "Estes", Jack disse para o presidente do conselho da Exxon Cliff Garvin e para o presidente Howard Kauffmann, "são as Marilyn Monroe de nosso projeto!" *Não* era algo que tínhamos planejado.
- Harry Gray, CEO da United Technologies (UTC), era o mais minucioso, comprometido e envolvido dos CEOs com os quais trabalhamos no desenvolvimento do Epcot. Como líder de uma empresa de tecnologia – Otis Elevator, Pratt & Whitney motores a jato, condicionadores de ar Carrier e outros sistemas ambientais para construções –, ele tinha uma preocupação especial com todos os sistemas de manutenção da vida projetados para o pavilhão The Living Seas. Quando Harry nos convocou da Califórnia e da Flórida para a sede da UTC em Hartford, Connecticut, sabíamos que tinha chegado o momento-chave de nossos planos (e de nossa agenda).

A controvérsia não era insignificante – não quando estão envolvidos 21 mil litros de água do mar. Kym Murphy, nosso biólogo marinho, que tinha trabalhado em vários projetos aquáticos e de aquários antes de se juntar à Disney, tirou de nossos engenheiros a ideia de um ambiente com cloro por conta dos efeitos negativos que tinha observado nas criaturas marinhas. Mas sua proposta – usar ozônio – nunca tinha sido experimentada numa área tão grande.

Na UTC, as opiniões estavam divididas. O líder sênior de pesquisa e desenvolvimento, prestes a se aposentar, apoiava a recomendação de nossa equipe. O novo líder de P&D da UTC, não querendo se arriscar ou tentando se distanciar de seu predecessor, era contra – por isso, o sr. Gray nos chamou para uma reunião decisiva em

Hartford. Os ânimos se exaltaram durante a discussão, e Harry Gray mexeu e cutucou, na maioria das vezes puxando nossas correntes. Eu estava sentado perto de Ray D'Argenio, o executivo sênior de relações públicas da UTC. Enquanto ouvia, ele fez um desenho parecido com este:

Pedi uma explicação para Ray. Então ele desenhou isto:

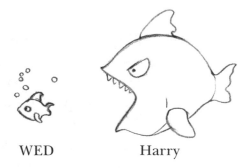

WED   Harry

Era uma lição evidente de quem era o chefe. Não havia nenhuma questão com Harry Gray, como descobrimos muitas vezes depois – tanto que vencemos a maior batalha e o ozônio se tornou o ambiente vital para nossas "estrelas" da vida marinha.

Durante a apresentação de nossos conceitos de The Land para a Kraft em uma sala de conferência em nosso escritório em Glendale, o presidente e CEO William O. Beers recebeu um telefonema, que ele atendeu em um escritório próximo. Quando voltávamos para a sala de conferência, Bill Beers parou e me confidenciou:

Marty, cada uma das nove pessoas que estão nesta sala dirige uma divisão importante da Kraft, Inc. –, e eles nunca se reúnem para discutir os desafios que nós temos. É por isso que quero ser parte do Epcot: o projeto dá a cada um deles a chance de trabalharem juntos num projeto de alto nível e focarem a comunicação de nossa liderança no negócio de comida!

Talvez tenha ajudado que, cerca de uma hora antes, ao começarmos a apresentar nosso conceito para a tensa plateia dos líderes da Kraft, eu tenha orientado a designer Doris Hardoon Woodward, nascida em Hong Kong, a fazer a apresentação em cantonês. "Mas, Marty", Doris protestou, "eles não vão entender nada do que eu falar!" Doris estava certa, como eu sabia que estaria. Mas, no momento em que a interrompi e pedi por uma versão em inglês, a tensão na sala se dissipou. Sorrisos e alguma risada substituíram as caras fechadas. Fizemos a venda.

Quando fizemos nossa apresentação final para o presidente e CEO da GE, Reginald Jones, ele pediu que seus três vice-presidentes participassem da reunião. Logo depois de a GE ter assinado o contrato de participante, Jones se aposentou, e o vice-presidente que tinha sido o mais questionador e crítico de nosso plano se tornou presidente e CEO. Seu nome era Jack Welch. Embora a GE estivesse dentro, nosso conceito estava fora – assim como muitos dos velhos hábitos na GE. Não tivemos de passar por um treinamento Seis Sigma, que se tornou uma das marcas registradas de Jack Welch na empresa, mas tínhamos certeza de quem estava "trazendo coisas boas à vida" ao desenvolvermos o pavilhão Horizons, substituído no Epcot pelo Mission: SPACE depois que o contrato original de participante da GE terminou.

John L. Tishman, presidente e CEO de longa data da Tishman Construction, escreveu um fascinante livro de memórias intitulado

Building Tall: My Life and the Creation of Construction Management. Entre suas interessantes reflexões está a comparação entre o World Trade Center de Nova York – a Tishman Construction construiu as Torres Gêmeas que foram destruídas em 11 de setembro de 2001 – e o Epcot Center, na qual a Tishman Construction trabalhou como administradora da obra:

O Experimental Prototype Community of Tomorrow (Epcot) da Disney foi, na verdade, um projeto de construção maior do que o do World Trade Center em termos de área, número de construções – cada uma diferente da outra – e de complexidade de todos os elementos [...]

[...] O conjunto cobria algo em torno de seiscentos acres, que precisavam ser criados numa terra muito pantanosa, incluindo enormes dolinas [...]

Bem no centro da área de seiscentos acres existia uma enorme dolina. Dolinas são formações geológicas que podem ter 15 milhões ou 25 milhões de anos. Esta estava nos esperando fazia algum tempo, e sua borda não era fixa – muitas vezes, carros e caminhões que pensávamos que estavam em um solo seguro e sólido começavam a afundar e precisavam ser resgatados por um guincho. A dolina estava repleta de sedimento orgânico e turfa, e a areia por baixo ia a uma profundidade de 92 metros. Nada sólido pode ser construído sobre isso, uma vez que a areia não consegue suportar o peso de um edifício. O mais lógico a fazer com a maior das dolinas seria cavar ainda mais fundo e transformá-la no lago ao redor do qual os pavilhões do World Showcase estariam situados.

Simples de pensar, difícil de fazer. Sob a nossa direção, três empreiteiros especializados em construções pesadas trabalharam na área. Primeiro, tiveram de construir uma grande banheira que pudesse ser preenchida com água suficiente onde flutuaria uma draga que escavaria e removeria os detritos. Os detritos acumulados formavam uma faixa de 1,50 metro de espessura e havia 765 mil metros cúbicos deles que precisavam ser removidos para que a areia servisse como base do lago.

Complicando a remoção, havia duas enormes "ilhas de raízes" entre os detritos. Como não conseguimos tirá-las, nós as cobrimos com 450 mil metros de areia retirada de outra parte do lago. Então, com o peso da areia, as ilhas afundaram para baixo da superfície da água e ficaram ali. Hoje, olhando o lago, você não vê nenhum sinal delas. Mas elas estão ali, debaixo da superfície [...]

Cada pavilhão deveria parecer fisicamente muito diferente dos outros dezenove, e muitos deles eram bastante intrincados e inusuais, contendo maquinário como plataformas móveis, assim como teatros, restaurantes, atrações e o maior aquário do mundo.

Seguindo o modo como a Disney Company trabalha, seus Imagineers primeiro criaram os designs básicos de cada pavilhão, espécies de esboços impressionistas que servem para fazer esculturas e para pensar o ambiente ao redor. Então, esses esboços foram entregues para escritórios de arquitetura terceirizados que completaram os projetos e os detalhes para serem executados pelas equipes de construção. Eles passaram o design de cada pavilhão a um arquiteto diferente [...] O sistema de design da Disney nos forçou a tratar com empresas de arquitetura e engenharia diferentes para cada pavilhão do Epcot [...]

Nossas programações de produção eram vitais em nosso trabalho para a Disney no Epcot. Essas programações são a base de qualquer trabalho de administração de uma construção; tudo parte delas – as revisões finais dos projetos, a montagem das propostas para os vários empreiteiros e materiais, e o desenvolvimento de estratégias de contratação, compra e montagem de equipes. No fim, produzimos centenas de programações inter-relacionando em torno de 2 mil atividades diferentes.

O método de programação foi o mesmo usado para as torres do World Trade Center, mas, enquanto durante o projeto WTC a logística tinha um eixo vertical, no Epcot foi preciso montar um plano logístico com um eixo horizontal. Cada atividade tinha a sua vez, e isso envolvia coisas como ter um plano e construir estacionamentos para os carros dos trabalhadores, cerca de 2.500 por dia. Tivemos de criar esses espaços, um lago (onde não existia um) e um sistema de monotrilho, assim como estradas de acesso ligando o Epcot às rodovias próximas – e tudo isso precisou ser feito antes que qualquer pavilhão pudesse ser construído [...]

O design e a construção do Epcot foi feito na base da força – em três anos, um calendário muito apertado para um projeto tão ambicioso.[1]

Enquanto a Tishman Construction e os empreiteiros contratados para cada parte do Epcot lutavam com dolinas e entregas de aço, os Imagineers corriam para completar tudo, dos bonecos em Audio- -Animatronics de Benjamin Franklin e Mark Twain, na The American Adventure, até os zoetropes e a Magic Palette "mão na massa" (termo muito usado na época) de diversão interativa na área das Image Works da Journey into Imagination. Havia tantas inovações que paramos de contar, das impressionantes Leapfrog Fountains até a Journey into Imagination até a maior projeção contínua do mundo feita em uma superfície para a The American Adventure. Começava o show com 22 metros de largura e alcançava os 46 metros no final.

Às vezes, era tanta coisa acontecendo que a administração se perdia.

"Contratamos Mark Fuller [para criar as Leapfrog Fountains] por conta de seu trabalho com as fontes planas", lembrou-se Orlando Ferrante, vice-presidente de produção, quase trinta anos mais tarde, quando Fuller recebeu o prêmio Lifetime Achievement da Themed Entertainment Association. "Logo, Mark me disse que precisaria de 'alguns engenheiros' para trabalhar com ele nos projetos aquáticos especiais do Epcot. Acabaram sendo quase cem engenheiros, além do pessoal de produção responsável pelos designs!"

---

1. *Building Tall*, de John L. Tishman e Tom Shachtman © 2011 John L. Tishman. Reimpresso com permissão de The University of Michigan Press. Todos os direitos reservados.

Como conceito, a Spaceship Earth começou como outra descrição escrita: deixar os visitantes entrarem caminhando pelo Epcot sob um ícone que sugerisse o planeta. Os engenheiros não se entusiasmaram com o desafio, mas John Hench, chefe de design do Epcot, viu a importância do que ele chamou de "a geosfera que é o símbolo do Epcot". Em *Designing Disney*, John escreveu:

A Spaceship Earth ofereceu um convite impressionante para a aventura e um desafio de design também impressionante. Assumimos, desde o início, que precisávamos de uma grande esfera como ícone do Epcot, e queríamos uma com espaço interno suficiente para uma atração. Conhecíamos os experimentos do arquiteto Buckminster Fuller na construção do domo geodésico que ele inventou nos anos 1940, incluindo o que construiu para a sede da Ford em Dearborn, Michigan, em 1953. A famosa expressão "spaceship earth" (espaçonave Terra), de Fuller, também nos atraía. [Fuller, na verdade, visitou a Imagineering durante a fase de design do projeto.] Mas ele nunca tinha feito uma esfera tão grande como a que queríamos construir. Nossos engenheiros disseram que, se construíssemos apenas três quartos da esfera, nosso domo poderia se sustentar sobre uma base, deixando o interior com um espaço livre [...]

Em nossa primeira reunião de design, os engenheiros mostraram o desenho de um domo apoiado diretamente no chão. No entanto, precisávamos de uma esfera; perguntei se o domo poderia, em vez disso, ser apoiado numa plataforma redonda com pernas para sustentá-la. Isso nos permitiria suspender o quarto inferior da esfera, completando-a.

Depois de vários dias, os engenheiros concluíram que sim, minha ideia poderia funcionar, mas seria cara.

A geosfera que construímos tinha 50 metros de diâmetro, mantendo-se a 5,50 metros do chão apoiada em três conjuntos de pernas duplas, com mais de 57 mil metros cúbicos de espaço interno. Até agora, resistiu a ventos de 322 km/h. Na verdade, não foi complicado. Eu apenas consegui visualizar como o domo autossustentado poderia ser construído como uma esfera perfeita que parece flutuar em suas pernas.[2]

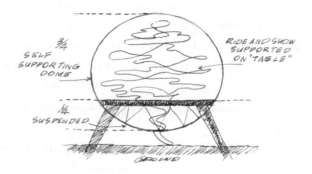

Este é o esboço que John Hench fez para os engenheiros. A "esfera geodésica" completa foi, quando construída, a maior do mundo, comportando 62 mil metros cúbicos de espaço interno e com uma área de superfície externa de 14 mil metros quadrados.

O tratamento dado à história por Ray Bradbury tornou-se o modelo para a comunicação do tema, levando-nos das paredes das cavernas da França até a exploração do espaço. "De onde viemos? Para onde vamos? Como chegamos aqui?", Ray começou... e seu primeiro rascunho tinha catorze páginas!

Uma das principais tarefas na criação da Spaceship Earth ficou com Peggie Fariss. Seu trabalho era organizar a pesquisa, incluindo o trabalho de consultores acadêmicos externos. Quais foram os principais períodos e eventos da história mundial que fizeram que desenvolvêssemos nossa habilidade em nos comunicar? Quais civilizações

---

2. Legendas internas, no sentido anti-horário: ¾ domo autossustentado / ¼ suspenso / Atração e show sustentado na "mesa". Do livro *Designing Disney*, de John Hench com Peggy Van Pelt. © 2004 by Disney Enterprises, Inc. Reimpresso com permissão da Disney Editions. Todos os direitos reservados.

deram saltos quânticos para a frente? O que as pessoas vestiam, da realeza do Egito antigo até o inventor Gutenberg em sua gráfica?

Para garantir a precisão histórica, Peggie liderou um esforço de pesquisa que envolveu especialistas de todo o país em Renascença, hieróglifos egípcios, línguas antigas e bíblicas, e comunicação. Nossa principal autoridade foi Fred Williams, reitor fundador da Annenberg School for Communication e professor de comunicação na USC. Além disso, a bibliografia consultada por Peggie tinha dezenove páginas, com livros que tratavam desde a arte Cro-Magnon até a língua grega e o "grafite latino".

Lançamos a Spaceship Earth com narração gravada pela maravilhosa voz do ator de televisão Larry Dobkin. Depois, num esforço para criar um novo atrativo usando uma voz familiar a nossos visitantes, Tom Fitzgerald escreveu um ótimo roteiro para um fã do Walt Disney World e do Epcot: Walter Cronkite. Com mudanças no show nos anos 1990, Larry Gertz criou um novo roteiro para uma outra voz impressionante: Jeremy Irons. E, finalmente, quando a Siemens se tornou a patrocinadora do novo (e atual) show, em 2007, Pam Fisher criou a narração gravada por *Dame* Judi Dench.

O sistema de funcionamento foi a maior preocupação de todas. Houve engenheiros na Imagineering que argumentaram veementemente contra um passeio que levaria os visitantes a 50 metros no ar e desceria de costas. O primeiro fornecedor de equipamentos que selecionamos fechou sua unidade de parque temático depois de o termos escolhido... e limitou-se ao negócio de transporte de suprimentos em operações de manufatura.

Este foi um dos clássicos momentos no desenvolvimento de uma atração em que o "não" não fazia parte do vocabulário da Imagineering. Como previmos, colocar a "wienie" de 55 metros na entrada do parque chamou tanto a atenção que todos os visitantes queriam saber "o que tem na bola" (algumas vezes "bola de golfe"). Não tinha como evitarmos o desafio de enfrentar aquela enorme elevação do nível do chão a uma altura de 50 metros, o que envolvia tratar com subidas dramaticamente íngremes e pesadas, uma longa cadeia de veículos precisavam alcançar a THRC (Capacidade Teórica do Passeio por Hora) de 2.571 pessoas.

Por último, mas muito longe de ser um problema menor, foi o desafio enfrentado por toda a equipe de design e produção: projetar e instalar cenas e cenários em um ambiente limitado no qual o público estaria em constante movimento para cima e para baixo. Não deixe que a "grande bola" engane você: uma vez que o trilho ficou estabelecido, os espaços que restaram para o show dentro da esfera geodésica ficaram muito restritos, em geral limitados por elementos estruturais, praticamente sem superfícies planas ou quadrangulares. Como um produtor me disse: "Esta construção não combina com modos fáceis de contar história!".

A equipe original de produção e de design pensou em montar o show como uma quebra-cabeça gigante. Todo o cenário ficou pronto três ou quatro meses antes de o elevador de carga ser instalado, assim, o cabo do elevador poderia ser usado para levar todas as cenas do chão para o topo... porque, uma vez que o elevador fosse instalado (e para mudanças posteriores no show), todas as peças precisariam ser construídas em partes para serem acomodadas no espaço limitado.

De muitas formas, a Spaceship Earth, no Epcot, representa nosso desejo de comunicação com o passado e o futuro em nosso frágil planeta, expresso de maneira tão bela pelo poeta e político Archibald MacLeish. "Ver a Terra como ela realmente é", ele escreveu, "pequena e azul e linda naquele eterno silêncio onde flutua, é nos enxergar como passageiros da Terra, irmãos naquele brilhante amor no frio eterno – irmãos que sabem agora que são verdadeiros irmãos."

Um dos meus projetos favoritos foi The Land, patrocinada pela Kraft. Tínhamos um grande relacionamento com os executivos da participante, primeiro com Bill Beers e depois, quando a empresa se tornou Dart & Kraft, com o presidente e COO Arthur (Bud) Woelfle. (Hoje a atração é patrocinada pela Nestlé.)

O pavilhão original incluía duas das maiores instalações para alimentação do Epcot e três atrações principais: o filme *Symbiosis*, de Paul Gerber, que é um *tour* pelo mundo para revisitar o delicado balanço entre o progresso tecnológico e a integridade ambiental, entre homem e natureza; o Kitchen Kabaret, um show musical de humor que trata dos benefícios da boa nutrição, estrelando "Bonnie Appetit"; e o cruzeiro Listen to the Land. Hoje, o passeio de barco é ainda um elemento importante, mas o principal é uma das atrações mais populares da Disney na Califórnia e na Flórida: a simulação de asa-delta chamada Soarin'.

A maioria dos Imagineers acreditam que a experiência que melhor exemplifica o "conceito do Epcot de Walt" – protótipo experimental do futuro – era (e ainda é) o passeio de barco na The Land. Na viagem narrada de 13 minutos, barcos levam 40 passageiros (mais de 2 mil por hora) a uma velocidade de 2 km/h através da história do desenvolvimento da agricultura em ambientes desafiadores ao redor do mundo – a floresta tropical, o deserto, as pradarias americanas – e depois entram no mundo das belezas e recompensas da agricultura. Há um Aquacell, onde são criados peixes, e três grandes Living Laboratories: Tropic, Desert e Creative ou Experimental. Somando tudo, cerca de 40 diferentes plantações e 16 sistemas de desenvolvimento demonstram o potencial da agricultura em ambiente controlado (CAA) em 3 mil metros quadrados de instalações onde são cultivados alimentos de verdade vindos de todos os cantos do planeta, incluindo o alface com o qual provoquei Card Walker. Alimentos básicos como arroz, milho, sorgo e tomate crescem aqui o ano todo, e os visitantes frequentemente veem plantas exóticas de seis continentes do mundo: abóbora canelada africana, jaca, cacau, maçã-de- -java e pitaia (de um cacto).

Carl Hodges, então diretor do Laboratório de Pesquisa Ambiental da University of Arizona, foi outro achado de Peggie. Assim que visitamos seu laboratório, perto do aeroporto de Tucson, soubemos que ele e seus colegas precisavam fazer parte de nossa equipe Epcot. O trabalho de Hodges e seus cientistas na pesquisa de halófilos era especialmente impressionante, fazendo todo o caminho para trás no tempo até as civilização asteca no México que, parece, sabiam mais do que qualquer outra sobre cultivar plantas em solo salino. A importância da pesquisa sobre halófilos é que mais de 99% da água da Terra vem do mar ou do gelo. O desenvolvimento de plantas que podem ser irrigadas com água do mar tem um importante potencial para o futuro.

Pedimos ao grupo da University of Arizona que desenvolvesse sistemas de cultivo de alimentos no pavilhão The Land em estruturas no estilo de estufas. Para provar os princípios, em um ambiente controlado do Arizona, eles contruíram e plantaram um terço da extensão total do que seria, no fim, o passeio de barco na Flórida. Caminhamos pela atração na mesma velocidade que o barco navegaria. Quase podíamos pegar milho, tomates, cachos de bananas, abacaxi (e alface!). Estava claro que Listen to the Land seria um sucesso – só sentir o cheiro da atração já era emocionante.

Quase como uma lembrança tardia, Carl Hodges perguntou: "Onde colocaremos as abelhas?".

Olhei para ele incrédulo. "Carl, esses barcos que passarão pela estufa estarão levando pessoas reais. Abelhas estão fora dos planos."

"Bom, então", Hodges disse, "como *polinizamos* as plantas?"

"Olha", respondi, "somos contadores de histórias. Estamos no show business. Vocês são os cientistas. *Você nos* diga como vocês vão polinizar as plantas!"

Hoje, quando você passeia de barco ou participa de um dos nove *tours* pelos bastidores oferecidos diariamente e anda pelos biomas da The Land, muito provavelmente verá um cientista, membro da equipe The Land, polinizando cada planta, individualmente,

"Diga à IBM que vá para o inferno!" 209

manualmente. Leva cerca de quinze horas por semana para polinizar as dezenas de plantas cultivadas nos Living Laboratories, e está sendo feito assim há trinta anos.

Na inauguração da The Land, em outubro de 1982, o presidente da Kraft, Bud Woelfle, leu uma citação do renomado microbiologista, ambientalista e humanista René Dubos – palavras que estão gravadas na entrada do pavilhão:

Relações simbióticas significam parcerias criativas. A Terra não deve ser vista como um ecossistema a ser preservado sem mudanças, nem uma pedreira que deve ser explorada por razões econômicas egoístas e sem visão, mas como um jardim que precisa ser cultivado para o desenvolvimento de suas próprias potencialidades de aventura humana. O objetivo dessa relação não é a manutenção do *status quo*, mas o surgimento de novos fenômenos e novos valores.

Estávamos honrados com o palestrante da cerimônia, o dr. Norman Borlaug, geneticista agrícola, vencedor do Nobel da Paz em 1970 e conhecido como pai da "revolução verde".

Quando o discurso acabou, segui Carl Hodges em direção à entrada da The Land. De repente, ele parou com um estremecimento, e receei que estivesse tendo algum problema de saúde.

"Carl, você está bem?", perguntei.

"Eu, de repente, me dei conta do que isso significa para mim", ele disse. "Até o final do dia, mais pessoas terão visto meu trabalho do que nos últimos trinta anos!"

O impacto de contar sua história para 15 mil ou 20 mil pessoas por dia, e para milhões por ano, pode ser assustador para um cientista – imagine convidar milhares de pessoas ao seu laboratório. Ou pode ser um gigantesco estímulo, nos empurrando para explorar novas fronteiras... exatamente como Walt vislumbrou que seria o espírito e o impacto do Epcot.

$*$ $*$ $*$

Desde o começo do desenvolvimento do projeto, tivemos uma excelente relação de trabalho com a Exxon. Para testar o impacto de trabalhar juntos, a Disney produziu uma história em quadrinhos chamada *Mickey and Goofy Explore Energy* [Mickey e Pateta exploram a energia]. Rapidamente, ela se tornou a HQ mais distribuída de toda a história da mídia. Dez milhões de exemplares logo estavam nas mãos dos jovens em escolas de todos os Estados Unidos. Uma sequência, *Mickey and Goofy Explore the Universe of Energy* [Mickey e Pateta exploram o Universo da Energia], promoveu nosso pavilhão do Epcot com uma distribuição ainda maior.

O que ninguém sabia era o que acontecia nos bastidores com o novo e único sistema que nos comprometemos a desenvolver. Cada apresentação começava com 96 visitantes sentados em seis veículos movidos a energia elétrica – os maiores do mundo, sem contar os trens elétricos. Cada um dos veículos, de 5,50 metros de largura e 8,90 metros de comprimento, pesava 6,50 toneladas. E, apesar do fato de que, quando saíam da plataforma de embarque, eles "se separavam", os veículos não tinham condutores.

São guiados através do Universo da Energia por um pequeno cabo (0,3 centímetros de diâmetro) enterrado no chão. Dispositivos montados debaixo dos veículos detectam os sinais do cabo e enviam comandos para as unidades condutoras que ficam na frente e atrás para manter os veículos centralizados sobre o fio. O acoplamento por energia indutiva transfere energia elétrica para os veículos a partir de uma fonte no leito do caminho por indução eletromagnética através de um espaço vazio. A energia é transferida sem contato, apenas quando os veículos do Universe of Energy param nos teatros. Um computador central controla o movimento desses "teatros ambulantes" com um computador secundário agindo como intermediário entre os veículos individuais. Mudanças significativas na direção da

"Diga à IBM que vá para o inferno!" 211

atração são conseguidas por gigantescas superfícies circulares, que giram os carros em uma almofada de ar. Os dois sistemas de superfícies circulares, de 25 e 28 metros de diâmetro, conseguem movimentar seis carros e têm uma capacidade de carga de 85 toneladas.

Logo descobri por que ninguém tinha tentado criar um sistema tão complexo. Tony Baxter, vice-presidente sênior da Divisão Criativa da Imagineering, recentemente me lembrou de um telefonema que recebi e coloquei no viva-voz enquanto repassávamos seu design de movimentação para o projeto Journey into Imagination. O telefonema era de John Zovich, nosso vice-presidente de engenharia, um dos principais responsáveis pelo sucesso das inovações tecnológicas do Epcot. Mas, naquela vez, as notícias eram ruins.

"Desistimos, Marty", disse John. "Não conseguimos fazer esse sistema funcionar. É muito complicado."

"John", respondi, "se você não consegue fazer o sistema funcionar, não temos show nem Universe of Energy. Perdemos nosso patrocinador. Se perdermos a Exxon, é um efeito dominó, e o que acontecerá é que outros patrocinadores de que estamos atrás vão desaparecer. E, no final da história, perderemos o projeto – não existirá mais Epcot Center. Por isso, John", eu disse, dando uma pausa de alguns segundos para enfatizar, "não me ligue de novo até que o sistema esteja funcionando!" E desliguei na cara de nosso engenheiro-chefe.

Não diria que os engenheiros da Imagineering responsáveis pela movimentação nos passeios foram completamente bem-sucedidos. Durante um ano inteiro depois que abrimos, recebi ligações semanais do vice-presidente sênior da Exxon, Jack Clarke, dizendo que a atração estava operando apenas entre 80% e 84% de eficiência, em contraste com nossa meta entre 98% e 100%. No segundo ano de vida do Epcot, estávamos atingindo 90%, e Jack Clarke e eu podíamos nos concentrar em partidas ocasionais de tênis nas quais, eu disse a ele, éramos ambos pressionados a alcançar 50% de eficiência.

Os grupos de consultoria do Epcot foram absolutamente decisivos para nosso sucesso. Os membros eram acadêmicos e funcionários do governo, futuristas e especialistas em história, executivos da indústria e líderes de fundações. Um de nossos melhores grupos era o de consultores para The Living Seas, que incluía diretores e/ou cientistas seniores do Scripps Institution of Oceanography e do Woods Hole Oceanographic Institution, o presidente da National Geographic Society, Gilbert Grosvenor, e a dra. Sylvia Earle, que mais tarde se tornaria a cientista-chefe da National Oceanic and Atmospheric Administration (NOAA).

Nunca me esquecerei de uma reunião dos consultores de The Living Seas que aconteceu logo depois que formas de vida foram descobertas ao redor de saídas de calor em profundezas nunca antes exploradas. O dr. Robert Ballard, então cientista sênior no Woods Hole, e que liderou a expedição que descobriu o *Titanic*, aproximou-se de Gil Grosvenor com este cumprimento: "É claro que você sabe que tudo que publicou na *National Geographic* sobre o potencial de vida no mais profundo do oceano estava incorreto!".

Não me lembro como a *National Geographic* respondeu a essas novas explorações das profundidades do oceano, mas, para nós, significou desenvolver um filme que funcionou como uma introdução à nossa Sea Base, e o início da criação de nosso cenário. E este foi apenas o início de nossos problemas.

Harry Gray, o CEO da United Technologies, deixou claro que queria as paredes do lado de fora do pavilhão pintadas de branco brilhante. John Hench, um dos mais conceituados designers do mundo em teoria e efeito da cor, visual e emocionalmente, fez que Gray soubesse que ele não tinha usado branco brilhante na Flórida por conta do reflexo do sol, que poderia cegar os visitantes que se aproximassem. Gray pediu uma demonstração.

Enquanto o pavilhão estava sendo construído, erguemos paredes provisórias de dois metros de altura ao redor da frente do prédio.

Numa tarde clara e de sol, John Hench reuniu os pintores e, quando Harry e Helen Gray chegaram, estabeleceu os parâmetros da discussão. "Senhor Gray", John disse, "usei 34 tonalidades de branco em nossos parques. Qual o senhor gostaria de ver?"

Enquanto Harry Gray ponderava sua resposta, Helen Gray pegou meu braço e me levou para o lado. "Marty, por que vocês estão perguntando para o Harry sobre cor?", ela perguntou. "Eu escolho as gravatas dele todas as manhãs porque ele é daltônico!"

Harry Gray podia ser daltônico, mas aqueles olhos estavam totalmente focados em seu poder, que ele demonstrou durante nossa reunião sobre o sistema de manutenção da vida de The Living Seas no verão de 1985. Naquele dia, ele guardou o melhor para o final. Nossa equipe da Disney sabia que estávamos com problemas quando, tendo chegado às 8h30 como combinado, não fomos recebidos até quase 10 horas. Depois soubemos que o CEO estava fazendo um reunião preparatória com sua equipe – articulando o "ataque do tubarão", como foi descrito antes.

Assim que a reunião começou, a discussão foi quente e pesada até Gray nos deixar para um intervalo de almoço. Ele voltou por volta das 14h30 para nos informar que tinha certeza de que teria todas as informações de que precisava para tomar a decisão final até as 16 horas. Sua pergunta seguinte foi uma surpresa completa para todos nós, que estávamos querendo um intervalo para poder cancelar nossos voos para Los Angeles. Harry perguntou: "A que horas é o voo de vocês?". Quando respondemos que estava marcado para as 17h30 pela American Airlines partindo do Aeroporto JFK, em Nova York, Harry imediatamente pensou numa solução. Aqui está como me lembro da conversa, e dos acontecimentos: "Bom – American Airlines –, eles usam nossos motores Pratt Whitney e fazemos muitos favores para eles quando têm alguma emergência com o motor. Diga a eles", Harry disse a seu assistente, "que precisamos de um favor em troca. Cinco pessoas da Disney sairão de nossa sede em Hartford [Connecticut] às 16h30 hoje de helicóptero. Como eles não terão tempo de passar pelo terminal, ou pela segurança, vamos precisar pousar *nosso helicóptero o mais perto possível da aeronave deles.* A American pode colocar sua equipe para encontrar o pessoal da Disney em nosso helicóptero e levá-los diretamente ao avião que vai para Los Angeles".

Hoje, claro, com a atual segurança nos aeroportos, esse cenário é impensável. Mas, naquela tarde de verão de 1985, embarcamos no helicóptero da UTC no heliponto da sede da empresa em Hartford precisamente às 16h30. Pouco depois das 17 horas, pousamos no JFK – não mais do que a trinta metros de distância do avião da American Airlines que logo nos levaria para Los Angeles. Dois funcionários da empresa aérea saíram do terminal no exato momento em que o helicóptero tocou o chão. Imediatamente levaram os cinco passageiros da Disney, eu entre eles, direto para o avião, na frente de outros que esperavam para embarcar no mesmo voo. Enquanto isso, nossa bagagem era transferida do helicóptero para a aeronave. Bem na hora, às 17h30, nosso voo da American Airlines decolou para Los Angeles.

Como prometido, Harry Gray tomou sua decisão às 16 horas. Concordou com os Imagineers da Disney que o ozônio, não o cloro, era a escolha correta para o sistema de manutenção da vida do pavilhão The Living Seas no Epcot. Ele nos agradeceu por termos "largado tudo" para ir a Hartford para aquela importante discussão, desejou-nos um bom voo de volta e se despediu. Harry Gray saiu fisicamente da sala de reunião, mas todos sabíamos quem ainda estava no comando. E não era a American Airlines.

Cada pavilhão do Epcot tem sua história. Em retrospecto, foi um milagre que quase todas tenham tido um final feliz. Como normalmente acontece em um ambiente criativo, o pensamento imaginativo supera as atitudes negativas e indica o caminho a ser seguido para a realização técnica... especialmente no pavilhão dos anfitriões no World Showcase, The American Adventure.

"Nunca rejeitamos um conceito de show porque alguém disse que é tecnicamente impossível", relatou o diretor de roteiros e desenvolvimento de shows da WED, Randy Bright – enquanto admitia que foram precisos seis conceitos diferentes e cinco anos para desenvolver o show.

Fazer 35 bonecos em Audio-Animatronics – de Benjamin Franklin e Mark Twain à líder das mulheres sufragistas Susan B. Anthony e ao Chefe Joseph, líder de um ramo do povo indígena Nez Perce – se moverem e falarem em treze cenários tridimensionais que vão para cima e para baixo, para a frente e para trás, significa desenvolver um sistema complexo de palcos que não se compara a nenhum design já feito para a Broadway. O segredo é o equipamento automático de mudança de cenas de 160 toneladas que parece um esqueleto de aço e é tão longo quanto um vagão de trem e duas vezes mais largo. O equipamento comporta dez cenários diferentes. De cada lado, ainda há outros cenários escondidos debaixo do palco, em elevadores, aguardando suas deixas.

Movendo-se em um palco de 40 metros por 25 metros, as trocas são operadas por computador. Os cenários deslizam horizontalmente, depois suportes hidráulicos os levantam até ficarem visíveis para a plateia. Canais flexíveis especiais foram criados para comportar cabos, conexões eletrônicas, ar, fluido hidráulico e tubos de água, que garantem movimentos naturais para os bonecos e efeitos especiais.

"Esta é a primeira 'peça' que criamos em nossos parques e, certamente, é a primeira 'peça' já feita com atores de Audio-Animatronics em cena", de acordo com o diretor do show, Rick Rothschild. Mas está faltando uma coisa no palco: não existe chão.

216   Sonhe e faça acontecer

Embora a plateia não possa ver, os "atores" são sustentados por pequenas plataformas cercadas por espaço vazio, fios e canos. Outra coisa está faltando: embora exista um vestiário onde se guardam as fantasias, não há camarins. Em quase trinta anos, os atores de Audio-Animatronics nunca reclamaram.

O Epcot hoje apresenta o entretenimento, a comida, o artesanato e os produtos de onze países: Canadá, China, França, Alemanha, Itália, Japão, México, Marrocos, Noruega, Reino Unido e Estados Unidos. A Imagineering também projetou, como especulação, ou com base em contratos preliminares que nunca foram formalizados, oito outros pavilhões: uma amostra das Nações Africanas, Costa Rica, Dinamarca, Irã, Israel, Espanha, Suíça e Venezuela.

Como foi o que entrou mais tarde no projeto, o pavilhão da China foi o mais difícil de ser completado. O primeiro esboço do que se tornou a China, no Epcot, foi desenhado em abril de 1981 – praticamente vinte meses antes da inauguração. Ele possui um cinema Circle-Vision 360 da Disney em cuja entrada existe uma elaborada recriação do Templo do Céu, de Pequim, uma estrutura que data de meados dos anos 1400. A logística de gravar um filme na China em 1980 – apenas quatro anos depois de a Revolução Cultural ter acabado – foi incrivelmente complexa, e tornou-se ainda mais difícil pelo fato de que nossa equipe, dirigida por Jeff Blyth, estava fotografando com o suporte de nove câmeras desenvolvido pela Disney e usado para filmar os shows a serem apresentados no Circle-Vision 360 – filmes que colocam a plateia no centro de cada cena. Só existiam dois desses suportes no mundo, ambos construídos pela Disney (até que os chineses copiaram o nosso!), e que utilizavam um sistema originalmente criado pelo gênio técnico dos Disney Studios, Ub Iwerks. O equipamento pesava 180 quilos, e, de acordo com Blyth, isso "petrificou" os chineses.

"Nossa gravação Disney foi a primeira coprodução [com uma companhia cinematográfica chinesa] depois que a Gangue dos Quatro[3] caiu", Blyth recorda. "Precisávamos pedir permissão para filmar em cada uma das locações. Começamos com 150 potenciais locações; fiquei dez semanas procurando; depois nossa equipe – quatro americanos e oito chineses, incluindo dois tradutores – gastou quatro meses e meio gravando. Filmamos a Muralha da China em três pontos, a Cidade Proibida, o Templo do Céu, o Palácio Potala, o deserto de Gobi, Xangai, Guilin, as quedas do rio Yangtze, o Festival do Gelo de Harbin, na Manchúria, e uma apresentação da Ópera de Pequim. Também filmamos no Tibete – a 4 mil metros de altitude!"

Eventualmente, as equipes dos Estados Unidos e da China trabalhavam juntas, exceto nas cenas aéreas. "Eles me deixaram voar para uma pré-pesquisa", Blyth diz, "mas, quando montamos o equipamento no nosso helicóptero Messerschmitt, meu assistente chinês assumiu. Eu ainda não tenho ideia do que eles não queriam que nós víssemos."

Wonders of China foi um sucesso tão grande que, doze anos mais tarde, em 1993, Blyth voltou para novas cenas e atualizou o filme, hoje chamado *Reflections of China*.

Dois outros elementos, consistentes com um contexto de feira mundial, ajudaram a colocar o Epcot numa posição à parte em relação aos outros parques de diversão. O primeiro é o programa de belas-artes do Epcot, que começou com uma mostra de mais de US$ 25 milhões em obras originais – artefatos maias no México, tecidos chineses, produtos japoneses – e, mais tarde, itens da família real do Marrocos, arte e artefatos de artistas americanos, e uma exibição histórica dentro de uma igreja tradicional da Noruega. "A arte continua

---

3. Gangue dos Quatro: nome dado ao grupo de quatro membros do Partido Comunista da China que estavam entre os principais líderes da Revolução Cultural. [N. T.]

218 Sonhe e faça acontecer

dando um grande equilíbrio ao Epcot, onde você pode se divertir com tecnologia de ponta e projetos para o futuro lado a lado com tesouros inestimáveis de civilizações antigas", diz Van Romans, que deixou de ser diretor de exibições da WED no Epcot para se tornar presidente do Museu de Ciência e História de Fort Worth.

O segundo contexto de feira mundial foi o World Showcase Fellowship Program do Epcot. Trouxe, anualmente, quase oitocentas pessoas de dez países representados no Epcot para trabalhar no pavilhão de sua terra natal. Eles vestem roupas típicas de sua cultura e recebem os visitantes do Epcot em nome de seu país. Também moram juntos numa espécie de "vila mundial" a alguns quilômetros da atração.

"Imaginamos", disse Dick Nunis sobre o programa, "que em quinze ou vinte anos esses ex-estudantes se tornariam líderes de suas nações e poderiam discutir potenciais empreendimentos ou desafios de uma maneira amigável, baseando-se no que viveram e aprenderam juntos enquanto trabalhavam no Epcot." E, na verdade, mesmo hoje, os participantes europeus do World Showcase Fellowship Program realizam uma reunião anual em algum lugar da Europa, mantendo a amizade e a conexão com o Epcot e com o Walt Disney World.

Durante os oito anos de desenvolvimento do Epcot Center, que abriu em outubro de 1982, encontramos e discutimos o conceito com muitas pessoas de renome mundial: Buckminster Fuller, cujo design e palavras inspiraram nossa Spaceship Earth; o autor de *Negras raízes*, Alex Haley, que trabalhou conosco em nossas tentativas frustradas de produzir um pavilhão das nações africanas; os grandes chefs franceses Paul Bocuse, Gaston Lenôtre e Roger Vergé, que trouxeram suas maravilhas gastronômicas para os restaurantes franceses; Don Hewitt, produtor e criador do programa *60 Minutes*, da CBS, que participou da abertura com o ex-prefeito de Nova York Robert

Wagner e John Tishman, lembrou-nos suas quatro palavras favoritas: "Conte-me uma história!"; e Walter Cronkite, que nos enviou esta nota na inauguração do Epcot:

A universalidade de Disney segue depois de sua morte e continua em projetos que ele colocou no mural antes de morrer. O Epcot Center, na Flórida, é um desses casos – reunindo representantes da indústria internacional, do comércio internacional e de governos de outros países numa feira mundial permanente. Isso perpetua seu tema, de que somos, na verdade, um só povo.

Também recebemos uma carta do presidente dos Estados Unidos, Ronald Reagan:

Nancy e eu estamos felizes de dar os mais carinhosos votos de felicidades e boa sorte para todos os envolvidos na inauguração do Epcot Center do Disney World.

Este momento histórico marca a realização de uma visão singular de futuro de um grande homem e de uma incrível organização. O Epcot Center representa uma homenagem ao *know-how* técnico da indústria americana e à inventividade da mente humana. Há mais aqui do que as emoções e os encantamentos da diversão, pois o Epcot é verdadeiramente um caminho para o século XXI e está destinado a se tornar uma parte da experiência americana. Ao apresentar soluções para problemas enfrentados por comunidades e nações ao redor do mundo, será um exemplo para o sistema de livre empreendimento e de otimismo do espírito americano.

As realizações de Walt Disney trouxeram alegria tanto para corações jovens quanto velhos. Ele uma vez se referiu a seu próprio trabalho como "imagineering" e foi rápido ao utilizar os talentos e a criatividade de outros para nos levar a lugares em que ninguém nunca esteve, onde deixamos o conforto do que é familiar e entramos no mundo do pioneirismo,

220 Sonhe e faça acontecer

e onde a imaginação e a dedicação se combinam para transformar os sonhos em realidade.

O Epcot Center é a realização de um homem que ousou sonhar e teve a coragem e a obstinação de perseguir o sonho. Quando questionado sobre o segredo de seu sucesso, Walt respondeu: "Eu simplesmente fiz o pedido a uma estrela". Essa estrela agora vai iluminar a vida dos mais jovens, americanos e de pessoas de todo o mundo que chegam aqui e vivem a experiência da engenhosidade, da história, da habilidade de apresentar um show e da esperança do Epcot Center.

Juntamo-nos a todos os americanos ao lhes desejar muito sucesso enquanto vocês indicam o caminho para o futuro.

Uma de minhas resenhas favoritas sobre o que conseguimos no Epcot foi escrita muitos anos depois da abertura como um editorial no *Orlando Sentinel* pelo autor convidado Herbert London, reitor da Gallatin Division of Interdisciplinary Studies da New York University e *senior fellow* do Hudson Institute. Sob o título "Epcot é a verdadeira corporificação do sonho americano", ele escreveu:

O Epcot Center do Disney World é anunciado como um reino encantado para adultos, uma feira mundial permanente, uma Meca para crianças de todas as idades. Ele é tudo isso e muito mais. O Epcot é um desafio ao futuro. Com um estilo que é idiossincraticamente americano, o Epcot desafia seus visitantes a pensar o futuro. Não é o futuro dos elitistas cheios de *weltschmerz*, cansados desta vida; é um futuro de esperança e oportunidade [...]

Eles também levam uma mensagem de promessa. A energia necessária não é vista como um problema, mas um desafio. Fabricantes de automóveis não são resistentes à mudança; eles estão pesquisando para encontrar a melhor alternativa para o motor a combustão. A comida não é considerada como insuficiente para alimentar as multidões famintas.

"Diga à IBM que vá para o inferno!" 221

Ela é tão abundante quanto nossa imaginação. Se podemos sonhar, há esperança. O Epcot é para sonhadores [...]

Não há garantias sobre o futuro. O pessoal da Disney sabe disso, assim como os visitantes que passam pelos portões todos os dias. Essas pessoas sabem intuitivamente que a chama do progresso precisa continuar acesa para que nossa civilização sobreviva. Essa ideia vive com toda sua majestade no Epcot. É o que crianças e os mais velhos podem compartilhar. É o que nos dá esperança de que melhores dias virão.

"Melhores dias" estavam certamente no horizonte de muitos talentos excepcionais para cujo desenvolvimento o projeto Epcot desempenhou um papel importante. Um dos momentos de maior orgulho que eu pessoalmente saboreio relacionado aos nossos dias do Epcot na verdade acontece hoje, quando encontro ou ouço sobre realizações de alguns jovens talentos que se formaram nas trincheiras do projeto. Para alguns, como Monty Lunde, criar efeitos especiais para o Epcot foi seu primeiro emprego depois de se formar em Stanford; depois do Epcot, ele se juntou a outro Imagineer, Rock Hall, para criar a Technifex. Hoje, ela é uma das mais importantes companhias que produzem atrações, exibições e efeitos especiais.

Glen Birket, que admitia ser um "engenheiro sem experiência", foi importante para a criação dos sistemas técnicos que ainda fazem funcionar o complexo American Adventure; hoje, sua Birket Engineering trabalha para várias companhias, incluindo partes dos quatro parques da Disney ao redor do mundo.

Dois dos que conseguiram as posições de mais destaque depois das realizações no Epcot foram Mark Fuller e Bob Rogers. Formando-se nas fontes do Epcot para criar a WET Enterprises, Fuller ganhou renome internacional pela criação de algumas das fontes mais admiradas do mundo – em 22 países, na verdade. Ele se tornou uma estrela com As Fontes de Bellagio, no Bellagio Hotel, em Las

Vegas; construiu a maior fonte do mundo, A Fonte de Dubai (Burj Dubai); e levou sua habilidade artística para Nova York com a nova Fonte Revson, no Lincoln Center.

Bob Rogers e sua BRC Imagination Arts (ele é o presidente) pararam de contar os prêmios que receberam por filmes, exibições, shows e atrações que criaram para clientes ao redor do mundo. Suas criações foram sucessos nas World Expos de Vancouver (1986) a Xangai (2010), incluindo os pavilhões que representavam os Estados Unidos.

Tenho orgulho de dizer que colocamos a BRC no mercado em 1981. A General Motors nos procurou para projetarmos sua área de pós-show para o pavilhão World of Motion, no Epcot; como não conseguimos alocar nossa equipe criativa para a tarefa, recomendei Bob Rogers e garanti à GM que a Imagineering o acompanharia para garantir um projeto excelente. Na verdade, várias das atrações que Rogers e sua equipe desenvolveram – principalmente The Water Engine Show e The Bird and the Robot – estavam entre os mais populares na inauguração do Epcot. A BRC continuou a trabalhar com a GM no desenvolvimento de exibições e shows por mais de uma década depois de sua experiência no Epcot. E a BRC também criou o filme *Back to Neverland* para o Disney-MGM Studios no Walt Disney World.

Vários também se tornaram importantes líderes na indústria do lazer e entretenimento. Monty Lunde criou a Themed Entertainment Association (TEA) vinte anos atrás; hoje, ela conta com mais de setecentas companhias de todo o mundo como membros. Em 2011-2012, o presidente da TEA era Rick Rothschild, nosso diretor do show do pavilhão The American Adventure. E Bob Rogers ocupou um lugar no corpo de diretores da International Association of Amusement Parks and Attractions (Iaapa).

As incríveis exigências do projeto Epcot tornaram obrigatório que passássemos novos desafios para os mais experientes e déssemos a primeira oportunidade para os talentos inexperientes (em geral, jovens) para que mostrassem o que podiam fazer. Suas conquistas ratificam meu lema de "dar uma chance" para os jovens talentos que mantive ao longo de meus anos como líder criativo dos Imagineers. Parece familiar? É a tradição de Walt Disney que endosso completamente.

Melanie Simon, uma jovem planejadora/programadora da The American Adventure durante seus anos do Epcot e agora uma consultora que trabalha com clientes como o Smithsonian Institution e o Serviço Nacional de Parques, expressou isso num recente recado para mim: "Um dos reais 'milagres' do Epcot é que jovens, pessoas inexperientes, tiveram uma oportunidade e aprenderam fazendo. Ganhar confiança para realizar as tarefas 'impossíveis' e não ficar com medo de coisas novas foi o que mudou nossas vidas. Infelizmente, acho que os jovens não têm esse tipo de educação hoje em dia".

Nos Estados Unidos, temos o talento de realizar qualquer coisa em que colocamos nossas mentes e mãos. Vamos esperar que lembremos que nosso jovem país foi fundado e cresceu como uma das maiores nações do mundo com a criação de oportunidades para que os novos pássaros esticassem suas asas e voassem o mais alto que pudessem.

11

O filme *Encontros e desencontros* mostra o que foi nossa experiência em Tóquio

É surpreendente para uma empresa de capital aberto e sempre nos holofotes como a Disney que ninguém ainda tenha contado a história real de seu primeiro empreendimento internacional na área de parques e resorts. Durante vários anos, persegui Frank Stanek e Ron Cayo, respectivamente, planejador estratégico da Disney e advogado corporativo da companhia – e as peças fundamentais na negociação da Disneylândia de Tóquio, o primeiro e maior sucesso estrangeiro da empresa –, implorando para que me enviassem anotações detalhando como tudo aconteceu.

Muitas vezes, eles disseram: "Apenas assista *Encontros e desencontros*, o filme de Sofia Coppola com Bill Murray. Está ali todo o choque cultural e de linguagem que sofremos, mas no filme foi feito para provocar risadas, o nosso foi muito sério!".

Finalmente, convenci Stanek a me ajudar a contar essa história; suas anotações tornam o começo deste capítulo a cartilha de um dos mais importantes desenvolvimentos na história dos parques da Disney: a "invasão" do Japão e da França (e mais tarde da China) por atrações e entretenimento estrangeiros.

Cinco parques já espalharam o estilo de diversão em família da Disney para plateias do outro lado dos oceanos. O sexto, a

Disneylândia de Xangai, está sendo construído para ser aberto em 2015 ou 2016.[1]

Esta é a história da Disneylândia de Tóquio – recheada de intriga internacional, personalidades fortes, desafios de comunicação e executivos ambiciosos querendo o crédito da realização como um degrau importante para avançarem em suas carreiras pessoais.

Frank Stanek foi diretor de pesquisa e planejamento da WED. Seu departamento fornecia pesquisas e análises relacionadas à expansão da Disneylândia e do Walt Disney World. Por sua posição, foi natural que ele recebesse a tarefa de começar o processo de análise para o desenvolvimento do primeiro parque internacional da Disney. Nos seus 25 anos de Disney, ele se envolveu em todos os aspectos da criação de novos negócios e desenvolvimento de projetos, incluindo o planejamento inicial do Epcot. Depois de deixar a Disney como vice-presidente corporativo de planejamento em 1987, Frank ocupou uma posição executiva importante na Vivendi-Universal Entertainment. Como presidente do setor de desenvolvimento de negócios internacionais, liderou a expansão internacional dos parques e resorts da Universal, começando com a criação da Universal Studios Japan, em Osaka, e a aquisição da Universal Mediterranea, perto de Barcelona, na Espanha.

Com o tremendo sucesso do Walt Disney World – que atraiu 10,7 milhões de pessoas em seu primeiro ano até 30 de setembro de 1972 –, a Disney começou a receber pedidos de todo o mundo. No final de 1972, a administração da Disney alocou Stanek para pesquisar o Japão e a Europa como potenciais locais para "a primeira Disneylândia internacional". Para começar a entender esses mercados, Stanek focou-se na recepção da marca Disney, na estabilidade

---

1. Foi inaugurado em junho de 2016. [N. T.]

econômica e nos fatores de crescimento, características culturais e padrões de viagem. Ao final, uma sentença sucinta do caderno de Stanek no começo de 1973 resume tudo: "Enquanto Europa e Japão podem receber um projeto da Disneylândia, o Japão oferece o maior potencial de sucesso, apesar de talvez ser mais difícil de ser executado".

A crise energética de 1974 diminuiu o ritmo do processo de expansão, pois os turistas da Flórida, antes chegando ao estado principalmente de automóveis, reduziram as viagens, impactando no número de visitantes pela primeira vez desde a abertura do Walt Disney World em 1971. Mesmo assim, em dezembro de 1974, uma equipe de executivos da Disney composta por Card Walker, Donn Tatum, Ron Cayo, Dick Nunis, e Orlando Ferrante e John Hench, da WED, viajou para o Japão a fim de repassar os locais em potencial.

Inicialmente, os dois lugares foram apresentados para o grupo da Disney. Um, na base do monte Fuji, o icônico símbolo e elemento mais próprio da geografia japonesa com seus 3.780 metros, era controlado pela Mitsubishi Company. Mas, depois de visitar o local, os executivos da Disney foram informados de que a Mitsubishi "mudou de ideia" e a propriedade já não estava disponível.

Restou então uma grande área em Urayasu, Prefeitura de Chiba (similar a um condado nos Estados Unidos), a cerca de 25 quilômetros do centro de Tóquio. A principal virtude do local era que estava a uma hora de viagem da residência de cerca de 30 milhões de pessoas. A propriedade estava sendo administrada pela Oriental Land Company (OLC), uma *joint venture* da Mitsui Real Estate e da Keisei Electric Railway. A OLC estava recuperando o terreno por meio de ocupação, desenvolvendo projetos comerciais e residenciais em cerca de 16 quilômetros quadrados na parte norte da baía de Tóquio. Para garantir o direito de se apropriar e construir nessa terra, a Prefeitura de Chiba pediu à OLC que destinasse uma parte do terreno para o "bem público". Trazer a Disneylândia para o Japão não apenas atenderia ao pedido, mas o faria de uma maneira altamente popular e visível.

Levou quase um ano de trabalho da equipe Disney, liderada por Stanek e pelo advogado corporativo Cayo, antes que a carta de intenções entre a Disney e a Oriental Land Company fosse assinada em julho de 1976. Seguiu-se, então, mais um ano de trabalho, financiado pelos japoneses ao custo de US$ 1 milhão, para se completar o estudo detalhado das condições do lugar e dos métodos de construção, da viabilidade do mercado e da projeção de público. O resultado foi que a Disneylândia de Tóquio tinha o potencial de atrair *17 milhões de visitantes* – um número que a equipe Disney achou "impressionante" por um lado e impraticável por outro. Stanek caracterizou o relatório da seguinte forma: "Não era possível construir um parque com aquela capacidade inicial, isso devido ao custo e ao tempo necessário. Então concluímos que o parque deveria ser dimensionado para 10 milhões, um número que sabíamos que poderíamos atender". Afinal de contas, o Walt Disney World, com uma base de moradores pequena, mas um grande mercado turístico, tinha alcançado aquele resultado cinco anos antes.

No início de 1977, começaram as negociações para se redigir um contrato definitivo para a Disneylândia no Japão. Antes de o contrato ser assinado, em 30 de abril de 1979 – quatro anos e meio depois da primeira visita dos executivos da Disney ao Japão –, o progresso do projeto era "como uma garrafa flutuando no oceano, subindo e descendo enquanto as pessoas e as questões da negociação do contrato moviam-se para a frente e para trás", diz Stanek.

"No final", ele lembra, "os pontos principais que estavam segurando a negociação eram: 1) a relutância da Disney em investir no projeto; 2) a quantidade de taxas que a OLC pagaria para a Disney; 3) o que fazer com os custos a serem assumidos pela OLC."

Como CEO da Disney, Card Walker comprometeu a empresa a construir o "sonho de Walt", o Epcot, e logo depois ele já estava sendo construído para ser aberto em outubro de 1982. Card Walker também se comprometeu a criar parques internacionais da Disney, mas apenas nos termos que ele e os diretores da empresa estabeleceram.

Contribuindo com a atitude de Card Walker em relação aos japoneses estava sua experiência na Segunda Guerra Mundial, quando serviu como oficial de movimentação de aeronaves no porta-aviões *Bunker Hill*. Em abril e maio de 1945, japoneses desesperados fizeram ataques camicases perto da costa do Japão. Os camicases destruíram navios de guerra dos Aliados jogando suas aeronaves diretamente nos navios, especialmente porta-aviões, sacrificando, assim, aeronave e piloto em cada missão suicida.

Em maio de 1945, o *Bunker Hill* foi acertado por dois aviões japoneses pilotados por camicases quando estava dando apoio à invasão de Okinawa. O filho de Card, Cardon, ainda hoje um funcionário do Disney Studio, contou-me que seu pai teve sorte – uma breve folga de cinco dias. O ataque matou mais de trezentos, incluindo muitos de seus colegas e o oficial que substituíra Card.

Nos anos 1970, a Disney financiava seus projetos com o caixa gerado internamente, com o mínimo de empréstimos. A prioridade da empresa era o projeto Epcot, já em andamento. Card assumiu que a Disney precisava de cada centavo de capital para construir o Epcot Center. Por isso, a posição definitiva da companhia era não investir no projeto de Tóquio. Do lado deles, os japoneses não conseguiam entender por que a Disney tinha uma visão positiva sobre o sucesso da Disneylândia de Tóquio, mas não estava disposta a investir nele. Os bancos japoneses perguntaram à OLC por que eles deveriam emprestar dinheiro para um "projeto de risco" no qual a própria Disney não estava querendo investir.

Finalmente, conta Stanek, uma solução de compromisso foi encontrada para evitar o que os japoneses veriam como uma quebra de acordo. A Disney propôs uma cláusula no contrato que daria a ela a opção de investir US$ 2,5 milhões no projeto em troca de 10% das ações do negócio. Essa cláusula agradou os bancos japoneses – uma vez que implicava que a Disney "deve ou pode investir" em algum momento. (A opção nunca foi exercida. Quando a OLC abriu seu capital no mercado de ações japonês em 1996, estimou-se que, por não ter investido US$ 2,5 milhões, a Disney deixou de ganhar "mais de US$ 600 milhões", de acordo com Stanek.)

Dois longos anos de drama nesse vaivém nas negociações tiveram seu ponto alto em 30 de abril de 1979, quando Masatomo Takahashi, que tinha se tornado o presidente da OLC, visitou Burbank, e ele e Card Walker assinaram o contrato autorizando o início da construção da Disneylândia de Tóquio. Em 2011, o projeto – renomeado Tokyo Disney Resort – incluía um segundo parque, o DisneySea de Tóquio, e três grandes hotéis que levam a marca Disney. A OLC, por conta própria, projetou e construiu um distrito comercial, chamado Ikspiari.

No ano fiscal que terminou em 20 de abril de 2010 (o último ano antes do terremoto e do tsunami de 11 de março de 2011), os dois parques em conjunto receberam 25.818.000 visitantes. Os engenheiros da Disney e os japoneses fizeram um projeto que permite que a área do parque – criada em 2,5 quilômetros quadrados recuperados da baía de Tóquio – se "acomode" a uma taxa constante ao longo do tempo. Como resultado, o Tokyo Disney Resort resistiu aos eventos devastadores de março de 2011 sem dano significativo ou ferimento sério para os 40 mil visitantes do parque no momento do tsunami.

Os parques são extremamente contrastantes – um foi lançado como cópia do Walt Disney World Magic Kingdom, e o outro foi criado como uma "página em branco" e projetado como conceito "exclusivo" pelos Imagineers da Walt Disney.

O Magic Kingdom é um reflexo da atitude consistente dos executivos da OLC para as primeiras décadas de sua "parceria" com a Disney: se não existisse em um parque Disney nos Estados Unidos, não seria construído na Disneylândia de Tóquio. Talvez isso reflita a inexperiência da equipe de executivos da OLC no ramo dos parques temáticos, mas também faz parte da experiência passada dos japoneses vender cópias baratas de produtos estrangeiros icônicos. O público japonês, por volta dos anos 1980, passou a ser mais exigente em relação a qualidade, marca e produtos verdadeiros, originais. Eles queriam "a coisa real"; o aumento da facilidade para viajar levou muitos japoneses para a Disneylândia, em Anaheim, e para o Magic Kingdom, no Walt Disney World. Eles *conheciam* "a coisa real".

"Estrategicamente", Stanek lembra, "o modelo para o plano da Disneylândia de Tóquio foi o Magic Kingdom da Flórida." Como o mais novo dos parques, ele representava o que existia de mais avançado e tinha o tamanho necessário para acomodar os 10 milhões de pessoas que se projetava receber.

O Castelo da Cinderela tinha o tema e o tamanho perfeitos, e, embora a Space Mountain tivesse o mesmo tamanho da que está na Disneylândia (61 metros em diâmetro contra os 92 metros da do Magic Kingdom), uma vez que foi tomada a decisão de não se "niponizar" o parque (o que significava mantê-lo ocidental, mantê-lo Disney), apenas poucas revisões importantes de projeto seriam feitas.

A mais significativa era atender ao hábito japonês de comprar e levar presentes para a família e os amigos. Junto com a preocupação com a chuva e o tempo frio – ocasionalmente neva em Tóquio –, foi tomada a decisão de cobrir e cercar a entrada do parque. Chamada de World Bazaar, é uma "rua" comercial internacional contemporânea com fachadas vitorianas. Essa decisão fez deste o único parque no estilo Disney que não tem uma estação de trem na entrada. A estrada de ferro estilo 1890 foi transportada para a Westernland, onde é apresentado um show enquanto o trem circunda a área do Rivers of America.

A proximidade dos bairros e a quantidade de pessoas que refletem o estilo de vida da maioria dos japoneses também influenciou uma melhoria e a oportunidade de um show especial na Disneylândia de

O filme *Encontros e desencontros* 231

Tóquio: a expansão da praça central ou "hub" de onde cada uma das áreas se espalha. Esse espaço aumentado entre o World Bazaar e o Castelo da Cinderela provou ser extremamente popular entre os visitantes japoneses, que representam mais de 90% dos visitantes do Tokyo Disney Resort.

A sensação de espaço aberto faz um grande contraste com a vida em Tóquio, especialmente. E o espaço ampliado tornou possível um elemento único da Disneylândia de Tóquio entre todos os parques da Disney ao redor do mundo: um lugar adaptável para shows sazonais especiais que podem ser apresentados para um grande número de pessoas, com o castelo como pano de fundo.

Desde o começo houve sucessos arrasadores e fracassos infames: a loja de doces na World Bazaar é uma das lojas mais rentáveis do Japão em termos de metros quadrados. Expandida múltiplas vezes ao longo dos anos, ela ultrapassa os US$ 100 *milhões* em receita anual.

Um grande fracasso ocorreu quando, para garantir que o parque atendesse às exigências do Ministério da Educação do Japão para excursões escolares, criamos o Meet the World, na Tomorrowland. Fundamentando-se nas experiências históricas dos visitantes estrangeiros (isto é, o almirante Matthew Perry) e a interação deles com os japoneses, o show baseado na apresentação da agressão do império japonês na Segunda Guerra Mundial – evitando o máximo possível a história real – foi um verdadeiro fracasso. Meet the World foi finalmente fechado em 2002 e substituído por um show bastante popular baseado na Pixar: Monsters, Inc. Ride & Go Seek.

Um projeto de sucesso tem muitos pais, e a Disneylândia de Tóquio (e seu parque-irmão do DisneySea de Tóquio, aberto em 2001) teve sucessos inquestionáveis. Uma vez, nos anos 1990, embora depois o Magic Kingdom da Flórida tenha ultrapassado esse recorde, a

Disneylândia de Tóquio tornou-se o primeiro parque a superar o público de 17 milhões de pessoas em um ano – igualando a projeção original de 1977 que a Disney considerou "impressionante".

Depois de ter liderado com sucesso as negociações necessárias para realizar o projeto, Frank Stanek foi indicado pelo Comitê Executivo da Disney como vice-presidente da Disneylândia de Tóquio. Ele comandou a equipe da Imagineering realmente responsável pela construção do primeiro projeto internacional da Disney: John Zovich e Don Edgren, engenharia; Orlando Ferrante, produção e manufatura; Edgren e Tom Jones, gerenciamento de projeto; Dick Kline, design (apesar de que os conceitos originais para um parque baseado no Magic Kingdom da Flórida estavam sob a direção de Bill Martin); e John Hench, vice-presidente sênior de design da Imagineering e do projeto estético em geral.

Dois outros executivos também foram fundamentais para o projeto. Hideo Amemiya, que cresceu no Japão e se tornou um executivo de hotel do Walt Disney World, voltou para "casa" para se tornar o gerente-geral de uma nova companhia: Walt Disney Productions – Japan. Seus esforços durante as fases finais da negociação do contrato foram importantes para fazer a ponte na divisão cultural entre Ocidente e Oriente. Hideo tornou-se um dos mais respeitados *hoteliers* da Disney até sua precoce morte, em 2001.

O segundo era um líder muito importante da Disneylândia. Dick Nunis, chefe de operações dos parques da Disney, indicou Jim Cora para administrar os esforços das operações pré-abertura. Isso incluiu treinamento prático de 95 membros-chave da equipe da OLC durante nove meses na Disneylândia. Um deles, Noboru Kamisawa, transformou-se em um conceituado líder da equipe de operações da Disneylândia de Tóquio e um companheiro de confiança tanto para os Imagineers quanto para as equipes de operação da Disney. (Outro grande grupo de empregados japoneses foi treinado na WED e em

O filme *Encontros e desencontros*   233

sua subsidiária, MAPO, a fim de se prepararem para a montagem e manutenção das atrações.)

A grande inauguração da Disneylândia de Tóquio se deu em 15 de abril de 1983 – seis meses depois da abertura do Epcot no Walt Disney World. Nessa inauguração, cerca de duzentos membros da equipe Disney apoiaram e ajudaram a equipe da OLC que recebeu os primeiros visitantes da Disneylândia de Tóquio.

O parque foi um sucesso instantâneo. Cinco semanas e quatro dias depois de aberto para o público, o visitante de número 1 milhão passou pelas catracas, no caminho para um público de 10,4 milhões de pessoas no primeiro ano. Algumas semanas antes da inauguração, Frank Stanek tinha de iniciar outra tarefa na sua volta para casa: pesquisar um local na Europa para o primeiro parque e resort da Disney na Europa.

Nunca li o livro de 1973 de Robert Ringer, *Winning Through Intimidation* [Vencer pela intimidação], mas suspeito que era leitura obrigatória para os líderes das equipes de operações de Richard Nunis. Na época em que o Epcot Center e a Disneylândia de Tóquio foram abertos, no começo dos anos 1980, intimidação como um meio para se chegar a um fim estava em alta na lista dos operadores da Disney. E Dick era o mestre.

Todos reconhecemos e aceitamos que Dick Nunis era um operador de elite no ramo de parques. Ele teve de pagar caro para aprender como Walt queria que o negócio Disney funcionasse nos finais dos anos 1950 e 1960. Um ferimento no pescoço em um acidente de surfe acabou com a carreira de jogador de futebol de Dick na University of Southern California, mas, por meio de seu colega de time Ron Miller, genro de Walt Disney, Dick se juntou à equipe original da Disneylândia, trabalhando com Van France, o responsável pelo mais

234   Sonhe e faça acontecer

respeitado programa de treinamento no parque. Dick logo se tornou um dos melhores líderes de operações, e um favorito de Walt Disney.

Depois da morte de Walt em 1966, Dick parece ter sentido que existia um vazio a ser preenchido e agressivamente advogou sua subida na escada da Disney, acabando por se tornar presidente da Walt Disney Parks and Attractions. Quando a Walt Disney Productions tornou-se alvo de uma tentativa de controle, em 1984, ele chegou a virar-se contra seu ex-colega de time, Ron Miller, defendendo sua saída da presidência da Disney. (Levou 26 anos para que eles voltassem a se encontrar novamente, num programa que eu organizei para celebrar o aniversário de 55 anos da Disneylândia, no The Walt Disney Family Museum, em San Francisco.)

Um dos maiores objetivos de Dick era "tomar o controle" dos Imagineers. Ele queria que a WED respondesse para os operadores, dessa forma controlaria o planejamento, o design e a seleção de novas atrações para os parques – um cenário a que Walt Disney, Card Walker e mais tarde Michael Eisner e Frank Wells resistiram, mas não sem um cuidado permanente. (Walt e Michael Eisner, durante boa parte de seu mandato como presidente do conselho da Disney, acreditavam que a tensão entre a paixão e a criatividade dos designers e a experiência e o *know-how* dos operadores era saudável e precisava ser trabalhada para se conseguir o melhor produto Disney para o público.)

O "ataque"de Dick aos Imagineers começou logo depois da morte de Walt. Um de seus principais alvos era Richard Irvine, chefe de design da WED, escolhido por Walt como líder de design para o desenvolvimento do parque em 1952. Irvine continuou na posição até que teve um ataque cardíaco durante a construção do Walt Disney World em 1971 e aposentou-se antes da hora. Uma história conhecida ilustra a tensão. Em uma reunião que aconteceu logo depois da morte de Walt, no escritório de Joe Fowler, presidente do Disneyland Operating Committee, Nunis provocou Irvine até que o chefe de design saiu da reunião batendo a porta. Depois de vários segundos, porém, a porta se abriu e Dick Irvine apareceu, ainda furioso, mas também constrangido, vindo do gabinete particular de Fowler.

A tentativa de Nunis de "controlar" o design para o Epcot Center causou tanta confusão ("Quem está no comando?", nossa equipe queria saber) que o presidente da WED, Carl Bongirno, e eu, como vice-presidente executivo de desenvolvimento criativo, finalmente pedimos uma reunião com Card Walker. Tínhamos de ter clareza, bem como o apoio da alta direção para completar os conceitos em que tínhamos trabalhado durante anos.

Quinze minutos antes da reunião, Card entrou em meu escritório no Epcot Center. "Estamos quase lá, Marty", ele disse, "faça isso funcionar." E foi isso; Card saiu. Como bons soldados, fizemos "isso funcionar". Disse aos Imagineers que passaríamos a responder aos operadores em outubro. Até lá, *nós* estávamos no comando... até mesmo quando Dick passava por perto em seu carro de golfe, vestindo seu capacete de proteção favorito. Enquanto os nossos estavam identificados com "Marty", "John" e "Bob", o de Dick indicava "FDP1".

Dick estava tão ocupado atrapalhando as coisas no Epcot – na abertura, ele disse a Fred Joerger, um dos principais diretores de arte da Imagineering e Disney Legend: "Eu não teria conseguido fazer isso sem você, velho" (Fred ainda ria anos mais tarde) – que quase perdeu a oportunidade de ganhar crédito pela Disneylândia de Tóquio (TDL). Nos seis meses entre a abertura do Epcot Center, em outubro de 1982, e da TDL, em abril de 1983, Nunis começou sua campanha com o presidente Walker para tirar os créditos da equipe da WED. No final, ele conseguiu, convencendo Walker que muitos executivos da WED estavam "se aproveitando" da inauguração – mesmo aqueles que passaram três anos no Japão trabalhando no projeto. Quando Stanek, Zovich, Ferrante, Cayo, John Hench e eu – que fomos os verdadeiros responsáveis por criar o projeto (ou quem, como foi meu caso, indicou uma equipe de design de ponta apesar das demandas do Epcot) – não fomos convidados para a inauguração, fui à sala do presidente Ron Miller e o convenci de que merecíamos estar lá. Ron concordou, e os conflitos se somaram.

Assim que os Imagineers voltaram para casa e a equipe de operações de Nunis, liderada pelo respeitado Jim Cora, entrou, ficou claro que a "administração por intimidação" estava em funcionamento. O teste seguinte viria com o tsunami na administração da corporação – a chegada de Michael Eisner e Frank Wells como novos líderes da Disney.

12

O elástico E:
"Sou conhecido por mudar de ideia"

Sábado, dia 29 de setembro de 1984, é uma das mais importantes datas na história da WED Enterprises/Walt Disney Imagineering. Ela marca a segunda visita de Michael Eisner e Frank Wells à sede da WED em Glendale, mas a primeira para uma reunião de trabalho a fim de discutir novas ideias. A primeira visita oficial deles foi no começo da mesma semana, quando os Imagineers se reuniram para conhecer os novos chefes da Disney.

Eles foram levados do Studio Disney em Burbank até o Grand Central Industrial Park, em Glendale, por Ray Watson, membro da diretoria que cedera o cargo para Eisner. A nova equipe estava atrasada, pois Watson se perdeu no caminho de cerca de cinco quilômetros. O que parece ilustrar bem seu apreço pela Imagineering. Não muito tempo antes, Watson propusera uma redução da equipe da WED para trezentas pessoas e a terceirização da maior parte dos trabalhos de design; ele trabalhara dessa maneira com arquitetos e engenheiros em Orange County (Califórnia), erguendo casas e shopping centers para a Irvine Company, onde construíra sua reputação. A ideia não caiu bem entre os Imagineers, que sabiam a diferença entre construir shoppings e criar atrações de parques temáticos.

238

Obviamente, esperávamos por dias melhores; as notícias ao longo das semanas foram de que a Walt Disney Productions seria assumida pelo famoso especulador Irwin Jacobs. Na verdade, junto com Jack Lindquist, fui enviado a Nova York para auxiliar o presidente Ron Miller e seus advogados externos nas reuniões com potenciais salvadores (tivemos uma reunião com a equipe financeira da General Motors) que poderiam investir na Disney e, assim, nos ajudar a bloquear os predadores.

Éramos todos peixes fora d'água; a Disney parecia não saber o que fazer. Mas a família Bass, do Texas, veio do Oeste para resgatar a empresa; junto com Roy E. Disney, sobrinho de Walt, trouxeram Eisner e Wells para a Disney.

Agora, apenas uma semana depois de se tornarem, respectivamente, presidente do conselho de administração/CEO e presidente/COO, Michael Eisner e Frank Wells estavam na Imagineering para discutir ideias em que estivemos trabalhando para os parques da Disney. Naquela época, existiam quatro parques: Disneylândia, Magic Kingdom e Epcot Center, no Walt Disney World, e Disneylândia de Tóquio. Michael e Frank estavam acompanhados pelo muito bem-vindo filho de Michael, Breck, de 14 anos.

Sabíamos que estávamos em águas turbulentas; com suas experiências em cinema e televisão, Michael e Frank não tinham ideia do que éramos e do que éramos capazes de fazer.

"Quando estava na Paramount, eu não sabia que existia um grupo destes na Disney", Michael admitiu mais tarde sobre os Imagineers. Por isso, nós Imagineers tratamos aquela reunião como nossa prova final.

Enchemos um grande espaço vazio em uma das oficinas de maquetes da WED com um show de criatividade que fez alguns de nós lembrar da grande apresentação do Epcot que tínhamos realizado para a General Motors em Michigan: maquetes tridimensionais,

O elástico E: "Sou conhecido por mudar de ideia"   239

artes grandes e pequenas e *storyboards* repletos de esboços e ideias preenchiam o espaço. Todo o principal talento criativo da Imagineering estava à disposição para apresentar seus projetos – na verdade, *vender* seus projetos, o que dá mais o tom da reunião.

Eu estava muito orgulhoso de nossa equipe. Ela estava para baixo, mas não fora, e com uma longa lista de realizações "pós-Walt": a WED projetou e construiu o Walt Disney World e seu Magic Kingdom, o Epcot Center, a Disneylândia de Tóquio e o recém-aberto Fantasyland, na Disneylândia, a primeira grande melhoria na Disneylândia desde 1969. De qualquer forma, ainda éramos *outsiders* no mundo dos estúdios que Eisner e Wells tinham habitado. Muitos de nós entendemos e aceitamos a premissa de Walt de que você é apenas tão bom quanto seu *próximo* projeto.

Tivemos sorte de Breck Eisner ter acompanhado seu pai. Breck (que mais tarde se tornou diretor de comerciais, programas de televisão e filmes) era um grande fã da Disneylândia. Ele ficou tão animado com o conceito de Tony Baxter para uma atração com água e tobogã chamada Zip-a-dee River Run que, antes de acabarmos a reunião, ela tinha se tornado o primeiro novo projeto prometido da "Era Michael Eisner dos Parques Disney" – um período de 21 anos que adicionaria sete novos parques temáticos, dois parques aquáticos, um complexo esportivo e milhares de acomodações ao redor do mundo, das terras pantanosas da Flórida aos campos de beterraba da França e as profundezas encharcadas da baía de Tóquio e a enseada de Hong Kong até o deserto da região sul da Califórnia.

Desde o primeiro dia entendemos os instintos criativos de Michael Eisner. O Zip-a-dee River Run tornou-se Splash para promover o DVD do filme de Ron Howard, com Tom Hanks e Daryl Hannah, que foi lançado naquele mesmo ano pela nova divisão Touchstone Films da Disney. E uma tradição dos parques Disney em nomenclatura foi estendida e apoiada de maneira entusiástica pelo CEO: na mesma toada da Matterhorn Mountain, Space Mountain e Big

Thunder Mountain Railroad, Zip-a-dee River Run tornou-se Splash Mountain. E ela logo seria seguida não apenas pela proliferação desse tipo de atração emocionante ao redor do mundo, mas por aventuras como Mount Gushmore, no parque aquático Blizzard Beach, Expedition Everest (The Forbidden Mountain), no Animal Kingdom, na Disney, e Mount Prometheus, espaço da Journey to the Center of the Earth no DisneySea de Tóquio.

O "E Elástico" em Eisner – "Sou conhecido por mudar de ideia" – também ficou claro naquele primeiro dia com os Imagineers. Antes do final da reunião, o calendário de cinco anos para o planejamento e a construção da Splash Mountain levou os novos chefes da Disney a recorrer a George Lucas para colaborar com os Imagineers em outro conceito vendido por Tony Baxter e Tom Fitzgerald. Ele se tornou o popular simulador de aventura Star Tours, da Tomorrowland. E, quando soube que mesmo essa atração levaria três anos para ficar pronta, indicou um cantor-dançarino chamado Michael Jackson para trabalhar com Lucas e Francis Ford Coppola na criação da fantasia em 3D chamada Captain Eo (falarei sobre ela mais adiante).

Ela foi inaugurada na Disneylândia em 18 de setembro de 1986 – menos de *dois* anos depois da primeira reunião com os Imagineers. Tirando sua impaciência com os calendários de produção de novas atrações, os instintos de Michael Eisner sempre me surpreenderam – e algumas vezes causaram problemas significativos para manter designers talentosos motivados.

Quando nosso parque aquático Typhoon Lagoon, na Flórida, se tornou um sucesso (ainda é o parque aquático mais visitado do mundo), a Imagineering foi desafiada a criar um segundo para o Walt Disney World. Nossas equipes chegaram a três conceitos fantásticos, cada um com um tema diferente e atrativo. Para a reunião com Michael, colocamos os três conceitos lado a lado na parede da sala. Meu plano era que cada equipe apresentasse sua ideia, garantindo oportunidades iguais para todos venderem os projetos. Eu estava

O elástico E: "Sou conhecido por mudar de ideia"   241

preparado para fazer a introdução da reunião quando Michael entrou na sala, olhou para a parede cheia de esboços e, antes que eu pudesse dizer algo, apontou para um desenho e disse: "É isso!", encerrando a reunião.

Devo admitir que o parque aquático Blizzard Beach foi uma dessas decisões fáceis, mas nunca apresentamos o conceito para o chefe. A grande ideia:

Uma tempestade estranha derramou toneladas de neve na região central da Flórida. Um empreendedor correu para construir um resort de esqui completo, com cadeirinhas para o pico mais alto ("Mount Gushmore", é claro). Mas, antes de terminar o resort, a neve derreteu – então o empreendedor transformou o que seria um resort de esqui em parque aquático.

Os nomes das atrações narram a história daquele que rapidamente se transformou no segundo parque aquático mais visitado no mundo. Lá estão: Melt-Away Bay, Runoff Rapids, Summit Plummet, Slush Gusher, uma montanha infantil e escorregadores chamados Tike's Peak, o nome da loja de snacks Avalunch, e apenas um personagem ícone, batizado Ice Gator.

O extraordinário escritor e criador de histórias Kevin Rafferty descreveu parte do trabalho da Imagineering:

Nossas melhores histórias são as que têm um universo paralelo – alguma coisa com que os visitantes possam criar uma relação. Eles sabem o que é um resort de esqui e isso nos permite usar a noção para provocá-los dizendo: "O que acontece com um resort de esqui quando o sol tropical volta e toda a neve começa a derreter?".

Blizzard Beach é a resposta.

Meu problema não era com esse conceito Disney; é que as duas equipes tinham criado excelentes conceitos que nem mesmo foram apresentados para Michael Eisner. Mas, no mundo criativo em que os Imagineers vivem, nenhuma ideia pode ser tão preciosa que sua recusa se torne o fim de sua carreira. Como John Hench me ensinou: "Não é um negócio do *Eu*; é um negócio do *Nós*". Tantas mãos se envolvem numa atração que ninguém pode dizer: "*Eu* fiz isso". É por esse motivo que sempre reforcei para todo talento criativo da Imagineering: *só há um nome na porta da Disney e ele ainda é Walt Disney*. "Se você quer seu nome sob os holofotes", eu dizia a eles, "você está na empresa errada."

"O olho de Eisner" também podia encontrar buraco numa história. Uma situação levou à criação de uma inovadora experiência teatral em 3D que animou os visitantes de três parques.

Num momento já avançado do planejamento do Animal Kingdom, foi decidido que o símbolo do parque, The Tree of Life [A Árvore da Vida], deveria se tornar mais que apenas um elemento visual. Não mais do que um ano antes da abertura, decidimos criar um show *dentro* da árvore. Arquitetos e engenheiros correram para completar seus desenhos para os empreiteiros e para a equipe de campo da Disney. Ao mesmo tempo, Tom Fitzgerald, Kevin Rafferty e Joe Rohde lutavam com o conceito para o show do novo espaço, também trabalhando contra um prazo assustador... e, claro, buscando a aprovação de Eisner quando apresentavam as ideias. Não satisfeito com o último conceito, Michael saiu da reunião, e logo voltou com a seguinte pergunta: "*Insetos* vivem em árvores?".

Mordemos nossas línguas para não rir da pergunta, mas Eisner estava sério. Quando respondemos "claro que sim", Michael pediu que Tom ligasse para John Lasseter para saber do novo filme que a Pixar estava fazendo chamado *Vida de inseto*. Isso reativou a criatividade e fez que a equipe da Imagineering corresse para desenvolver sua própria história sobre insetos, inspirados pelos personagens do filme da Pixar. O show, chamado It's Tough to be a Bug!, abriu quase exatamente um ano depois daquela reunião, com um elenco de criaturas assustadoras tomando conta do cinema, combinado com efeitos de 3D e físicos como os cheiros mais horríveis já experimentados num entretenimento temático. Rafferty, o autor, adorou a pesquisa; ele teve de consultar alguns dos mais respeitados entomologistas do país (educação continuada é um bônus do mundo do entretenimento). Nossa equipe de efeitos especiais fez que Tom, Joe e eu passássemos horas inalando odores terríveis para selecionar o fedor principal.

Tom, Kevin e o colega Imagineer George Scribner tiveram uma experiência semelhante em uma nova atração para a Fantasyland, no Magic Kingdom. Para atender aos pedidos dos visitantes por mais personagens, a Imagineering criou um novo filme 3D centrado nas personagens da Disney, de Mickey e Pateta a Simba, o Rei Leão, e Ariel, a Pequena Sereia. Quando Scribner repassou os *storyboards*, que tinham Tinker Bell como a personagem principal, Eisner ficou incomodado por considerar tudo "muito delicado". "Precisa de algum conflito", ele disse à equipe de roteiro. Sugeriu dar ao Pato Donald um papel irascível como o sempre ciumento antagonista de Mickey Mouse.

Quando Scribner e Rafferty terminaram suas reuniões, o Pato Donald era a nova estrela do Mickey's PhilharMagic, um imediato sucesso no mundo dos parques Disney. Um dos momentos mais elétricos de Donald na sua história no cinema, que começou em 1934, é sua tentativa de beijar Ariel debaixo d'água... sua tentativa fracassa e ele acaba conectado a uma enguia elétrica. É um choque para Donald – e um momento mágico para nossas plateias.

Os esforços de Michael para encontrar falhas no desenvolvimento de nossas histórias sempre eram compensados por suas ideias malucas. Uma que exigiu muito esforço foi a do conceito de um "Disney Car". Era mais uma oportunidade de marketing que um desafio de design. Ele imaginou a marca Disney chamando, e as crianças implorando para passear com suas personagens favoritas. Então, nossos designers fizeram alguns esboços iniciais, a Disney contratou uma empresa para fazer grupos de foco e (Michael pensou) logo teríamos a indústria automobilística fazendo lances para os direitos do Disney Car.

O primeiro grupo de foco a que assistimos foi uma sala cheia de adolescentes. No início, as garotas – que gostaram da ideia – pareciam estar dominando, mas foram os garotos que rapidamente deixaram claro que não "seriam presos" num Disney Car. E quando um segundo grupo, formado de pais, levantou a questão "Você não quer ler sobre alguém ter morrido em um Disney Car, não é?", toda a ideia de repente perdeu seu vigor. Ficou claro que a gestão de marcas tem um lado negativo; existe uma razão para não existir um Disney Car hoje.

Especialmente nos primeiros anos de Eisner, quando apenas alguns poucos Imagineers eram autoridades conhecidas (o *pedigree* de John Hench remontava a *Fantasia*, por exemplo, e Randy Bright escreveu e dirigiu The American Adventure, no Epcot), seus instintos sempre o levaram a buscar talentos entre as estrelas de Hollywood. Muito frequentemente, esses talentos tinham outros criativos favoritos com os quais preferiam trabalhar. Foi assim quando Michael Jackson, um dos maiores fãs da Disneylândia, demonstrou interesse em fazer uma atração para o parque; ele disse que só o faria se pudesse trabalhar com um de seus heróis do cinema: George Lucas. Rapidamente nasceu *Captain Eo*.

Quando Eisner me ligou para contar sobre nossos novos colegas, também havia um *deadline*: a reunião definitiva com Michael Jackson seria em exatamente uma semana. Ou, falando de maneira mais exata, *reuniões*. Logo designamos uma equipe da Imagineering com Tim Kirk, Joe Rohde, Rick Rothschild e Richard Vaughn, e eles estavam encantados. Não só criaram a ideia da história que se transformaria em *Captain Eo*, como seu esforço de uma semana produziu três conceitos de atrações.

Ao meio-dia da data marcada, nossa equipe vendeu os três conceitos para Eisner, Frank Wells e Jeffrey Katzenberg, o líder da unidade de cinema da Disney. Eles cortaram uma das ideias. Terminamos a discussão bem na hora: às 13 horas, os dois conceitos que restaram foram apresentados a George Lucas, que tinha de escolher qual deles deveria ser mostrado a Michael Jackson quando ele chegasse para a reunião das 14 horas. Captain Eo e seu estranho grupo de personagens – incluindo Fuzzball e Hooter – logo estariam no caminho para "mudar o mundo".

Faltava, no entanto, reunir uma equipe de produção para o filme em 3D. A escolha foi fácil, pois tanto Michael Jackson, a estrela, quanto George Lucas, que seria o produtor executivo, queriam Francis Ford Coppola para dirigir o filme. E Coppola queria o grande diretor de fotografia Vittorio Storaro – vencedor de três Oscars, um dos quais por *Apocalypse Now*, de Coppola – para ser o consultor de cor (ou, como ficou nos créditos do filme: "consultor visual, de luz e fotográfico").

Com Michael Jackson, como Captain Eo, fazendo seu *moonwalking* e cantando para a personagem de Anjelica Huston, The Supreme Leader, duas canções que escreveu especialmente para o filme, se poderia pensar que essa produção estabeleceria um novo padrão para os filmes 3D. Mas, em 1986, quando *Captain Eo* foi produzido, nenhum dos principais nomes do cinema tinham trabalhado com 3D. E Vittorio Storaro era conhecido principalmente por suas teorias sobre os "efeitos psicológicos da cor" – que normalmente levava à produção de um visual mais escuro. Por sua vez, o 3D pede mais luz que um filme normal. O resultado foi que o estranho e sinistro mundo da Supreme Leader era bastante escuro e sinistro no cinema também.

Como primeira atração inaugurada durante o mandato de Michael Eisner, *Captain Eo* alcançou dois importantes objetivos. Primeiro, foi um tremendo sucesso, estabelecendo os anos Eisner como o período de mais colaborações de estrelas para os parques. E, segundo, o calendário para a criação de novas atrações foi reduzido dramaticamente.

Quando *Captain Eo* foi inaugurado em setembro de 1986, faltava uma semana para se completarem dois anos da chegada de Eisner e Wells à Disney. Entre as principais atrações da Disney, apenas "it's a small world", criada para a Feira Mundial de Nova York, foi produzida num tempo mais curto.

Envolver a família de Eisner na empresa mostrou-se ao mesmo tempo uma decisão bem-sucedida e popular com a equipe – desde aquela primeira reunião de que tomara parte o filho Breck até a participação entusiasmada de Jane Eisner, mulher de Michael. No livro *In Service to the Mouse*, Jack Lindquist escreve sobre um dos mais importantes conceitos de marketing que Jane ajudou a lançar:

No começo de janeiro de 1987, quando abrimos Star Tours, a atração de George Lucas, tivemos uma grande cerimônia com Dick Rutan e Jeana Yeager. Em nove dias, esses dois pilotos levaram a *Rutan Voyager* ao redor do mundo sem escalas e sem reabastecer: eles terminaram a viagem duas semanas antes da abertura, em 23 de dezembro. Michael e sua mulher, Jane, convidaram Dick e Jeana para um jantar no Plaza Inn.

Depois do jantar, Michael aproximou-se de mim enquanto eu falava com Tom Elrod, o diretor de marketing da Flórida, e disse: "Dick Rutan estava contando a Jane e a mim sobre essa viagem ao redor do mundo e, ao final, Jane perguntou: 'É uma história incrível. O que você vai fazer agora?', e Dick respondeu: 'Vou para a Disneylândia'. Ele disse isso sem hesitação".

Naquele momento, Michael soube que tínhamos algo grande. Assim como Jane, Tom e eu.

E Michael continuou: "Quero usar isso como uma grande campanha de marketing. Como podemos fazer isso?".

Naquela noite, Tom e eu conversamos sobre o próximo Super Bowl e se conseguiríamos acesso ao MVP [Most Valuable Player/Jogador Mais Valioso, prêmio concedido ao melhor jogador em campo] ainda no campo no final do jogo para perguntar: "Você acaba de ganhar o Super Bowl. O que vai fazer agora?". E o MVP responderia: "Vou para a Disneylândia. Vou para o Walt Disney World".[1]

Quase 25 anos mais tarde, "Vou para a Disneylândia/Walt Disney World!" ainda está forte. Enquanto não existe mais o "traz boas coisas para a vida" da GE – e quem se lembra por que é tão importante fazer aquela "pausa que refresca"? –, os heróis do Super Bowl, os MVPs do grande jogo, continuam falando: "Vou para a Disneylândia!".

Outra inovação de Michael Eisner foi a ênfase em *fazer um resort* de cada local dos parques. Ele conseguiu isso com um desfile de alguns dos maiores nomes da arquitetura, cada um deles contratado para gravar seu estilo autoral em "alguma coisa Disney", normalmente um novo resort. Entre eles estão:

- Robert A. M. Stern, reitor da Yale's School of Architecture, designer do Yacht Club, Beach Club, e dos resorts BoardWalk, no Walt Disney World; o Newport Bay e os hotéis Cheyenne, na Disneylândia de Paris; e o Disney Ambassador Hotel, na Disneylândia de Tóquio.
- Michael Graves, hoje tão reconhecido pelo design de produtos quanto por sua arquitetura, projetou a sede do Team Disney, em Burbank (renomeado Team Disney – The Michael D. Eis-

---

1. Do livro *In Service to the Mouse*, de Jack Lindquist. Copyright © 2010 Neverland Media. Reimpresso com permissão. Todos os direitos reservados.

ner Building, em 2006); os resorts de John Tishman, Dolphin e Swan, no Walt Disney World; e The Hotel New York, em Paris.

- Peter Dominick, do Colorado, cujo design do The Wilderness Lodge, na Flórida, foi tão icônico que lhe rendeu duas novas importantes encomendas: o Animal Kingdom Lodge, no Walt Disney World, e o Grand Californian Hotel, em Anaheim.
- Arata Isozaki, o mais conhecido arquiteto japonês, projetou a sede executiva do Team Disney, no Walt Disney World.
- O canadense Frank Gehry, designer do original Disney Village, em Paris, e o prédio do Team Disney, em Anaheim (assim como o The Walt Disney Concert Hall, em Los Angeles – que não é um projeto da empresa Disney).
- O arquiteto francês Antoine Grumbach, que projetou o Sequoia Lodge, na Disneylândia de Paris.
- WATG e seu principal arquiteto, Gerald Allison, que trabalhou próximo dos Imagineers para realizar um "Grand" hotel Disney – o Grand Floridian, no Walt Disney World; e dois "Hotéis da Disneylândia": um em Hong Kong e outro na entrada da Disneylândia de Paris.

É justo perguntar por que Michael Eisner, tendo disponíveis tantos designers na empresa e outros tantos com uma vasta experiência no design de hotéis, escolheu a rota dos "arquitetos-estrelas", mesmo que não tivessem experiência com projetos de hotéis. Creio que há três razões lógicas.

Primeiro, era uma *oportunidade*. Como CEO da Disney durante os primeiros doze anos de operação do Walt Disney World, Card Walker optou por direcionar as finanças da companhia para a construção de novas atrações e novos parques, especialmente o Epcot. Isso fez que hotéis fora do Walt Disney World atendessem à demanda por acomodação do público do Magic Kingdom e do Epcot. E isso acabou deixando o Walt Disney World apenas com dois hotéis, o Contemporary e o Polynesian – ambos inaugurados em 1971 –, quando Eisner se tornou CEO, em 1984.

Segundo, aquele truísmo "só existe um nome na porta" significou que os parques estariam sempre relacionados a um homem: Walt Disney. Michael queria um jogo que ele pudesse jogar, e ganhar muito. Conta-se que Victor Ganz, um amigo próximo do pai de Michael, influenciou Eisner sobre o potencial de fazer da arquitetura uma prioridade. A família Ganz e os Eisner, na juventude de Michael, moravam no mesmo prédio em Nova York. Ganz foi vice-presidente do Whitney Museum of American Art e um dos mais astutos colecionadores de arte do século XX de todo o país, sendo proprietário de trabalhos de Picasso, Jasper Johns, Robert Rauschenberg e Frank Stella. O leilão da coleção, que aconteceu assim que sua viúva morreu em 1997, arrecadou quase US$ 200 milhões. Victor Ganz era um homem que Michael Eisner ouvia.

Terceiro, claro, era a atenção da mídia que esses arquitetos renomados chamavam – e não apenas na *Variety* e no mundo do entretenimento. Suas construções ganharam a atenção da *Architectural Digest*, do *The New York Times* e outros veículos importantes. Designers de parques temáticos, por sua vez, são praticamente anônimos.

Há uma análise muito interessante desse período no livro de Alan Lapidus, *Everything by Design: my Life as an Architect*, publicado pela St. Martin's Press em 2007. Lapidus destaca que Michael Graves, então dando aulas na Princeton's School of Architecture, tinha projetado apenas dois grandes prédios quando Eisner o selecionou para o que se tornaram os hotéis Dolphin e Swan. Suas construções anteriores tinham sido "ambas prédios de escritórios inspirados no ego dos clientes [...] e eles extrapolaram os orçamentos de maneira notável", escreveu Lapidus.

Uma vez que os hotéis seriam da empresa de John Tishman, mas construídas na propriedade do Walt Disney World, Eisner e Tishman teriam de aprovar o projeto. Tishman queria um designer de hotéis experiente (Lapidus), assim trabalhariam bem juntos, já o projeto de Graves "sem dúvida chamava a atenção, mas não acomodaria facilmente as necessidades de um hotel", segundo Lapidus. A solução: "Graves e eu", Lapidus escreveu, "colaboraríamos no redesenho do conceito para produzir construções que realmente servissem para funcionar como hotéis." Lapidus segue descrevendo a interação entre Tishman e Eisner:

Em uma reunião, John Tishman, completamente frustrado, perguntou a Eisner por que estavam seguindo aquele processo caro e confuso. Os hotéis ficariam bizarros, o que John achou que poderia ser um diferencial, mas custariam muito mais e, mesmo com minha ajuda, não seriam nem um pouco eficientes.

Olhando intensamente para Tishman, Eisner respondeu: "John, tenho 44 anos, já ganhei mais dinheiro do que sonhei. Agora quero estar na capa da revista *Time*. Usando o arquiteto mais controverso do país, vou estabelecer a Disney como uma séria incentivadora das artes". Tanto pela forma como pela função! Numa observação mais prática, Eisner teria dito: "Nos filmes, usamos as melhores cabeças, os melhores escritores que podemos encontrar. Não entendo por que não podemos usar as melhores cabeças do design".

Então, ao chamar e dar crédito publicamente a arquitetos renomados de fora da Disney em vez de usar a equipe interna, Eisner disse que seus objetivos eram "criar alguma coisa que as pessoas não encontram em casa, construções que façam as pessoas sorrirem" e "criar um sentimento de espaço único".[2]

---

2. De *Everything by Design*. © 2007 by Alan Lapidus. Reimpresso com permissão da St. Martin's Press. Todos os direitos reservados.

* * *

Fala-se que Michael Eisner e Frank Wells tinham uma relação de trabalho que lembrava a época em que Walt Disney e Roy O. Disney comandavam a empresa, mas eu nunca vi dessa forma. Walt e Roy atuavam em esferas de influência bem diferentes, existia uma clara separação entre a criação do produto, seu marketing e o controle financeiro. Michael e Frank, por sua vez, podem ter achado que estavam fazendo coisas similares – Michael comandando o desenvolvimento de produto, Frank liderando o lado dos negócios. Mas, na verdade, a relação profissional deles ultrapassava as fronteiras, reais ou imaginárias. Nunca soube de uma reunião de desenvolvimento de roteiro em que Roy estivesse junto com Walt. Ao contrário, Michael Eisner e Frank Wells estavam, em geral, juntos nas reuniões, principalmente nos primeiros anos.

No livro *Working Together: Why Great Partnerships Succeed*, publicado pela Harper Business em 2010, Eisner escreveu como a relação começou, em setembro de 1984:

Fomos colocados juntos no maior desafio de nossas vidas profissionais. Por dez anos, a jornada seria tão excitante, divertida, recompensadora e triunfante quanto poderíamos ter ousado imaginar. Desde o primeiro dia no escritório, minha parceria com Frank Wells ensinou-me como era trabalhar com alguém que não apenas protegia a organização, mas me protegia, me dava conselhos, me apoiava, e tudo isso de maneira completamente espontânea.

Gostaria de pensar que fiz o mesmo por Frank, assim como pela companhia. Crescemos juntos, aprendemos juntos e descobrimos juntos como transformar o que era, em retrospecto, um pequeno negócio em um verdadeiro grande negócio.

Aprendemos que um mais um dá muito mais que dois. Aprendemos como trabalhar juntos pode ser recompensador.[3]

Michael definiu as contribuições de Frank para seu sucesso nos seguintes termos:

Agora, a coisa mais importante que leva ao sucesso criativo é ter pessoas que venham com grandes ideias. Mas a outra coisa mais importante é em geral negligenciada: ter pessoas que viabilizem aquelas grandes ideias, e apoiem aquelas pessoas criativas – administrem a criatividade com uma visão econômica real. Não é uma coisa fácil – em todas as instâncias, é muito mais seguro dizer não, e é necessário um líder especial e corajoso para dizer sim. Esse líder que esteve ao meu lado, que me ensinou e animou a Disney foi Frank. Além das incontáveis ideias para filmes e programas de televisão e parques temáticos que ajudou a fazer acontecer, ele me apoiou, também, em pequenas mas memoráveis decisões, como chamar arquitetos de ponta para os novos hotéis em nossos parques temáticos ou outros projetos e colocar as animações Disney na era da computação a um custo enorme [...]

Frank foi quem ajudou para que todas essas ideias acontecessem, mantendo todos os gestores de todos os criativos e financeiros nos espaços destinados a cada um de nossos projetos. Ele foi o catalisador que encontrou um meio de trazê-los à vida. E adorou fazer isso.[4]

Frank Wells chegou à Disney pelas mãos de Roy Edward Disney, o filho de Roy O. Disney e sobrinho de Walt. Roy e seu parceiro de

---

3. Do livro *Working Together*, de Michael Eisner. Copyright © 2010 by The Eisner Foundation, Inc. Reimpresso com permissão da HarperBusiness. Todos os direitos reservados.

4. Do livro *Working Together*, de Michael Eisner. Copyright © 2010 by The Eisner Foundation, Inc. Reimpresso com permissão da HarperBusiness. Todos os direitos reservados.

negócios Stanley Gold, da Shamrock Holdings, uma empresa da família de Roy, liderou uma rebelião que tirou Ron Miller, marido de Diane Disney Miller, prima de Roy, do cargo de presidente e CEO da Disney.

Antes de se tornar presidente e depois vice-presidente do conselho de administração da Warner Bros. Entertainment Inc., Frank era sócio de Stanley Gold no escritório de advocacia especializada em entretenimento Gang Tyre & Brown.

Frank estudou no Pomona College, na Califórnia, antes de se tornar bolsista Rhodes por dois anos em Oxford e receber seu diploma em direito em Stanford. Ele deixou a Warner Bros. em 1982 para realizar um incrível desejo: escalar a montanha mais alta de cada continente. Embora tenha fracassado ao tentar escalar o Everest, a mais alta montanha do mundo, com 8.848 metros, ele escreveu sobre cada desafio no livro *Seven Summits*. Sua aventura seguinte foi escalar os picos dos Magic Kingdoms da Disney.

Tenho boas lembranças do trabalho com Frank Wells. Ele podia estar totalmente concentrado para uma reunião às seis da manhã, em sua casa, sobre a Euro Disney (ele, às vezes, participava vestindo pijama, roupão e pantufas) ou ligar às três da madrugada sem se dar conta disso (não importava onde estivesse no mundo, a hora que ele vivia era a que valia para *todos* os lugares!). Testemunhei-o manipulando líderes de empresas (ele se tornou o melhor vendedor e soldado das alianças corporativas, assinando patrocínios multimilionários com duração de vários anos para as atrações dos parques da Disney). E eu estava lá quando ele teve de pedir emprestados US$ 10 para pagar o estacionamento do Century Plaza Hotel porque tinha esquecido a carteira em casa.

Uma manhã, em Tóquio, ele pediu a mim e a Pete Clark, então responsável pelos patrocínios do parque, para correr com ele ao redor do Imperial Palace; a distância de cerca de 6,5 quilômetros, e a velocidade baixa de Frank nos deu tempo suficiente para tratar de um assunto que ele queria discutir. Pete, um bom corredor, finalmente perguntou se poderíamos acelerar um pouco no último 1,5 quilômetro para suar um pouco.

As histórias de Frank Wells tornaram-se lendas na Disney. Um dia, ele estava apressado para terminar um importante documento quando se deu conta de que precisava pegar um voo para Nova York. Pediu a Shari Kimoto, sua assistente, que o acompanhasse no caminho para o aeroporto enquanto ele terminava de ditar o documento. Sem conseguir terminá-lo, comprou uma passagem para Shari e continuou ditando enquanto cruzava o país. Na manhã seguinte, Shari digitou um rascunho no escritório da Disney. Era a hora da revisão. Na segunda manhã em Nova York, perguntaram à assistente por que ela estava usando as mesmas roupas de quando tinha chegado. Frank, claro, nunca percebeu; ele estava focado na sua tarefa.

Frank nunca deixou que obstáculos aparentes atrapalhassem seu caminho. Uma manhã, quando eu estava de férias, Frank me ligou.

"O que você está fazendo, Marty?", ele perguntou.

"Bem, Frank, estou de sunga olhando o oceano Pacífico – na verdade, há alguns golfinhos passando bem agora."

Frank fingiu não ter me escutado. "Como você gostaria de vir a Nova York?", ele disse.

"Ótimo", respondi, "volto das minhas férias na próxima segunda."

"Preciso de você aqui para uma reunião *amanhã de manhã*", a voz no telefone disse.

"Mas, Frank", respondi, "minha esposa e eu vamos ao Hollywood Bowl hoje à noite com alguns amigos."

"OK", Frank respondeu, "mas deixe seus amigos dirigirem, assim eles podem levar Leah para casa – vou pedir para buscá-lo e deixá-lo no aeroporto a tempo para pegar o voo da meia-noite para Nova York."

Claro que você sabe como isso terminou. Peguei o voo da meia-noite de Los Angeles para Nova York e cheguei ao JFK antes das 7 horas. Um motorista me levou para um helicóptero, a dez minutos do aeroporto, que me levou para New Jersey, onde outro carro aguardava para me levar a um hotel. Às 8 horas, já tinha tomado banho e me barbeado e estava na suíte de Frank Wells para o café da manhã. Às 10 horas, estávamos em reunião com o presidente da AT&T, e Frank me pediu para dar informações sobre o design e o conceito que ele queria transmitir – diretamente do líder criativo da Imagineering para o presidente da AT&T.

Às 11h30, estava na porta e começou o caminho inverso: da limusine para o helicóptero, de volta para Nova York, motorista para o aeroporto, voo das 13 horas de volta para Los Angeles. Então outra limusine para outro helicóptero, que me levou para Orange County, a 50 quilômetros de distância, onde outro motorista me levou para minhas férias, "isolado" na praia, olhando para o Pacífico, onde cheguei às 18h30 – exatamente 21 horas desde que tinha saído do Hollywood Bowl, e cerca de 30 horas desde que Frank Wells me telefonara para falar de meus novos planos de viagem. "No fim do dia" (uma das expressões favoritas de Frank), fechamos o negócio. E, tenho de admitir, Frank Wells precisava da minha presença para a apresentação. Mas, acredite, foi um dia muito longo!

A expressão de Frank me impressionou bastante. Era uma metáfora de como ele queria que deixássemos uma reunião – com uma decisão, com um acordo sobre os próximos passos. Era desse jeito que ele queria concluir negociações com outras empresas – você pode fechar o negócio ou não, mas sai dali sabendo, "no fim do dia", que colocou todos os seus recursos na mesa e fez o seu melhor.

O entusiasmo de Eisner e as habilidades de gerenciamento e negócio de Wells sempre foram uma combinação mágica. Um dos melhores exemplos é o caminho que nos levou ao lançamento do terceiro parque no Walt Disney World – o Disney-MGM Studios. (O nome foi mudado em 2009 para Hollywood Studios da Disney.)

Quando o Epcot foi inaugurado em outubro de 1982 – dois anos antes da chegada de Eisner e Wells à Disney –, nossa equipe criativa na Imagineering começou uma análise dos assuntos e histórias que sentíamos que estavam faltando na área do Future World, e países que gostaríamos especialmente de incluir no World Showcase. Em nossa pesquisa, encontramos uma importante omissão: não havia nenhum pavilhão relacionado com o show business. Sim, o parque era todo sobre entretenimento e diversão – mas que tal explorar a televisão, a Broadway ou como os filmes são feitos?

Começamos a desenvolver nosso "pavilhão do entretenimento" para o Epcot. Quando apresentamos os primeiros conceitos para Michael e Frank, estávamos animados com o seu alcance – e eles logo viram um outro potencial: por que não colocar isso do *lado de fora*, adjacente ao Epcot, e fazer disso uma experiência à parte, talvez um parque para ser visitado em meio dia? Isso traria rapidamente uma nova atração fundamental para o mix do Walt Disney World, dando aos visitante novas razões para prolongar sua estadia.

O jovem designer Bob Weis, formado em arquitetura, logo se tornou o líder do projeto. Bob tinha aprendido tudo na Imagineering como coordenador de design na Disneylândia de Tóquio. De repente, a ideia decolou. Como geralmente acontece com competições, o conceito ganhou vida própria quando os Universal Studios anunciaram que construiriam um "Studio Park" na região central da Flórida baseado na atração Universal Hollywood, cujo maior apelo era o *tour* pelos estúdios onde os filmes eram *realmente* feitos. Na verdade, a história real ("Era o camarim de Lucille Ball") era a principal moeda usada pelo marketing.

Competição é sempre como uma torneira para uma organização de design: abra e veja escritores, arquitetos e engenheiros correndo.

De repente, Michael e Frank estavam nos pressionando – e os Imagineers estavam desenhando o mais rápido que podiam. Mais rápido do que o tempo que você gasta para falar "Vamos chegar primeiro!", estávamos chegando ao final. O parque para ser visitado em meio dia morreu rapidamente, mas nossa ideia inicial nos deu uma vantagem para criarmos um parque muito maior, que foi inaugurado um ano antes do Universal Studios Orlando.

Mas o desenvolvimento de conceito não era uma questão simples naqueles primeiros dias de Eisner-Wells. A crença generalizada era que o sucesso do *tour* da Universal em Hollywood dependia do fato de que produções reais eram feitas ali nos estúdios. Como um parque em Orlando, Flórida, poderia usar o mesmo marketing que Michael acreditava ser o máximo?

A resposta tinha dois lados: 1) construindo estúdios onde programas de TV como um novo *Mickey Mouse Club* e alguns filmes pudessem ser feitos enquanto os visitantes assistiam dos corredores acima ou de um lado dos palcos; e 2) mostrando os animadores da Disney trabalhando como parte de um *tour* que ensinasse o processo de animação. Essa ideia imediatamente causou um conflito entre os Imagineers e o grupo Feature Animation da Disney, dirigido por Peter Schneider.

Em retrospecto, o conflito era compreensível. Numa época em que a Feature Animation estava construindo uma nova organização que logo iria produzir *A Bela e a Fera* (1991) e *O Rei Leão* (1994), ela também precisaria criar uma equipe de animação distante da liderança de Burbank... uma equipe que não trabalharia em escritórios, mas em espaços abertos, visíveis aos turistas através de grandes janelas. Não era algo simples para os animadores, e acredito que só funcionou por causa de Jeffrey Katzenberg, então chefe do estúdio. Anos mais tarde, quando diminuiu o interesse em ver artistas trabalhando em suas mesas de animação (muitas vezes as mesas ficavam vazias), os animadores mudaram para um prédio vizinho e foram responsáveis pela criação do popular filme *Lilo & Stitch*.

O nome The Disney-MGM Studios é um excelente exemplo da maneira que Michael e Frank trabalhavam como uma voz única. Foi Michael quem se preocupou com o fato de que os filmes Disney, sozinhos, em meados dos anos 1980, não garantiriam uma variedade suficiente para a criação e o marketing do parque. Frank, sabendo que a Warner Bros. (onde já tinha sido um alto executivo), a Paramount (antigo empregador de Eisner), a Sony e, claro, a Universal nunca licenciariam seus filmes para a Disney, fez uma oferta inicial e convincente pelos direitos para usar o nome MGM e uma seleção de seus filmes em um contrato de vinte anos.

Frank Wells trabalhou buscando outro advogado. Frank Rothman construíra sua reputação com legislação esportiva (entre seus clientes estava a National Football League) e com a área de entretenimento. Como Rothman estava quase no fim de seu mandato de conselheiro dos MGM Studios, Frank Wells pediu a Bob Weis e a mim que repassássemos nosso conceito para o projeto do Studio com Rothman. O acordo, que incluía além do nome, o acesso a alguns filmes (a propriedade dos arquivos da MGM era uma teia confusa, com muitas películas então controladas pela empresa de Ted Turner), foi fechado logo depois.

Mais tarde, houve rumores de que Kirk Kerkorian, que controlava os direitos da MGM, não ficara feliz com o fato de Rothman ter assinado com a Disney, especialmente pela inclusão de um dos maiores símbolos mundiais, o leão da MGM. Mas, então, já era tarde, e o Disney-MGM Studios já era *fato consumado*.

Por muitos anos, o famoso leão da MGM rugiu no logo do Disney-MGM Studios e, quando o contrato de licenciamento terminou, em 2009, o parque, que mudou o nome para Hollywood Studios, tornou-se o quinto mais visitado nos Estados Unidos (perdendo apenas para seus irmãos Disney: Magic Kingdom, Disneylândia, Epcot e Animal Kingdom).

Um dos aspectos mais positivos da parceria Eisner-Wells era que seus escritórios eram adjacentes. Se você estava em reunião com um deles, especialmente Frank, e surgia uma questão que pedia a opinião do outro, eles simplesmente abriam a porta que conectava as salas, perguntavam se o outro estava disponível e, na maioria das vezes, tomavam uma decisão na hora.

Uma questão importante foi a relacionada com a separação dos braços criativo e operacional dos parques da Disney. Como vimos, antes de Eisner assumir, Dick Nunis, um membro da diretoria, abandonou completamente seu colega de futebol e apoiou a saída do CEO e presidente Ron Miller. Na verdade, foi amplamente divulgado que Nunis escreveu uma carta para o conselheiro Ray Watson sugerindo que o novo presidente da companhia fosse Richard A. Nunis. Quando sua oferta não foi aceita e o conselho contratou Eisner e Wells, Nunis procurou aumentar seu poder, tentando controlar os Imagineers mais uma vez.

Michael e Frank rapidamente se deram conta do que Walt Disney, e mais tarde Card Walker, tinham entendido: ter dois pontos de vista é sempre melhor do que ter apenas um, e a tensão entre as equipes criativa e operacional pode trazer à tona todas as questões *antes* de o projeto começar. Essa tensão foi a razão pela qual Walt deixou Buzz Price como consultor *externo*. Buzz colocou isso de forma sucinta: "Eu não precisava ser um homem do 'sim, senhor'!".

Em uma ocasião, depois de consultar Eisner, Frank me instruiu dizendo: "Ligue para Nunis e diga-lhe que queremos continuar" com um projeto que estava em discussão. Dei-me conta imediatamente de que meu telefonema daria início a outra guerra verbal entre Atrações-Imagineering. Afinal de contas, eu tinha acabado de ter uma outra "discussão" com Nunis, dessa vez para ouvi-lo acusar um Imagineer de estar usando drogas. "Me dê uma prova que trato disso imediatamente", falei a Dick. Nunca mais o ouvi falar no assunto. Fazia parte do estilo *bullying* dele.

"Frank", eu protestei, "Dick não se reporta a você?"

"É claro que sim", Frank Wells disse.

"Bem, por que você não liga pra ele e lhe diz o que você e o Michael decidiram – você sabe, ele vai te ligar assim que eu desligar", eu disse.

"Sim", foi a resposta do Frank, "e eu estarei pronto para tratar disso."

Um incidente nos primeiros dias do Disney-MGM Studios me fez violar todos os padrões profissionais e civis que pratiquei durante toda a minha carreira. No início do projeto, ficou claro que os corredores elevados que desenhamos para o *tour* tinham desafios importantes. Para compensar a falta de produções de TV ou de filmes, e o fato de que a preparação de um estúdio para um programa toma mais tempo que a própria gravação, nossa equipe produziu vários pequenos vídeos que podiam ser vistos em pontos estratégicos ao longo dos corredores. Eles incluíam muitos famosos, entre os quais Warren Beatty, Tom Selleck, Carol Burnett e Goldie Hawn. No final, havia um cinema onde os visitantes sentavam para o final do *tour* com a *História da montagem*, com George Lucas, a *História do áudio*, com Mel Gibson e Pee-Wee Herman. Então vinham *trailers* de filmes da Disney que logo seriam lançados. Tom Fitzgerald relembra a apresentação:

> Trabalhando com a Feature Animation, tivemos a ideia de criar pequenos filmes para terminar os *trailers*. Dirigidos por Jerry Rees, os filmes que misturavam atores reais e animação (lembre-se que isso foi na época de *Roger Rabbit*, quando essa técnica era nova e única) mostravam Michael Eisner e Mickey Mouse no Studio, olhando para uma tela que

apresentava algumas das próximas atrações. Os personagens animados e a equipe real do Studio então se reuniam no cinema. Um momento de destaque era quando Eisner falava para Chernabog [o monstro de *Fantasia*] que ele estava tampando a visão de todo mundo. E um comportado Chernabog respondia: "Desculpe, sr. Eisner, não vai acontecer de novo!".

A escassez de produções reais para assistir, no entanto, fez o apelo dos corredores elevados diminuir. Com o tempo, eles foram abandonados e o espaço foi incorporado a outras atrações. Mas, no primeiro ano, estávamos em nossa curva de aprendizado, experimentando vários programas e produções, explorando e entendendo o interesse do público. Mas isso não era o suficiente para Dick Nunis.

Assumindo os problemas para si, ele fez sua equipe de manutenção agir como predadores noturnos – literalmente, no meio da noite, eles quebraram paredes ao longo dos corredores e colocaram portas com a placa de "saída", assim, os visitantes poderiam abandonar o *tour antes* da apresentação final de "Michael e Mickey". Eu falei com Frank Wells imediatamente e, como estávamos todos na Flórida alguns dias depois da ação de Nunis, Frank organizou uma reunião no local em que o *tour* se iniciava, um lugar público, que avançava pelo Animation Courtyard, em frente à entrada do Animation Building.

Frank começou a discussão pedindo a Bob Weis para explicar a sequência da atração; Bob fez um excelente trabalho ao repassar o show, deixando claro por que era importante para todos os visitantes verem todas as partes do *tour*, incluindo a apresentação no cinema. Quando ele acabou, foi a vez de Nunis, mas, em vez de explicar as razões operacionais para a invasão noturna, ele colocou uma mão no ombro de Bob e começou: "Agora, meu jovem, quando tiver mais tempo neste negócio você vai entender...". Foi quando perdi o controle: coloquei-me na frente de Nunis – ele era 15 centímetros mais alto e 20 quilos mais pesado que eu – e disse: "F*** – e nunca

262 Sonhe e faça acontecer

mais venha com esse papo de 'meu jovem' com minha equipe de novo!". Não foi legal, e peço desculpas a qualquer visitante que nos tenha ouvido. Mas funcionou; as novas portas de saída foram fechadas e nossa sequência original continuou. Frank deixou o futuro da atração nas mãos dos visitantes e, depois de um ou dois anos, eles decidiram. Como uma equipe da Disney – Imagineers e operadores atuando em conjunto –, concordamos que não estava funcionando. A aventura do corredor foi fechada para sempre.

Um de nossos grandes triunfos sobre o desconhecimento inicial de Michael sobre a Imagineering parece fácil de ser percebido hoje. Em contraste com a publicidade (e os egos) associada aos talentos em filmes e televisão, os Imagineers – e sua habilidade para o design e para a história – são praticamente desconhecidos fora dos parques e da indústria. Michael queria deixar isso dessa forma; não era para outro estúdio, ele ponderava, conhecer e tentar contratar o talento da Imagineering.

Era um sonho impossível. Toda vez que inaugurávamos uma nova atração, parque ou resort, os principais Imagineers que criaram e construíram o projeto ganhavam espaço na mídia para perguntas e fotos. Mas demorou até 1996, doze anos depois de sua chegada à Disney, para Eisner ceder e permitir a criação do mais importante livro em capa dura sobre a Imagineering. Mesmo assim, foi necessária uma estratégia especial para convencer o CEO da Disney.

Quando a "Equipe do Livro" – os Imagineers Bruce Gordon, David Mumford, Kevin Rafferty e Randy Webster – propôs uma publicação sobre a Imagineering "criada e escrita pelos próprios Imagineers", afirmei que a maneira de conseguir a aprovação de Eisner era convencê-lo de que se tratava de uma excelente oportunidade de negócio. Então abordamos Bob Miller, que criou o selo de livros Disney na Hyperion. Quando Bob se mostrou entusiasmado com o potencial de vendas, nós o armamos com material ilustrativo e pedimos a ele que fizesse a primeira venda para Michael, baseando-se no potencial de faturamento do livro para a Hyperion. Bob foi tão bem-sucedido que Michael até aceitou escrever um prefácio.

Nosso livro de 192 páginas, intitulado *Walt Disney Imagineering: a Behind the Dreams Look at Making the Magic Real*, tornou-se um dos projetos favoritos de Wendy Lefkon, diretora editorial da Disney Editions. Em capa dura e brochura, já vendeu mais de 150 mil exemplares... e agora concorre nas lojas com o segundo livro de 192 páginas, a edição publicada em 2010 que ganhou no título a seguinte frase: ... *Making MORE Magic Real*.

13

Sala de Reunião do Edie: "Você está levando minha lógica para uma conclusão muito lógica!"

Frank Wells estava usando seu método socrático de bolsista Rhodes durante a reunião para rebater os argumentos de Gary Wilson, o diretor financeiro da Disney. Finalmente, Wilson jogou sua carta: "Frank, você está levando a minha lógica para uma conclusão muito lógica!". No dia seguinte, escrevi a frase de Gary Wilson e a data 12/2/1987 num bloco de anotações e pendurei a folha no mural da Sala de Reunião do Edie.

Sempre fui fascinado por conselhos importantes que se tornam icônicos pela repetição. Em geral, se trata de filosofia sagaz, como o fantástico "O futuro não é mais o que costumava ser", do poeta francês Paul Valéry (frequentemente atribuído a Yogi Berra, estrela do beisebol do Yankee). Ou este conselho do grande *pitcher* do beisebol Satchel Paige. "Não olhe para trás", ele aconselha. "Alguma coisa pode estar se aproximando."

Na Imagineering, tínhamos nossas versões de comentários impagáveis, e, algumas vezes, conselhos de um milhão de dólares nos murais das salas de reunião. Batizada em homenagem a Edie Flynn, assistente de Richard Irvine, essa sala de conferência teve reuniões gravadas e poderia contar a história dos negócios dos parques da Disney desde meados de 1960 até meados de 1990 – incluindo decisões tomadas por Walt Disney, enquanto o Walt Disney World estava nos estágios iniciais de planejamento, até a inauguração da Disneylândia de Paris e os primeiros anos da liderança de Michael Eisner.

Apesar de nenhuma gravação ter sido feita, os murais tornaram-se meu método pessoal de jogar luz sobre sérios problemas de design e de tomada de decisão. Depois de uma reunião, eu me debruçava sobre as anotações e procurava por excelentes conselhos, atitudes e direcionamento de nossos líderes corporativos; confissões sobre enganos; ou esperanças e sonhos. Meus critérios eram: "Isso vai brilhar num show ou projeto? É algo de que quero lembrar? Isso nos dá pistas sobre as personalidades envolvidas?".

Ao todo, do final dos anos 1970 até meados de 1990 (quando nossos escritórios foram reformados e perdemos os murais), eu provavelmente pendurei nos murais trezentas anotações, esboços, reportagens e outros itens de interesse. Apenas alguns anos depois de minha aposentadoria, em 2009, encontrei um grande envelope em meus arquivos. Tinha, simplesmente, o título: "Murais do Edie", sem nenhuma outra pista das memórias que me esperavam ali dentro.

Agora, pela primeira vez, esse tesouro da Disney foi aberto; aqui estão algumas das preciosidades. Algumas vezes, os conselhos sagazes dos murais da Sala de Reunião do Edie vieram de grandes talentos de fora da Disney com os quais tivemos o privilégio de trabalhar.

Durante uma reunião sobre o original simulador Star Tours, da Disneylândia, alguém reclamou dos clichês que estavam sendo sugeridos na sessão de roteiro. Foi quando George Lucas deu seu conselho: "Não evite os clichês; são clichês porque funcionam!" (12/4/1986).

Alex Haley, autor de *Negras raízes*, trabalhou com os Imagineers num pavilhão não realizado das Nações Africanas para o World Showcase, do Epcot. Talvez por causa da frustração, Alex citou um antigo ditado africano: "Nunca deixe para amanhã nada que você pode deixar para depois de amanhã!" (17/10/1984).

O conselho de Haley talvez não seja o melhor em termos de prazos de construção, mas o presidente John Tishman, da Tishman Construction, registrou diretamente para Card Walker, em relação à data de abertura do Epcot: "1º de outubro nunca foi o problema; *1982* é o problema!" (8/9/1981).

Talvez reconhecendo o problema, o presidente da Disney, Donn Tatum, nos respondeu sobre acelerar a programação da construção: "Devemos certamente apoiar isso de uma maneira ainda a ser definida" (27/10/1981).

Foi na Sala de Reunião do Edie que ouvimos mais uma vez sobre o "Elástico E" de Michael Eisner; sua habilidade de mudar de ideia – sempre. Provavelmente Eisner tenha o recorde de citações que guardei durante seu reinado como CEO da Disney. Por exemplo:

"Isto é tão grande e impraticável – é isso que me atrai!" (11/11/1985).

"Tem que ser mágico – mas não tem que ser perfeito" (24/11/1987).

"Estamos comprometidos a agir como se soubéssemos o que estamos fazendo" (3/3/1988).

"Gosto disso porque foi guiado por entretenimento – e não por prédios de escritório!" (23/3/1988).

"Não vamos arriscar a empresa em uma ideia prática – arriscamos a companhia em um grande ideia" (10/11/1988).

"Fantasyland é nossa companhia" (7/6/1989).

Há também algumas anotações relacionadas à sempre única linguagem da Walt Disney Company:

Pete Clark, executivo de patrocínio corporativo, sobre a possibilidade de uma reunião com a empresa de doces Mars [Marte]: "Eu falei com Mars e eles provavelmente podem vir em 17/5".
Minha resposta: "Eu sei, eu sei – e Michael Eisner fala com Plutão!".

Algumas vezes havia as discussões territoriais sobre "quem é o responsável":

Gary Wilson: "Eu sou o responsável pelos hotéis e ninguém discutiu isso comigo!".
Frank Wells: "É porque este é um 'hotel assombrado' no parque Disney-MGM Studio, Gary!" (9/11/1988).

Algumas ideias eram profundas, como a do designer Tony Baxter: "Você só pode testar uma Disneylândia quando tiver uma" (1º/10/1987), e a do designer-filósofo John Hench: "Alguém tem que botar o ovo inicial. Não podemos ser todos contadores de ovos!" (17/4/1981). E o designer Joe Rohde sobre uma de suas primeiras tarefas no Animal Kingdom: "Isso não tem nada a ver com o que realmente está lá – é tudo percepção" (17/6/1987).

Larry Murphy, líder do planejamento estratégico corporativo da Disney – grupo que John Hench e a maioria de nós que nos considerávamos "botadores de ovos" víamos como o mais desprezado e desacreditado da companhia – era um alvo especial:

268 Sonhe e faça acontecer

Um designer frustrado: "Larry, só tome uma decisão!".

Larry Murphy: "Indecisão é a chave para a flexibilidade!" (29/4/1992).

Larry podia frustrar até seus chefes (como dá para perceber nesta conversa):

Gary Wilson: "Há uma lógica nisso".

Larry Murphy: "Faz sentido!".

Gary Wilson: "Não tenho certeza se faz sentido, mas há uma lógica nisso" (19/8/1987).

Numa discussão sobre o impacto sobre o público de uma nova atração dos projetos existentes no Walt Disney World:

Larry Murphy: "E sobre a canibalização?".

Eu: "Cuidamos disso no Animal Kingdom, Larry!" (25/7/1987).

Outras de minhas favoritas:

Card Walker, CEO da Walt Disney Productions, para o presidente Ron Miller: "Toda vez que você se sentir desencorajado, venha para a WED!" (29/4/1982).

Teri Rosen, minha assistente: "Pat passou e pediu para eu lhe dar este bilhete: 'Diga a Marty que eu [Pat] estou recebendo meu dinheiro hoje!'" (24/6/1981).

Jeffrey Katzenberg, presidente dos Walt Disney Studios, sobre o sucesso do Disney-MGM Studios: "A coisa não vai funcionar a não ser que funcione" (24/8/1987).

Bo Boyd, líder da Disney Consumer Products: "Sempre tente vender alguma coisa por mais do que você pagou por ela" (20/6/1988).

Randy Bright, executivo criativo da Imagineering responsável pela produção dos filmes do Epcot, no planejamento da produção do Circle-Vision: "A China é um lugar grande!" (25/11/1980).

Bob Gurr, designer de veículos: "A prática sempre funciona porque ela não sabe teoria" (6/2/1979).

John Hench: "Eles [visitantes] não saem dos parques assoviando as luzes ou a arquitetura" (23/2/1981).

Eu, em uma discussão sobre manter a qualidade de uma atração: "Lembre-se: todo dia é o *único dia* que muitos de nossos visitantes vão visitar um de nossos parques!" (6/7/1987).

Gary Wilson, fazendo um pronunciamento definitivo sobre atender as demandas de capacidade quando se projetam atrações e instalações para os parques e resorts da Disney: "Você não pode construir uma igreja para o domingo de Páscoa!" (20/11/1986).

As anotações também tratam da dificuldade de *começar* essas reuniões. Esses lembretes foram pendurados nos murais em 1988, 1991 e 1995:

"Frank Wells chegará em 7 minutos, por Shari."

Re: reunião Eisner/Ovitz New Tomorrowland: "Reunião foi mudada para 15h-17h em 31 de outubro (em vez de 15h30-17h30). Ovitz provavelmente chegará mais perto de 15h15 que de 15h."

Judson Green, então executivo financeiro e mais tarde presidente da Disney Parks and Resorts: "Não se preocupe – você nunca está tão atrasado para chegar cedo!" (21/1/1991)

Lei do atraso de Peter: "Pessoas que chegam atrasadas estão sempre com um humor melhor do que aquelas que têm de esperar por elas." (Citação do *Peter's Almanac*, 10 de abril de 1983 – de Dr. Laurence J. Peter, autor de *The Peter Principle*.)

Recentemente, em uma homenagem à memória de Barbara Hastings, minha assistente executiva de muitos anos, vi Gary Wilson. Quando contei a Gary sobre o título deste capítulo, ele riu e disse: "Este é o Frank!". É disso que sempre gostei nas anotações penduradas nos murais da Sala de Reunião do Edie. Elas foram escritas por pessoas reais que estavam revelando suas reais personalidade no campo de batalha.

14

Os franceses tinham uma expressão para isso: "Uma Chernobyl cultural"

Muitas pessoas na Disney, lideradas por Dick Nunis, queriam o primeiro parque da Disney na Europa localizado na costa mediterrânea da Espanha, onde o litoral e a disponibilidade de bastante terra permitiria a criação do European Walt Disney World, um resort de características únicas. Mas, quando a agência francesa New Town identificou um grande espaço na nova cidade de Marne-la--Vallée, perto da nova rodovia A4, a pouco mais de 30 quilômetros a leste de Paris – a uma viagem de carro da Alemanha, Bélgica, Holanda e dos maiores centros populacionais do país anfitrião –, a França ganhou a disputa.

"Por sua localização em uma nova cidade", Frank Stanek relembra, "todos os serviços de infraestrutura necessários seriam garantidos pelo governo, e a extensão da RER (Rede Expressa Regional) ligando Paris ao local por trem também estava garantida. Paris", Frank destaca, "com 12 milhões de habitantes e uma visitação anual de mais de 20 milhões de turistas, atendeu às nossas métricas, que indicavam que um mercado de 30 milhões de pessoas, combinando residentes e turistas, garantiria um público aproximado de 10 milhões de pessoas para um parque Disney. Os outros lugares da Europa não atendiam a essa métrica."

Havia muitos outros motivos para a Disney querer ficar no coração da Europa. Transporte e acesso aos centros culturais e de negócios do continente eram os principais. Com razão, Eisner viu a oportunidade de a nova Euro Disney atuar como catalisador para o crescimento de todos os negócios da companhia, especialmente produtos televisivos e de consumo, incluindo o novo produto, lançado em 1987: The Disney Store.

Este era para ser um salto para além da esfera em que os escritórios estrangeiros da Disney vinham operando desde os anos 1930 e 1940. Eles estavam focados principalmente em merchandising, publicações, licenciamento de personagens da Disney e distribuição de filmes. Originalmente, os gerentes desses escritórios eram representantes da Disney, mas, como o volume de merchandising e de licenciamentos cresceu depois da Segunda Guerra, a maioria deles se tornou empregado da Disney, reportando-se para os líderes de Merchandising/Produtos de Consumo em Burbank, e, em última instância, para Roy O. Disney durante muitos anos. A organização europeia precisava de uma revisão completa e de uma atualização na nova Disney de Eisner-Wells.

Também precisávamos entender melhor o mercado europeu para os parques temáticos. Para isso, Michael e Frank colocaram a nova aeronave da companhia, um Gulfstream II, em teste no grande circuito dos parques europeus em junho e julho de 1988. Além de Michael e Frank (e Jane Eisner e Luanne Wells), o grupo de estudos incluía Peter Rummell, chefe executivo da DDC (Disney Development Company), que estava encarregada do planejamento da propriedade e do desenvolvimento dos hotéis para o novo projeto; Bob Fitzpatrick, que falava francês e era casado com uma francesa, e que deixou a presidência do California Institute of the Arts para liderar o projeto Euro Disney; Tony Baxter, designer sênior da Imagineering que lideraria a criação do parque; e eu.

Os franceses tinham uma expressão para isso: "Uma Chernobyl cultural"   273

Visitamos Alton Towers, no Reino Unido, De Efteling, na Holanda, Gardaland, no lago Garda, na Itália, e um novo parque aquático francês perto de Biot, no sul da França. Apenas Efteling impressionou nosso grupo. Construído em uma bela região florestal, foi um trabalho do visionário ilustrador holandês Anton Pieck. (Também ficamos impressionados – ou eu deveria dizer surpresos – com a visão de uma bela mulher de topless andando de mãos dadas com suas duas crianças pelo parque aquático no sul da França. A experiência não levou a uma mudança no código de vestuário do parque Disney da França.)

Estava claro que nenhum desses parques ofereceria concorrência para o projeto Disney em Paris. Então, não foi surpresa quando, em 2011, muito depois de a Disneylândia de Paris ter se tornado a atração turística número um em toda a Europa (ultrapassando o público somado da Torre Eiffel e do Louvre), a Themed Entertainment Association (TEA) e a empresa de pesquisa Aecom, no seu "Global Attractions Attendance Report" [Relatório de Público das Atrações Globais], publicação anual, apresentaram os seguintes números de visitantes referentes ao ano anterior:

- Disneyland Park na Disneylândia de Paris: 10,9 milhões
- Walt Disney Studios na Disneylândia de Paris: 4,7 milhões
- De Efteling: 4,1 milhões
- Gardaland: 2,8 milhões
- Alton Towers: 2,6 milhões

A Euro Disney, rebatizada como Disneylândia de Paris em 1994, pareceu estar no modo prontidão cultural quase desde o dia em que foi assinado o contrato formal entre Michael Eisner, pela companhia francesa Euro Disney S.C.A., e Jacques Chirac, o primeiro-ministro da França, em março de 1987. A mídia francesa escreveu que "comunistas e intelectuais" viam a "invasão" da França pela Disney como um ataque à cultura francesa, um símbolo da sociedade de consumo americana que não era bem-vindo. Numa frase que seria muito lembrada, um diretor de teatro francês chamou o projeto Disney de "uma Chernobyl cultural".

No dia da abertura, em 12 de abril de 1992, a Disney estava envolvida em uma série de controvérsias, todas sugerindo uma insensibilidade com a cultura francesa. A equipe reclamava que as tradicionais políticas da Disney relacionadas a maquiagem, barba e uso de joias eram "ataques à liberdade individual", sindicatos franceses protestavam. A política estabelecida por Walt Disney na Disneylândia, em 1955, de nenhuma bebida alcoólica ser servida em parques da Disney do estilo Magic Kingdom, gerou *grande controvérsia* em uma cultura em que até crianças podem tomar vinho nas refeições. De repente, o *sushi* em Tóquio, o *grits* em Orlando e até as batatas fritas em Anaheim pareceram muito fáceis para a Walt Disney Company.

Havia uma lição a ser aprendida com o Walt Disney World, e Eisner, Wells, o CFO Gary Wilson, Rummell e o grupo de planejamento estratégico da Disney não iriam repetir o erro. Card Walker assumira a posição de que a Disney estava no negócio de parques, não no de hotéis. Como consequência, como falamos antes, apenas dois dos hotéis, os resorts *Polynesian* e *Contemporary*, e o menor *Golf Resort*, eram operados pela Disney no Walt Disney World quando os novos administradores chegaram em 1984. Fora da propriedade da Disney, uma dúzia de hotéis e motéis surgiram para oferecer acomodações para os turistas e, claro, nenhum deles gerava receita para a Disney. O que Walt tentou evitar com a compra de quase 113 km² – a selva de neon ao longo do Harbor Boulevard em Anaheim – aconteceu em Orlando. Dessa vez, foi chamada de International Drive, a alguns quilômetros do Walt Disney World, onde todo tipo de aventura para atrair o turista encontrou seu espaço.

O projeto de Paris foi uma grande oportunidade para Michael Eisner chamar os melhores arquitetos. A Disney poderia controlar o mercado dentro e ao redor da Euro Disney construindo e operando seus próprios hotéis... e Eisner poderia reunir alguns dos mais renomados arquitetos para projetá-los.

Esse "conselho de arquitetos" se reuniu em Glendale e Nova York em março e abril de 1988. Em ordem alfabética por sobrenome, incluía: Frank Gehry, Michael Graves, Robert A. M. Stern, Stanley Tigerman e Robert Venturi. Eisner chamou o grupo de "Gangue dos Cinco". Alimentados pela decisão da Disney de construir 5.800 quartos em sete espaços que precisariam estar prontos para a inauguração do parque, eles se tornaram os principais designers (com vários outros que chegaram depois) dos hotéis da Disney Village – todos com temas americanos: Nova York (Graves), Newport Bay e Cheyenne (Stern), Sequoia (arquiteto francês Antoine Grumbach), e Santa Fé (arquiteto do Novo México Antoine Predock). Gehry cuidou da Disney Village. Só Robert Venturi e Stanley Tigerman não receberam a aprovação da administração da Disney.

Quando Eisner avisou que seguiríamos com a ideia de um hotel em cada entrada do parque – prioridade para a Disney – e não faríamos o hotel com tema de Las Vegas de Venturi, ele o mandou a um dos prédios da Imagineering para discutir algumas questões com Tony Baxter e Wing Chao, que fazia a coordenação dos arquitetos terceirizados. Tony lembra a visita de Venturi:

Michael me disse para revisar o projeto geral de Venturi e falar com ele sobre o conceito do estilo Las Vegas. Em resposta, tive de ouvir uma palestra, numa linguagem que não vou repetir, sobre "como eu estava destruindo" o plano de Walt para o parque. Finalmente, depois de ouvi-lo por tempo suficiente, disse-lhe para tirar o traseiro de nosso prédio. Eu não tinha me dado conta de quão famoso ele era ou não teria tido coragem de mandá-lo embora!

Apesar do argumento de Venturi de que um hotel na entrada do parque atrapalharia a visão do castelo da Fantasyland, Eisner apoiou a defesa apaixonada do Imagineer Baxter e do designer Eddie Sotto. Frank Wells também estava preocupado com essa questão do hotel, mas por uma razão completamente diferente: ele receava que os hóspedes em quartos de frente para o parque poderiam pendurar suas roupas íntimas e de banho nas janelas, deixando-as visíveis de lá. Tivemos muitas discussões para tentar aliviar as preocupações de Frank e, por fim, essa questão foi levada em conta pela WATG de Irvine, Califórnia, a empresa que pouco antes tinha projetado o hotel Grand Floridian no Walt Disney World.

Liderada pelo talentoso Gerald Allison, a WATG transformou a ideia concebida por Baxter e Sotto num dos mais populares espaços hoteleiros da Europa – o Disneyland Hotel, de quinhentos quartos, na Disneylândia de Paris. Desenvolvendo o conceito proposto por Baxter e Sotto, o arquiteto Allison criou um projeto que funciona como a entrada visual e real do parque. Todas as bilheterias e portões de entrada estão localizados no *piso térreo* do hotel. O resultado é um ícone que só perde para Le Château de la Belle au Bois Dormant (Castelo da Bela Adormecida) na Disneylândia de Paris. O design de Allison colocou o VIP Castle Club e as suítes como os principais elementos de frente para o parque; nunca houve problemas em relação a roupas íntimas ou de banho, embora os hóspedes continuem a usá-las.

Recebendo 15 milhões de pessoas em seus dois parques em 2010, a Disneylândia de Paris tornou-se o destino mais popular do público europeu. Apesar de, como negócio, ainda continuar tendo problemas financeiros. Li e ouvi muitas análises e opiniões sobre os "erros" que a Disney cometeu. Estes são os dois mais repetidos:

Muitos hotéis, e quartos, foram construídos para a inauguração. Enquanto Card Walker errou por seu lado conservador e a Disney permitiu que hotéis e motéis de operadores externos se aproveitassem do sucesso do Walt Disney World, a Disney em Paris fez uma oferta a um mercado que ainda não estava estabelecido. Os conceitos da Gangue dos Cinco custaram muito para serem construídos, e geralmente perderam a mão em coisas como a capacidade dos restaurantes, um resultado explicado, em parte, pela falta de experiência da Disney com hotéis europeus.

O próprio parque foi muito caro. Michael Eisner teria dito que algumas instalações – especialmente as galerias atrás das lojas de cada lado da Main Street – eram muito caras e desnecessárias. No entanto, elas tinham dois principais propósitos: primeiro, como uma proteção contra o clima ruim (o inverno é frio e úmido em Marne-la-Vallée); e, segundo, como um caminho para a entrada e saída de visitantes quando um grande evento, como uma parada, tornava a passagem impossível pela Main Street.

Durante a preparação de um discurso para executivos e outros líderes da Disneylândia de Paris em 2011, mandei um recado para os principais Imagineers responsáveis pela construção e projeto do parque em Paris pedindo que compartilhassem suas memórias daquele período. Eddie Sotto, o principal designer da Main Street, mandou-me esta resposta:

Algumas vezes as pessoas me perguntam como as galerias da Main Street ficaram tão bonitas… Antes da abertura do parque, houve uma discussão sobre como os visitantes circulariam com o clima ruim. Michael Eisner assinou uma ordem para instalar tantas lareiras quantas fossem possíveis para garantir a sensação de calor. As galerias eliminaram oitenta lareiras a gás. […] Um dia, Frank Wells estava andando pela construção e entrou em uma das galerias. Elas não eram nada além de conchas vazias sem nenhum detalhe. Suas claraboias eram falsas e seriam iluminadas artificialmente, por isso, naquele momento, pareciam apenas corredores altos e escuros. [...] Frank [...] me puxou de lado e me aconselhou num tom que estava mais para uma ordem. Ele me disse que as galerias precisavam ser tão boas quanto o resto da Main Street, porque, naquele momento, elas estavam parecendo "o Buraco Negro de Calcutá! [...] Agora, arrume isso!". [...] Eu tentei explicar o que tínhamos pensado para o espaço, mas minha descrição florida não teve efeito nenhum; em sua cabeça, ele via um desastre e estava disposto a financiar qualquer melhoria necessária. Então, quando chegou a hora de completar o projeto, eu lembrei a meus superiores a conversa com Frank e por isso nunca houve nenhum problema em deixar as galerias tão elegantes quanto o resto da avenida. [...] Creio que o resultado nunca teria sido o mesmo sem a famosa referência a Calcutá. [...] Para seu crédito, quando mostraram a Frank quanto os desenhos finais tinham deixado de incluir os detalhes da Main Street original em sua versão europeia, ele foi o primeiro a se levantar e chamar oito arquitetos no último minuto, patrocinando um programa que gastou milhões de dólares na modelagem e na ornamentação da avenida para deixá-la tão deslumbrante como é hoje. Por isso, quando pessoas dizem coisas boas sobre o nível de detalhes da Main Street, temos de agradecer a nosso improvável herói Frank Wells, o homem que salvou a Main Street [e as galerias].

Refletindo sobre as críticas em relação a quanto, no geral, a performance financeira deve-se aos gastos excessivos com o parque, Eddie tem uma perspectiva a ser considerada: "O parque tem operado nos últimos vinte anos sem muitas melhorias significativas pela prudência em se investir numa grande atração", ele diz.

A paixão de Eddie Sotto por novas ideias e aventuras exclusivas é o sonho de um líder criativo. Um dia, ele apareceu na minha sala e me pediu para ir com ele ao hall, onde imediatamente deitou-se de costas, colocou suas mãos numa posição como se estivesse dirigindo um veículo e falou seu novo conceito. "Imagine que você esteja deitado em um veículo – uma cápsula espacial", ele disse. "Olhe – estou mexendo nos controles porque eu sou o piloto. Mas, próximos a mim, estão os outros membros da equipe, cada um com suas tarefas – e estamos *viajando* pelo espaço, sentindo as forças gravitacionais que os astronautas experimentam!"

Construímos um modelo em tamanho real da cápsula espacial para um grupo de quatro pessoas. Consultamos a NASA e sua equipe de astronautas, desenhamos o interior da cápsula, criamos uma história em torno de uma viagem para Marte, projetamos um novo tipo de simulador de movimento e, em 2003, inauguramos Mission: SPACE no Epcot no Walt Disney World. Minha lição de liderança? Tenha uma política de portas abertas – e tenha a certeza de que seu hall esteja limpo.

Compartilho a visão de Eddie Sotto sobre a Disneylândia de Paris, e quero dar crédito onde crédito é devido ao conceito, design e construção do parque diante de tantos obstáculos. Na verdade, o início estava fadado ao desastre até sermos resgatados pela liderança de um homem – meu parceiro Stanley "Mickey" Steinberg.

Nossa equipe criativa na Imagineering era absolutamente de primeira classe. Era comandada por Tony Baxter, o criador da Big Thunder Mountain Railroad e da Splash Mountain na Disneylândia, e cocriador, com George Lucas e Tom Fitzgerald, da Star Tours. Os líderes de design eram Eddie Sotto (Main Street), Tim Delaney (Discoveryland), Jeff Burke (Frontierland), Chris Tietz (Adventureland) e Tom Morris (Fantasyland). Por outro lado, o gerenciamento de projetos e a organização da construção eram uma bagunça – e foi aí que Mickey Steinberg entrou em cena.

No seu livro *Work in Progress*, publicado em 1998 pela Random House, Michael Eisner lembra o impacto de Steinberg:

Diante do aumento de nossos problemas de construção, a solução de Frank foi trazer Mickey Steinberg para o projeto no final de 1988. Um homem grande e sem cerimônias, com um entusiasmo apaixonado e pavio curto, Mickey tinha trabalhado com o arquiteto John Portman durante 27 anos, dirigindo sua empresa e acompanhando a construção de seus hotéis. Agora ele era o vice-presidente executivo da Imagineering, abaixo de Marty Sklar. Na Euro Disney, Mickey rapidamente chegou à conclusão de que nossa estrutura organizacional era disfuncional. "Vocês caminham para um dos maiores desastres que já vi na construção", ele disse a Frank depois de visitar as obras. "A não ser que alguma coisa mude, vocês não vão terminar dentro do prazo." Como Mickey analisou, a empresa que contratamos era de gerentes de construção. "Precisamos de gerentes de projeto que entendam todo o processo, desde construção até design e operações", disse. "Se você quiser gastar mais em algum aspecto do design, o trabalho do gerente de projeto é o de ajudá-lo a encontrar algum lugar onde economizar. É uma questão de escolha. Isso não está sendo feito agora."[1]

A situação em que Mickey Steinberg estava começando a mexer era na verdade pior, tanto em termos de percepção da organização da Imagineering, em Glendale, quanto pela maneira como ficamos de mãos atadas pela administração da construção montada em Paris. No início dos quatro projetos anteriores que excederam o orçamento, incluindo a Pleasure Island, no Walt Disney World, Frank Wells criou um Livro Negro de preocupações – e enviou Jeff Rochlis à Imagineering para administrar e organizar a divisão. Conhecido na Disney como "O Exterminador" pelo seu papel de demitir muitos empregados antigos no Studio quando chegou a nova equipe

---

1. Do livro *Work in Progress*, de Michael Eisner. Copyright © 1998, 1999 by The Eisner Foundation, Inc. Reimpresso com permissão da Hyperion. Todos os direitos reservados.

administrativa trazida por Eisner e Wells, Rochlis não tinha experiência ou conhecimento de design nem de organização de construção. Ele ficou conhecido por implantar o "Triângulo do Sucesso", enfatizando os pilares óbvios que devem sustentar uma organização de design criativo: "Design, Cronograma e Qualidade".

O que Mickey Steinberg imediatamente percebeu era que Rochlis não acreditava que os Imagineers pudessem viver sob esses princípios. A solução de Rochlis foi passar a administração do parque para uma empresa de construção europeia que nunca tinha construído um parque temático ou suas atrações antes. Em essência, os Imagineers estavam sendo colocados como "ajuda contratada" para um trabalho da Disney.

Mickey Steinberg foi chamado para a Disney em função do Livro Negro de Frank Wells. Baseando-se nos projetos analisados por Wells, Steinberg encontrou uma organização que gerenciava projetos utilizando o sistema de "design-build", em resumo, entregando a responsabilidade do projeto para construtores externos. Mickey olhou e chamou essa maneira de repassar a responsabilidade de loucura.

A pedido de Frank Wells, Steinberg então se concentrou no projeto da Euro Disney. Em seu livro, Eisner escreve:

"No negócio de hotéis", Steinberg disse, "concentramo-nos em um ícone: o saguão. Na Disney, *tudo* é um saguão. E só os Imagineers entendem como fazer isso." Mickey gastou seus primeiros seis meses de trabalho fazendo listas de questões não resolvidas. Quando completou sua análise, concluiu que o orçamento para o parque tinha sido subestimado, e que seriam necessários mais US$ 150 milhões para terminá-lo. Ele também convenceu Frank de que precisaríamos trazer um grupo muito maior de Imagineers de Glendale. "Eu assumo a responsabilidade de nos mantermos dentro do orçamento que você me deu", Mickey falou, "mas nosso pessoal é o único que tem a *expertise* de que precisamos para construir esse parque."[2]

Foi preciso coragem – o que nunca foi um problema para Mickey Steinberg –, mas ele também falou para a administração corporativa da Disney que teríamos um atraso de um ano no projeto: "assim, conseguimos terminar os desenhos". Formado em arquitetura e engenharia, Mickey tinha construído hotéis, centros de convenções, prédios de escritórios e outros grandes projetos para a organização Portman, com sede em Atlanta. Ele sabia que, para um projeto ser construído com sucesso (você pode colocar aqui: "Alcançar os objetivos do 'Triângulo do Sucesso'"), são necessárias várias plantas, especialmente naqueles projetos que precisam ser metricamente convertidos para a construção em Paris. A organização que Rochlis estabeleceu tinha, de alguma forma, ignorado a importância de completar esses documentos vitais da indústria da construção.

Com suas novas responsabilidades (e a saída de Rochlis), Mickey formou uma nova equipe de gerenciamento de projetos. Um ex--colega da Portman, Fred Beckenstein, mudou-se para Paris para liderar a equipe de campo, e Orlando Ferrante (produção), Jim Thomas (estimativa) e Matt Priddy (manufatura) deixaram de ser mão de obra contratada para se tornarem peças fundamentais da liderança da Imagineering. Mas foi Steinberg, um sulista orgulhoso de sê-lo, duro como cimento quando necessário, compreensivo e incentivador quando a equipe de campo precisava disso, quem salvou o dia – e o projeto. Como líder administrativo, financeiro e do projeto, Mickey foi o sustentáculo supremo da equipe, permitindo que eu me concentrasse no desenvolvimento de histórias e novas ideias.

---

2. Do livro *Work in Progress*, de Michael Eisner. Copyright © 1998, 1999 by The Eisner Foundation, Inc. Reimpresso com permissão da Hyperion. Todos os direitos reservados.

Quando pedi histórias para os Imagineers que ficaram dois ou três anos na França construindo a Euro Disney, recebi esta "história do Mickey que foi muito pessoal para mim" de Skip Lange, o maior especialista em design com rochas e que já construiu montanhas, rios de floresta e ambientes temáticos ao redor do mundo:

Ao final de uma das difíceis "Reuniões do Mickey", depois de ter sido massacrado com problemas relativos ao trabalho com rocha, enquanto voltava para a locação gelada e úmida, colocando meu pesado casaco e vários cachecóis e luvas de esqui, murmurava que eu estava sendo acusado e apanhando por muitas coisas que não estavam na verdade sob meu controle, sendo elas mais assunto da administração do projeto e da construção. No meio do caminho, decidi parar, voltei e me dirigi ao escritório de Mickey, tirando todas as minhas camadas de roupa. Tive sorte de Mickey estar acabando uma reunião com a maioria dos gerentes, então ele aceitou conversar comigo. Comecei a falar, mas ele pegou a ideia principal rapidamente e me interrompeu no meio de uma frase. Então foi até seu assistente e lhe pediu para chamar todos os gerentes de volta.

Esperando por eles, Mickey puxou uma conversa enquanto eu entrava em pânico pensando no que tinha acabado de fazer com minha carreira na Disney. Assim que os gerentes chegaram, Mickey repetiu minha reclamação sobre não ter controle sobre meu próprio destino e informou a todos que eles não precisavam mais se preocupar com o trabalho com rocha nos seus respectivos mundos. Eu lhes informaria como o trabalho seria planejado, administrado e executado a partir daquele momento.

Minha animação durou apenas um segundo, quando então ele se virou para mim e disse: "Agora, senhor Lange, você sabe o que isso significa. Eu não vou procurar nenhum deles para saber sobre o trabalho com rocha, vou diretamente *ao senhor*. O senhor entendeu?". Com um "sim, senhor" e um "obrigado, senhor" deixei o escritório (e os gerentes espantados) e iniciei meu retorno para o canteiro de obras, novamente vestindo todas as roupas necessárias e pensando: "O que eu acabei de fazer?" [e] temendo ter criado uma briga com toda a equipe gerencial. Mas acabou sendo o contrário; acho que eles estavam felizes por se livrarem do trabalho com rocha e me ajudaram a fazer tudo acontecer da maneira mais eficiente possível. E Mickey, apesar de não ser nada fácil comigo, me apoiou bastante.

Todos os Imagineers que estavam na reunião ainda falam sobre a "Mágica do Mickey": durante a revisão de um projeto, Steinberg ficou tão enfurecido com um relatório de atraso no cronograma e estouro do orçamento que bateu seu punho na mesa. "Sua xícara de café pulou cerca de 3 centímetros no ar", uma testemunha me contou, "e o café subiu uns 12 ou 15 centímetros. Quando a xícara voltou, aterrissou perfeitamente na mesa e todo o café escorreu para dentro dela como que magnetizado. Não caiu uma gota na mesa!". Todos consideramos isso um sinal lá de cima de que ele estava certo. Com sua direção e liderança, estávamos confiantes de que poderíamos cumprir a nova data de inauguração.

A variedade de empreiteiros contratados era um desafio típico do projeto. Para construir a Big Thunder Mountain Railroad, a equipe teve de administrar um empreiteiro italiano (aço), um holandês (sistema de movimento), um francês (solo) e um irlandês (elétrico). Outro empreiteiro italiano perdeu a partida quando tentou intimidar Mickey Steinberg.

Outra "questão" com alguns de nossos empreiteiros era a autenticidade de nossos temas. Sabendo quanto o *grand design*, com alguns séculos de idade, fazia parte do dia a dia e como servia de atrativo para o turismo na Europa, nossos designers tinham consciência de que precisavam se inspirar na história e seu entorno, mas, ao mesmo tempo, criar algo único. "No final", Tom Morris, produtor de atração do Fantasyland, contou para a revista *D23* que este tinha sido o resultado:

Optamos por um castelo de fantasia que pareceria ter saído de um conto de fadas europeu. A primeira inspiração foi o jeito do monte Saint Michel de alcançar o céu enquanto se enrosca em si mesmo. Fiz um *tour* pelos castelos da região do Loire a oeste de Paris [inspiração para o Castelo da Cinderela no Walt Disney World]. As janelas de Chaumont eram interessantes, a torre do Azay-le-Rideau me impressionou, alguns fossos eram soberbos, [e] um vitral em particular me intrigou. A inspiração estava em todos os lugares. Por fim, queríamos incorporar as "árvores quadradas" do filme de Walt *A Bela Adormecida* para dar uma espécie de ar Eyvind Earle [designer de produção de *A Bela Adormecida*, que se inspirou nas tapeçarias do Museu Cluny, em Paris]. Assim, a história se fechou.

O dramático Château de la Belle au Bois Dormant (Castelo da Bela Adormecida) combina técnicas francesas de construção contemporâneas (concreto, aço e muita escavação e nivelamento) com artesanato europeu: entalhes de gesso, vitrais, peças decorativas de metal, telhas com padrões gráficos e tapeçarias (para o interior). Algumas das empresas que realizaram o trabalho estão em operação há mais de quinhentos anos, principalmente os produtores de tapeçarias e de telhas. Mas era função dos empreiteiros contemporâneos juntar todas as peças.

Seis meses antes da inauguração, um gerente de construção avisou Mickey que estavam dizendo que o empreiteiro da Fantasyland logo o procuraria para dizer que não conseguiria acabar o projeto... a não ser, claro, que recebesse um bônus atraente acima e além do contrato que tinha assinado. Steinberg consultou os advogados da Disney que lhe disseram que ele não poderia agir a não ser que o empreiteiro realmente fizesse a ameaça. Como se estivesse combinado, o empreiteiro italiano procurou Mickey e fez o ultimato. Steinberg o demitiu na hora. Na manhã seguinte, o empreiteiro irlandês, Mivan, já estava no lugar dele. Na verdade, ele estava apenas esperando que a ameaça acontecesse como tinha ouvido dizer. (Os irlandeses acabaram sendo os melhores trabalhadores do projeto. Os operários trouxeram suas família para a França e, toda sexta-feira à noite, celebravam os esforços da semana com uma gigantesca festa regada a cerveja.)

Morando na França nos últimos meses da construção, Mickey e Jim Cora, líder de operações, desenvolveram uma boa relação profissional. Por isso, enquanto Cora e sua equipe treinavam o pessoal de operação das atrações durante o dia, os Imagineers ficaram com o turno da noite nos últimos dois meses. "Os dois anos inteiros que estive lá foram de seis ou sete dias por semana, mais de dez horas por dia, mas nos últimos meses ficou ainda pior", Skip Lange me contou. "Lembro que, depois que a cafeteria do campo foi aberta, você podia ir lá a qualquer hora da noite e encontrar colegas dormindo sentados nos bancos. Muitos de nós estávamos trabalhando vinte horas por dia, indo para casa apenas para algumas horas de sono e uma chuveirada."

A combinação do inverno, dos cronogramas e dos turnos de trabalho noturnos acabou com muitos de nossa equipe, que estavam doentes quando chegou o dia da inauguração. Mesmo assim – e isso é verdade para todos os projetos internacionais que construímos, de Tóquio a Paris e Hong Kong –, a experiência de morar um, dois ou três anos em outro país é sempre considerada como uma oportunidade valiosa para quase todos os Imagineers com os quais conversei sobre o assunto. E isso também vale para as famílias. Muitos filhos de Imagineers "expatriados" tiveram experiências de formação no exterior, cursando a American School e aprendendo novos idiomas.

Quase sem exceção, acredito que os Imagineers têm grande orgulho de suas tarefas estrangeiras e adoram voltar para ver como os trabalhadores que treinaram no Japão, em Hong Kong e na França estão progredindo; muitos estão na equipe de manutenção dos parques que ajudaram a construir.

Os franceses tinham uma expressão para isso: "Uma Chernobyl cultural"

Na inauguração, Mickey Steinberg pôde reportar para Eisner e Wells e toda a diretoria da Disney que a Imagineering fez o Disneyland Park na Euro Disney no prazo e dentro do orçamento (revisado). Comparando com outros grandes projetos feitos na Europa no mesmo período, a nova Opera House de Paris terminou com um gasto três vezes maior que o orçado, e o túnel sob o Canal da Mancha, que liga a França ao Reino Unido, custou dez vezes mais que a projeção original.

Assim que os últimos detalhes foram resolvidos, John Verity, gerente de projeto da Frontierland, estava orgulhoso por sua equipe ter cumprido o cronograma para a casa mal-assombrada, chamada Phantom Manor, em Paris. "A atração estava ótima e tínhamos acabado a lista de checagem final quando recebi um telefonema avisando que a Phantom Manor estava pegando fogo", John me contou. "Imediatamente, ouvi as sirenes e todos corremos para o prédio para ver o que estava queimando. Quando chegamos, fomos à sala dos controles elétricos onde um detector de fumaça tinha disparado e descobrimos dois eletricistas franceses fazendo um churrasco e tomando uma garrafa de vinho!"

Pena que a administração corporativa não tenha sido convidada para essa pequena celebração na Phantom Manor. Acho que isso os teria convencido desde o primeiro dia de que vinho é um acompanhamento vital para qualquer refeição francesa.

Memórias

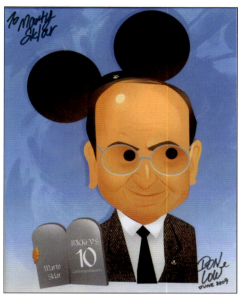
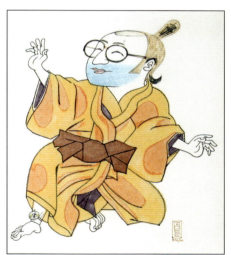

Fui um personagem frequente nos *sketches*. Alguns de meus favoritos (sentido horário a partir do alto à esquerda) foram feitos por: John Graziano para o *Ripley's Believe It or Not! – Amusement Park Oddities & Trivia* (livro de Tim O'Brien); Don Lowe, *Mickey's Ten Commandments*; Seisaku Sato, *The Wise Bird* (Oriental Land Company); e T. Hee, *Sayonara!* (ao deixar o Japão). (*Texto no primeiro desenho*: Marty Sklar, Imagineer da Walt Disney por mais de 50 anos, é o único funcionário da Disney que esteve presente à abertura e contribuiu com todos os 11 maiores parques temáticos da Disney.)

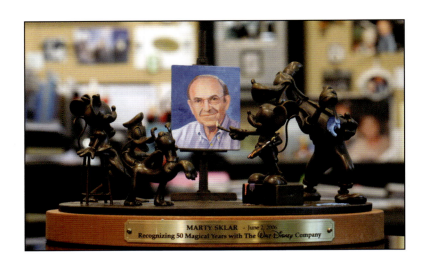

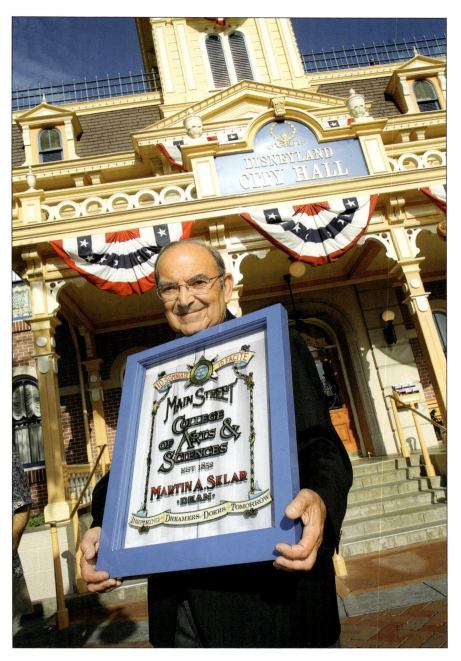

Meu prêmio pelos cinquenta anos de serviços prestados à Disney (no alto da página ao lado) e a dedicatória da janela da Disneylândia, em 17 de junho de 2009 (nesta página).

Muitos colegas da Disney, amigos e familiares celebraram a dedicatória na janela, incluindo Wing Chao, vice-presidente executivo, mestre do planejamento, arquitetura e design (no alto desta página). Ed Grier, presidente da Disneylândia (no centro da página ao lado) fez a apresentação. Leah se juntou a mim (no centro desta página), uma vez que ela participou de todas as minhas aventuras na Disney desde 1957.

Graças a todos os Imagineers (e sobretudo ao humor do escritor Kevin Rafferty), minha festa de aposentadoria na Walt Disney Imagineering foi um verdadeiro estouro! Destaques: Richard Sherman apresentando sua paródia Supercalifragilisticexpialidocious (ver a Apresentação do livro; no alto da página ao lado); comentários de Craig Russell (centro, à esquerda da página ao lado), agora chefe de design e executivo de entrega de projetos da Walt Disney Imagineering; meu neto Gabriel, meu filho Howard e parte da delegação finlandesa (centro, à direita da página ao lado); e (abaixo, nesta página) a apresentação do cheque de US$ 250 mil da The Walt Disney Company para estabelecer o programa de estágio Ryman Sklar na Imagineering e na Disney Animation.

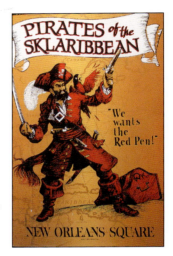

Muitos de meus colegas de longa data da Disney falaram e fizeram apresentações na minha festa de aposentadoria da Imagineering, incluindo (no alto) Bruce Vaughn, chefe criativo executivo da Walt Disney Imagineering; o compositor vencedor do Oscar Richard Sherman (centro, à direita); Tom Fitzgerald, vice-presidente sênior de desenvolvimento criativo da Walt Disney Imagineering (abaixo, à esquerda); e meu parceiro favorito, ex-vice-presidente Stanley "Mickey" Steinberg (abaixo, à direita).

15

O sol nunca se põe nos parques da Disney

Tenho orgulho em dizer que, como iniciei minha carreira na Disney um mês antes de o negócio de parques começar, me aposentei em 2009 como o único membro do elenco a ter participado da abertura de todos os onze parques da Disney ao redor do mundo. Sempre há, em algum lugar do planeta, um parque da Disney aberto a qualquer hora do dia; literalmente, o sol nunca se põe em suas operações nos três continentes ao redor do globo. É claro que isso trouxe desafios enormes para o elenco da Disney e para a administração, especialmente onde a Disney não é a proprietária majoritária (Paris e Hong Kong) ou não tem participação acionária (Tóquio).

Michael Eisner estava completamente engajado no desenvolvimento da Disneylândia de Paris (ele até fez uma imersão num curso de francês durante um verão na capital francesa), mas muito menos focado em Tóquio. Michael realmente fez muito esforço para convencer o presidente da OLC, Takahashi-san, de que o segundo parque em Tóquio deveria ter o conceito de Studio, baseado no popular Disney-MGM Studios, na Flórida (agora Hollywood Studios da Disney). Mas, quando os japoneses deixaram claro que não estavam interessados no conceito (filmes e estúdios de TV japoneses não possuem o *glamour* de Hollywood), Michael pareceu perder o interesse.

Isso abriu caminho para nossa equipe de design da Imagineering, liderada pelo vice-presidente sênior Steve Kirk, criar um novo gênero de parque.

Chamado DisneySea de Tóquio, o parque era único em vários sentidos, mas tinha algumas de suas raízes em um conceito que havíamos trabalhado para um parque no porto de Long Beach, Califórnia, desenvolvido como uma alternativa para a construção de um segundo portão em Anaheim. Ele também tirava vantagem do sucesso do Disneyland Hotel na entrada da Disneylândia de Paris. Os visitantes entram no DisneySea de Tóquio passando por baixo de partes do Mira Costa Hotel, com quinhentos quartos e que segue o estilo do sul da Europa, que (uma vez que você está dentro do parque) serve de cenário para os grandes shows ao vivo que ocupam as águas do Mediterranean Harbor.

Acredito que uma das principais razões para o sucesso dos parques da Disney é a riqueza dos detalhes que levou o *storytelling* a um nível nunca imaginado no mundo dos parques temáticos ou de diversão. Como eu disse em um discurso numa convenção da International Association of Amusement Parks and Attractions (Iaapa): "Em um parque da Disney, *storytelling* não é apenas 'a coisa' – todas as coisas contam histórias. São os detalhes, estúpido!".

O DisneySea de Tóquio é um grande exemplo dessa abordagem básica da Disney. Enquanto me encantava com os designs apresentados por Steve Kirk e equipe, perguntei a Steve e Jim Thomas, vice-presidente sênior de desenvolvimento do Tokyo Resort para os Imagineers, como eles convenceram a OLC a gastar o que, obviamente, era uma soma milionária nas principais atrações e na arquitetura dos cenários. Isso incluía a maravilhosa Mermaid Lagoon interna, iluminada como um espetáculo debaixo d'água; a marquise externa, um fantástico arco-íris de formas de vida marinha esculpido em concreto e coberto com joias brilhantes; a Mysterious Island, não apenas lar da corrida em alta velocidade Journey to the Center of the Earth, mas também abrigando um dos mais belos trabalhos de arte tridimensional já criados em um parque da Disney – o vulcão em erupção do Mount Prometheus e sua incrível cratera central; Lost River Delta, que saiu diretamente da floresta da América Central, com shows ao vivo e aventuras que servem a todos os tipos de aventureiros; o Arabian Coast, onde Aladdin e seu Gênio realizam um show de mágica ao vivo; e muito mais.

Os grandiosos designs me fizeram pensar em como Steve, Jim e outros líderes de projeto da Imagineering (Orlando Ferrante, Art Kishyama, John Verity e Craig Russell, o executivo de gerenciamento de design que viveu no Japão por quase quatro anos) convenceram a OLC a gastar tanto dinheiro. Eles nunca me contaram, mas posso fazer uma aposta educada: os executivos da OLC responsáveis pelo projeto não queriam "perder" quando o DisneySea de Tóquio fosse comparada à Disneylândia de Tóquio. Presumindo que esse foi um de seus principais objetivos, eles (e nós) fomos muito bem-sucedidos. Em 2012, o ano seguinte à inauguração, o DisneySea de Tóquio recebeu da Themed Entertainment Association (TEA) o Thea Award, prêmio anual, em reconhecimento por seu "conceito, design e construção". Foi a primeira vez que a TEA homenageou um novo parque inteiro, e foi um dos 43 prêmios que os projetos da Disney e indivíduos receberam pelo destaque conquistado no entretenimento temático em dezoito anos dos TEA Awards.

Fiquei satisfeito por ver nossa equipe da Imagineering reconhecida novamente, e sinto, pelos Imagineers que trabalham em novos parques, a mesma empatia que senti quando Michael Eisner escolheu o conceito da Blizzard Beach sem nem mesmo ouvir as outras ideias de parques aquáticos para o Walt Disney World. Os outros três parques desenvolvidos no mesmo período – Disneylândia de Hong Kong (2005), Disney California Adventure (2001) e o Walt Disney Studios Paris (2002) – marcaram um novo "padrão" Disney: construa pequeno, por menos dinheiro, e ele virá de qualquer maneira.

Chame isso de "o fenômeno Paul Pressler". Explicarei em breve... mas a boa notícia é que, com Bob Iger como CEO, cada um desses parques está neste momento recebendo importantes acréscimos de atrações e investimento. Acredito que, quando completadas, essas melhorias em áreas expandidas para visitantes e imaginativas novas atrações para o jovem e o velho se divertirem vão realizar plenamente o potencial desses parques muito pequenos.

Um exemplo: a Disney California Adventure foi inaugurada com dezoito atrações, vizinha à sua irmã, a icônica Disneylândia de Walt, que tem mais de sessenta atrações em seus 46 anos. Já o preço do ingresso para ambos os parques é exatamente o mesmo. Você tem uma chance para adivinhar aonde o público quer ir!

Tenho uma ligação especial com o projeto de Hong Kong. Antes de mais nada, minha primeira visão do terreno foi de um barco na enseada de Hong Kong; era tudo água, e fomos avisados para não chegar muito perto da costa, pois as pessoas de um pequeno estaleiro que seria deslocado por conta do parque da Disney não estavam nada amigáveis. Alguns dos trabalhadores dali eram considerados ótimos atiradores.

Paul Pressler estava a bordo e, sendo justo com ele, o contrato e o orçamento desse parque foram negociados sob o comando de Judson Green, presidente anterior, e seu representante Steve Tight, que aparentemente pensava que faríamos uma estrutura pré-fabricada de parque em ferro. Em apenas um sentido ele era uma réplica – foi a primeira e única vez que reutilizamos o projeto do castelo de Walt na Disneylândia e a aparência de sua Main Street.

Mesmo na minha mais recente viagem à Disneylândia de Hong Kong, em maio de 2012, fiquei surpreso por um momento enquanto caminhava pela Main Street com Noble Coker, o chefe de operações norte-americano – era a reprodução da nostágica construção americana de Walt em outro tempo e lugar. É uma sensação estranha estar a quase 12 mil quilômetros de sua cidade e ainda assim se sentir em

casa num país estrangeiro. Na verdade, com as dramáticas montanhas verdes como cenário para o castelo, muitos de meus colegas
acreditam que este é ainda mais "mágico" que o original Castelo da
Bela Adormecida de Walt (exerci a Quinta Emenda até na China!).

Como líder criativo, eu estava orgulhoso dos designers, escritores, ilustradores, produtores de maquetes, arquitetos, engenheiros e
quase 140 outras especialidades da Walt Disney Imagineering envolvidas nesse projeto. Eles deram 100% de esforço dentro do que Eisner
gostava de chamar de "A Caixa" aprovada para cada um dos parques,
sem se preocupar se o sistema de transporte ou se as fachadas ou se
o efeito especial seriam inevitavelmente comparados aos do Disney-
Sea de Tóquio, cujos orçamentos eram muito maiores. Isso me deu
a sensação de que fomos bem-sucedidos em manter as tradições que
Walt e os pioneiros Disney Legends estabeleceram: que é um negócio
do "nós". E, como sempre lembrei às equipes da Imagineering, ainda
existe apenas um nome na porta: Walt Disney.

Os sucessos individuais de cada parque foram exportados para
os outros: Soarin' Over California, na California Adventure (para o
Epcot); Moteurs... Action! Stunt Show Spectacular, do Walt Disney
Studios Park, de Paris (para o Hollywood Studios, da Flórida); e a in-
serção de personagens Disney em partes do planeta na Disneylândia
de Hong Kong para tornar a mensagem do "it's a small world" ainda
mais relevante para as plateias jovens (para a Disneylândia).

Fora dos parques, ao redor do mundo, a Disney introduziu alguns
novos produtos, especialmente no que ficou conhecido como áreas
Downtown, que combinam entretenimento, restaurantes e lojas. Há
alguns sucessos, como a Pleasure Island, no Walt Disney World; embora popular por anos, seu conceito de clube envelheceu com poucas mudanças, e agora a área foi fechada e está sendo repensada. E
Ikspiari, no Tokyo Disney Resort, organizada e projetada de maneira
muito pobre pela Oriental Land Company (apesar das fortes críticas
da Disney). E há grandes sucessos, como as áreas Downtown Disney,

no Disneyland Resort e no Walt Disney World, populares tanto com os turistas quanto com os moradores pela sua oferta de diversão, comida e comércio: ESPN Zone, House of Blues, cinemas AMC, e até um espetáculo permanente do Cirque du Soleil (na Flórida).

Uma decepção para mim foi quando a companhia deixou de acreditar em um projeto que ainda faz sucesso na Downtown Disney West/Side, na Flórida. Chamado de DisneyQuest, foi criado como um "parque temático interativo *indoor*" com o objetivo de ser copiado nas principais cidades do país. Quando o segundo, em Chicago, não atendeu às expectativas – seja por uma questão de marketing, localização, *timing* ou conceito –, a direção da Disney cancelou sua expansão. As atrações interativas da DisneyQuest – CyberSpace Mountain, Pirates of the Caribbean: Battle for Buccaneer Gold, Virtual Jungle Cruise, entre outras aventuras inspiradas nas atrações dos parques da Disney – continuam a animar os visitantes na Flórida. Tenho muito orgulho do produto, com sua estratégia desenvolvida por Joe DiNunzio e a equipe de conceitos criativos, liderada por Larry Gertz. O DisneyQuest também ganhou fama quando o professor Randy Pausch usou uma camiseta com o logo da Imagineering durante sua "Last Lecture", no Carnegie Mellon University. Um especialista em ciências da computação, o professor Pausch foi um importante consultor para nossa equipe DisneyQuest. Sua "Last Lecture", feita quando ele morria de câncer, foi televisionada e publicada em livro pela Hyperion em 2008 com o título de *A lição final*.

Randy chamou sua palestra de "Really Achieving Your Childhood Dreams" [Alcançando realmente seus sonhos de infância]. Não é sobre morrer. É sobre aproveitar cada momento da vida vivendo-a ao máximo. "Não é sobre como alcançar seus sonhos", disse o professor Pausch. "É sobre como levar sua vida. Se você a levar pelo caminho certo, o carma cuidará de tudo. Os sonhos virão até você."

16

Andando na montanha-russa de Michael

O departamento de comunicação corporativa da Disney me pediu para escrever um editorial de apoio ao papel criativo desempenhado por Michael Eisner no desenvolvimento das atrações de nossos parques em seus 21 anos como CEO. Este é um trecho do que escrevi no editorial publicado no jornal *Orange County Register*. Comecei fazendo referência àquela primeira reunião na Imagineering:

> Não sabíamos o que esperar do novo chefe [...] naquela manhã, mas o dia acabou sendo divertido para todos nós. Michael estava animado com nossa criatividade e muito entusiasmado com o que tínhamos feito na Imagineering. [...] Ideias e talento por trás das ideias precisam ser alimentados para poder crescer e alcançar seu pleno potencial e, por mais estranha que uma de nossas ideias pudesse parecer no papel, Michael conseguia reconhecer seu apelo universal.

Na época em que esse artigo foi publicado, os dias de Michael estavam contados, pois ele tinha sido bombardeado por grupos de investimento e outros acionistas, membros da diretoria da Disney, e alguns responsáveis por contratar Eisner e Frank Wells em 1984 – Roy E. Disney e seu parceiro de negócios na Shamrock Holdings,

Stanley Gold. Stanley, em particular, ficou muito irritado com o que eu escrevi.

Havia duas razões importantes para eu escrever aquele artigo, apesar de Roy, Stanley e outros acionistas. Primeira, Roy tinha pouca relação com o que acontecia nos parques e com os resorts ao redor do mundo, salvo em seu cargo anterior como membro da diretoria da Disney. Na verdade, até o parque Animal Kingdom (Roy foi de grande ajuda reunindo e encorajando os conselheiros), não me lembro de nenhuma reunião criativa ou de roteiro de que Roy tenha participado durante meu período como líder criativo da Imagineering.

A segunda razão foi o imenso papel desempenhado por Michael ao trabalhar com os Imagineers para criar espaços imaginativos e atrações para os parques e resorts. Já mencionei alguns exemplos – e há muitos destaques: Captain Eo, Star Tours, Mission: SPACE , Mickey's PhilharMagic, Splash Mountain, It's Tough to be a Bug!, Blizzard Beach, e vários novos parques e hotéis ao redor do mundo. Não há dúvida de que o entusiasmo dele e seu desempenho diminuíram, e as relações não foram as mesmas, depois da morte de Frank Wells.

Meu artigo era, em algum sentido, um agradecimento. Senti que alguém que estava diretamente envolvido deveria fazê-lo. Apesar da perda de Frank Wells, a segunda década da liderança de Eisner na The Walt Disney Company começou de forma promissora com o lançamento de uma série de animações de 1995 a 1999 (*Pocahontas*, *O corcunda de Notre Dame*, *Hércules*, *Mulan* e *Tarzan*); uma nova relação com a Pixar, que produziu o original *Toy Story* (1995), de John Lasseter, e *Vida de inseto* (1998); a aquisição da ABC Television Network (1996); e a abertura do parque Animal Kingdom no Walt Disney World (1998). Houve também os esquecíveis *Nós somos os campeões 3* (1996) e *George: o rei da floresta* (1997). Mas a morte de Frank Wells deixou Michael sem um segundo no comando em quem pudesse confiar completamente como fez com Wells. Michael disse: "nunca foi a mesma coisa sem o Frank".

Admito que não tenho uma visão completa de todos os desafios enfrentados por Michael Eisner no cinema, na televisão e no mundo em rápida mudança das mídias interativas etc. Mas eu tinha um lugar à mesa como líder criativo da Imagineering na Divisão de Parques e Resorts, que representava 25,3% da receita quando Eisner entregou seu cargo de CEO para Bob Iger em 2005.

Nós que estávamos em posições de liderança na Walt Disney Productions (como era chamada) em 1984, quando Eisner e Wells chegaram, ficamos animados com os talentos que eles trouxeram, incluindo Gary Wilson, do Marriott, como CFO; Jeffrey Katzenberg, para os filmes, da Paramount; e Rich Frank, também ex-Paramount, para a televisão. Eles se uniram a líderes fundamentais da empresa: Dick Nunis, Atrações; Barton "Bo" Boyd, Produtos de Consumo; Jim Jimirro, no novato Disney Channel; Jack Lindquist, Marketing de Atrações; Carl Bongirno, presidente; e eu, na WED Enterprises.

Com a chegada do novo milênio, no entanto, todos se foram, exceto eu. Michael colocou no lugar um bom número de novos executivos de destaque: Bob Iger, claro, que veio para a Disney com a compra da Capital Cities-ABC e que, em 2011, como presidente e CEO, comprou a Pixar e a Marvel Enterprises; Andy Mooney, que trouxe novas direções criativas além do licenciamento para Produtos de Consumo; e Anne Sweeney, no Disney Channel, agora executiva de alto escalão na Disney Television Enterprises. Na TV e nos filmes, estava George Bodenheimer, presidente da ESPN e da ABC Sports; Dick Cook, nos filmes; e Peter Schneider e Thomas Schumacher, que seguiram o sucesso na Feature Animation e construíram o Disney Theatrical Group, criando shows teatrais para a Broadway e teatros do mundo todo baseados nas histórias das animações Disney (*A Bela e a Fera*, *O Rei Leão*, *Mary Poppins* etc.). Tom continua hoje como produtor e presidente do Disney Theatrical Group.

❊ ❊ ❊

Mas foi a perda de talentos importantes e os compromissos que Michael assumiu com as lideranças que fizeram que muitos de meus colegas perdessem o entusiasmo com sua maneira de dirigir a companhia. Minha própria atitude reflete a da maioria dos Imagineers em relação a várias perdas e mudanças particulares.

O apoio de Jeffrey na contratação de estrelas para nossos shows, especialmente para o Disney-MGM Studios, contribuiu para que Tom Fitzgerald e Bob Weis criassem alguns momentos memoráveis do cinema, incluindo dois filmes que inauguraram o Disney-MGM Studios: *The Lottery*, com Bette Midler e dirigido por Garry Marshall, e a animação *Back to Neverland*, com a improvável dupla Walter Cronkite e Robin Williams. Jeffrey fez que o departamento de animação da Disney produzisse esses e outros filmes e organizou o importante Animation Studios Tour. Ele também apoiou a Imagineering de maneira entusiástica nos conflitos entre os pontos de vista das equipes de criação e de operação nos parques.

Jeffrey me pediu que o encontrasse para discutir um "documento" que ele estava escrevendo sobre as direções futuras para a companhia, que, eu entendi, ele estava preparando a pedido de Eisner. Na verdade, soubemos depois, que, quando Michael o demitiu, Jeffrey tinha ido ao seu escritório com a expectativa de discutir sua indicação e as recomendações que escrevera no documento. (No seu livro *Partnership*, Michael escreve: "Jeffrey Katzenberg, que fez um trabalho fantástico ao meu lado por quase duas décadas, deixou a companhia quando não conseguiu a posição de Frank, e depois de Roy Disney ter pedido para que ele fosse demitido".)

Perder Jeffrey foi um golpe para nossa equipe, especialmente para Tom Fitzgerald, a quem Jeffrey ensinou como trabalhar com estrelas. Sentimos ainda mais a perda de Jeffrey com a contratação de Michael Ovitz. Não conhecíamos Ovitz, e ele não conhecia nosso negócio, ou o estilo de nosso trabalho. Imagineers são movidos pelo sucesso do projeto mais que pelos seus egos, tamanho ou negociação de contratos futuros – o mundo do qual Ovitz era um exemplo perfeito, como líder da Creative Artists Agency. (Novamente citando *Partnership*, é assim que Eisner explicou a chegada e saída de Ovitz depois de Katzenberg ter ido: "Um ano mais tarde, contratamos Michael Ovitz, o líder da Creative Artists Agency (CAA), que foi meu amigo nos anos de Los Angeles, para substituir Frank. Catorze meses depois, ele saiu pois não funcionou".)

Jeffrey, claro, seguiu para outros sucessos depois da Disney, primeiro montando a DreamWorks SKG com Steven Spielberg e David Geffen, e, hoje, como CEO da DreamWorks Animation. Por seu lendário trabalho, ética, liderança e importância na indústria do cinema, sua partida foi uma grande perda para The Walt Disney Company.

A Imagineering também perdeu uma voz importante no Disney Studio que entendia como "acomodar-se sobre os louros" era a antítese da tradição de inovação estabelecida por Walt. Durante os anos que Dick Cook, que começou sua carreira na Disney trabalhando na Disneylândia e amava os parques, foi presidente dos Walt Disney Studios, o grupo da Imagineering tinha uma grande ligação com os Studios. Cook foi demitido mais tarde por Bob Iger.

Mickey Steinberg foi outra perda. Em um negócio em que habilidades de liderança complementares podem transformar um mais um em dez, Mickey e eu formamos o par perfeito. Os conhecimentos técnicos de Mickey como engenheiro e arquiteto eram impecáveis – ele passou 27 anos administrando as finanças da John Portman e liderando seu crescimento ao redor do mundo. Isso o fez ter respeito e profunda admiração pelo talento criativo e pela importância de apoiar novas ideias de sonhadores. Ele estava concentrado em "fazer" – organizava todas as funções da Imagineering que contribuíam para tornar um projeto viável e possível enquanto cuidava de várias outras áreas: gerenciamento de projetos, claro, mas também finanças, previsões, engenharia, arquitetura, manufatura e produção.

Tenho certeza de que nossa comunicação era um dos motivos principais pelo qual trabalhamos tão bem juntos. Todos na Imagineering sabiam que podiam colocar Mickey contra mim e vice-versa – Mickey respeitava minha liderança no trabalho dos conceitos com designers, artistas, escritores, roteiristas e todos que contribuíam no processo criativo... e eu estava feliz por não ter de gastar um tempo precioso falando internamente na Imagineering do custo de grandes ideias – quando "Tio Scrooge" (o setor de planejamento estratégico corporativo do Studio) era a verdadeira audiência. Mickey desempenhava seu papel. Ele não era sempre bem-sucedido. Os líderes corporativos da Disney tinham estabelecido um sistema "mocinho/bandido" para a aprovação dos projetos; claro que o "planejamento estratégico" era o "bandido".

As coisas não eram sempre tranquilas com Mickey Steinberg. Você sempre sabia qual a posição dele sobre um assunto – e, algumas vezes, sua honestidade matadora transformou-o em alvo de executivos de outras divisões que possuíam uma cabeça mais política, o que explica por que sua gestão chegou ao fim.

Durante os cerca de cinco anos que eu e Mickey Steinberg formamos a equipe de liderança da Imagineering, construímos ou movimentamos US$ 4 bilhões em projetos de parques Disney, incluindo novas atrações desenvolvidas para os parques já existentes. Enquanto o papel de Mickey na Euro Disney está bem documentado, sua participação no Animal Kingdom da Disney foi igualmente importante, embora o parque tenha sido inaugurado quatro anos depois de ele ter voltado para Atlanta. Três exemplos merecem destaque especial.

Quando o projeto estava começando, os gurus do paisagismo da Disney nos procuraram com um pedido: adiantar o dinheiro que serviria para comprar árvores, arbustos e grama que fariam parte dos ambientes que estavam sendo projetados, especialmente para as atrações principais da área da África: Kilimanjaro Safaris, Harambi Wildlife Preserve e Pangani Forest Exploration Trail. Eles argumentaram que, assim que o projeto fosse anunciado, os preços das "plantas típicas" e a serem usadas nas "atrações" e das "ávores para a área temática" subiriam muito. "Dê-nos US$ 3 milhões agora e vamos selecionar e estocar os principais elementos que vão compor as aventuras que Joe Rohde e seu time estão planejando para a inauguração."

O pedido foi feito por Bill Evans, um dos mais respeitados paisagistas do mundo – um Disney Legend por seu trabalho pioneiro na Disneylândia, no Walt Disney World e na Disneylândia de Tóquio –, e seu mentoreado Paul Comstock, que tinha acabado de voltar de Paris para se juntar à equipe do Animal Kingdom. O argumento deles nos convenceu e logo eles estavam no Sudeste comprando árvores e materiais para o paisagismo. Foi uma surpresa descobrir uma região na Geórgia onde um programa de governo feito anos antes tinha incentivado a criação de fazendas repletas de plantações de bambu. Além de serem usados como quebra-vento, as varas eram colhidas e vendidas para fábricas de móveis. Mas a região estava passando por um período difícil. Os paisagistas da Disney fizeram um acordo: compraríamos toda a plantação de bambu, com raiz e tudo, mas (e este foi o gancho) os fazendeiros poderiam cortar as varas e vendê-las para o pessoal dos móveis. Nós estávamos interessados nas raízes.

Paul Comstock descreveu-me a compra da seguinte maneira: a espécie *Bambusa oldhamii* que compramos na Geórgia, no sul de Atlanta, é nativa da China. Nossas plantas passaram em um teste feito em 1930 pelo Departamento de Agricultura dos Estados Unidos. O bambu estava sendo testado para ser usado como quebra-vento para a proteção das plantações. Isso incentivou o teste na Geórgia e logo se espalhou por largas faixas de terra em cerca de duas décadas. Nós nos oferecemos para "ceifar" alguns hectares e retirar as raízes. Depois de cortar bambus de 18 metros de altura, perfuramos o solo tirando blocos de barro da Geórgia de 2 metros × 1 metro e espessura de 2,5 centímetros com os rizomas das raízes. Empilhamos os blocos como livros em uma prateleira, 30 blocos por caminhão de 12 metros de comprimento, e os mandamos para a antiga Epcot Tree Farm. Depois de duas temporadas ensolaradas na Flórida, as raízes transplantadas já tinham 7,5 metros, a caminho de serem as plantas de mais de 12 metros de altura que vemos no parque hoje. Embarcamos cerca de 200 blocos e os transformamos em milhares de brotos de bambu, fornecendo comida, habitação, sombra, cenário e uma "atração viva" por todo o Animal Kingdom da Disney (DAK).

A segunda e mais importante decisão foi manter uma equipe intacta durante um hiato de quase um ano no projeto. Embora Michael Eisner tivesse originalmente sugerido um parque sobre animais, o projeto foi interrompido e suspenso em função de outras iniciativas da empresa que precisavam de investimento. Mas a equipe DAK tinha começado tão bem que Mickey conseguiu convencer Frank Wells a continuar o desenvolvimento dos projetos para Harambi Village, Rafiki's Planet Watch, DinoLand, o Maharajah Jungle Trek e outras áreas principais. Quando o projeto foi "reativado", o Animal Kingdom foi para o campo de obras com o que deve ter sido o melhor conjunto de desenhos que um projeto da Disney já teve. A influência disso no trabalho com os empreiteiros, e com o cronograma, foi muito positiva.

A terceira decisão importante que tomamos foi aprovar a viagem de pesquisa de Joe Rohde e dos principais criativos de sua equipe do Animal Kingdom. Os primeiros Imagineers que tinham experiência com direção de arte nos cinemas eram mais velhos e normalmente viajavam muito; as primeiras viagens de Herb Ryman pela Ásia e pela Europa são típicas. Eles podiam refrescar a memória sobre os detalhes do design com uma pesquisa na biblioteca.

Por outro lado, a maioria de nossos designers mais jovens, dos anos 1980 e 1990, não tinham viajado muito antes de construírem suas carreiras. Joe Rohde não era apenas um defensor da verdadeira pesquisa de "botas na terra", ele era um viajante veterano, conhecedor da Ásia

302   Sonhe e faça acontecer

e da Polinésia. Joe acreditava que sua equipe precisava passar pela experiência de ver leões e elefantes em um safári africano real, e viajar para a Ásia rural, longe da civilização. Enquanto o projeto estava parado, aprovamos quatro expedições de pesquisa. No total, antes da inauguração e com as novidades da Expedition Everest adicionadas depois na área da Ásia do parque, Joe e sua equipe fizeram uma dúzia de viagens de estudo para a África e a Ásia. A autenticidade do design e das atrações do Animal Kingdom (assim como do Animal Kingdom Lodge) fala por si mesma em defesa das viagens de Rohde.

Mas o que aconteceu com meu parceiro de trabalho favorito? Por que Mickey Steinberg voltou para sua casa em Atlanta? A resposta é: ele cruzou espadas com Peter Rummell, e Peter venceu. Não foi uma coisa bonita.

Peter Rummell cuidava do desenvolvimento imobiliário na corte do entretenimento de Michael Eisner. Ele deixou a posição de vice-presidente do Rockefeller Center Management, que comercializa, aluga e administra prédios em Manhattan, para se tornar presidente da nova Disney Development Company em 1985. A tarefa era planejar e desenvolver o terreno da Flórida da Disney, e logo o da Euro Disney, com ênfase no desenvolvimento de hotéis (alguns diriam "desenvolvimento exagerado"), e por fim a comunidade de Celebration, uma imitação da comunidade Epcot, num terreno que foi separado da propriedade do Walt Disney World. Uma divisão importante marcou o plano original do Walt Disney World com novas rodovias de acesso e outras obras de infraestrutura relacionadas ao projeto do Animal Kingdom e às áreas vizinhas. Eisner reuniu-se com Peter e deu um passo além: ele decidiu transformar a Imagineering em uma parte da Disney Development Company. Apesar do aviso de Frank Wells de que Mickey deixaria a empresa (e, nos disseram, das objeções do próprio Frank em relação à nova organização), Michael foi adiante.

Um dia, Frank ligou para chamar Mickey e eu para um almoço com Peter e ver se conseguiríamos criar uma relação de trabalho.

Encontramo-nos na suíte executiva do Disneyland Hotel. Enquanto Mickey e eu dirigíamos os 56 quilômetros de volta de Anaheim para Glendale, ficou claro que sua ligação com a Disney estava terminando. Alguns dias depois, ele estava no caminho de volta a Atlanta, e eu (com toda a Imagineering) estava agora reportando-me aos responsáveis pelo desenvolvimento imobiliário.

Peter tornou-se presidente da nova organização. Recebi um novo cargo a que eu mesmo dei um título extravagante, que não deixava dúvida da minha distância em relação aos responsáveis pelo desenvolvimento: vice-presidente e executivo criativo principal. Ken Wong, também com uma experiência no ramo imobiliário, acabou recebendo o título de presidente da Imagineering.

Não me lembro de ter tido alguma discussão com Peter Rummell sobre questões criativas relacionadas ao papel da Imagineering nos parques e resorts. E nunca senti que Peter realmente se importava com o que acontecia nos parques. Em 1997, Peter mudou-se, tornando-se presidente e CEO da maior administradora de terras da Flórida, a St. Joe Company de Jacksonville. Parece que a maior conquista da fusão da DDC e da WDI foi tirar o nome Disney Development Company e rebatizar toda a organização como Walt Disney Imagineering. Você não preferiria falar às pessoas "fui um Imagineer da Disney" a "fui um responsável pelo desenvolvimento imobiliário da Disney"?

Quando penso em Paul Pressler hoje, a seguinte expressão vem à minha mente: "Você pode enganar todas as pessoas por algum tempo, e algumas pessoas o tempo todo, mas não pode enganar todas as pessoas o tempo todo". Em retrospecto, ele certamente enganou a administração da Disney por um bom tempo.

Pressler entrou para a divisão de Produtos de Consumo em 1987, saindo da Kenner-Parker Toys para se tornar vice-presidente sênior da área de licenciamento de Produtos de Consumo da Disney. Logo depois do lançamento das Disney Stores, liderado por Steve Burke, agora presidente da NBC-Universal, Pressler se tornou vice--presidente executivo e gerente geral, e então presidente, liderando a expansão mundial da marca, que chegou a ter mais de 650 lojas.

Os designers da Imagineering trabalharam com Pressler em algumas lojas icônicas especiais, principalmente as de San Francisco, Las Vegas e a da Quinta Avenida em Nova York – uma joia do design e da representação da companhia e do que pensamos que fosse o negócio das Disney Stores.

As lojas aproveitaram o renascimento das animações Disney e a popularidade de *A Bela e a Fera*, *Aladdin* e *O Rei Leão*. No entanto, com a queda na qualidade e na variedade dos produtos (ou, talvez, já existissem camisetas de personagens Disney suficientes para o guarda-roupa das famílias), o faturamento das lojas começaram a apresentar um declínio acentuado, até que a companhia as vendeu. Nessa época, Pressler já tinha saído fazia bastante tempo – tanto de Produtos de Consumo quanto da The Walt Disney Company.

Em 1994, com a aposentadoria de Jack Lindquist, Michael Eisner colocou Pressler na presidência do Disneyland Resort. Quatro anos depois, com a aposentadoria de Dick Nunis, Pressler tornou-se presidente da Disney Parks and Resorts mundial. Depois de mais dois anos, ele foi nomeado presidente, com um prêmio adicional: 48 anos depois de Walt ter fundado a WED Enterprises, nós nos tornamos não apenas parte da Disney Parks and Resorts (tecnicamente, The Walt Disney World Co.), mas passamos a nos reportar ao presidente da divisão Paul Pressler – junto com todos os bilheteiros, operadores, pessoal de marketing e outros serviços relacionados aos visitantes.

Foi interessante a maneira que Michael Eisner encontrou para informar os líderes da Imagineering sobre as mudanças. Cerca de um ano antes, respondendo a uma questão que eu tinha levantado, Michael garantiu-me que ele nunca colocaria a organização criativa

– Imagineering – reportando-se a operadores. Na Imagineering, nós, algumas vezes, usamos a metáfora de que isso seria o mesmo que um diretor de cinema reportar-se ao gerente do cinema do shopping center local.

A fim de manter os nossos mais importantes talentos trabalhando durante o período de baixa produção de atrações e exibições, assumimos o projeto de um novo museu para crianças chamado Port Discovery, em Baltimore, Maryland. A inauguração do museu foi em dezembro de 1998. Ken Wong e eu estávamos lá para celebrar o trabalho de Doris Woodward e da equipe de design da Imagineering. De repente, Ken e eu recebemos uma mensagem para ligar o mais rápido possível para o escritório de Michael Eisner. O único telefone que encontramos com algum grau de privacidade era um orelhão próximo. Foi ali que Ken e eu recebemos a informação pelo CEO da Disney de que nós, e a Imagineering, passávamos a nos reportar a Paul Pressler.

A meteórica ascensão de Pressler na Disney foi objeto de muita especulação, sobretudo em blogs. Uma das mais específicas análises foi publicada dois anos depois que ele deixou a Disney e assinada por "Tom Morrow". O texto de 2004 era intitulado "A queda da Walt Disney Imagineering". Um trecho dele dizia:

De 1995 a 1999, [Pressler] tirou cada centavo da Disneylândia, realizando dramáticos cortes de orçamento e focando sua atenção em promoção de produtos e programas de *suggestive selling*. A venda agressiva nunca foi a maneira de trabalhar da Disney – na verdade, é a antítese da filosofia de Walt. Como nas Disney Stores, Paul Pressler impressionaria seus chefes conseguindo ganhos no curto prazo à custa da saúde de longo prazo da unidade de negócios. Lojas se tornaram mais importantes que atrações. Algumas das clássicas atrações da Disneylândia seriam fechadas para cortar custos, entre elas Skyway e Submarine Voyage; ambas fechadas sem substituição [...] Muitos dos cortes de orçamento mais significativos afetaram a manutenção da Disneylândia. O preço dessas decisões está sendo pago hoje. A Disneylândia, há muito considerada por sua limpeza e práticas de manutenção eficientes, está sendo forçada a seguir um dramático programa de remodelação para levar o parque de volta a seus velhos padrões – incluindo uma reforma de 28 meses de uma de suas atrações mais conhecidas: Space Mountain [...]

Pressler deixou a Disney em setembro de 2002 para se tornar presidente e executivo chefe da Gap, Inc., a varejista de San Francisco, operadora das cadeias de lojas The Gap, Banana Republic e Old Navy. Durante seu último ano na Disney, nossa equipe de design da Imagineering na Disneylândia compilou listas e mais listas de itens de manutenção que levaram a qualidade das atrações do parque ao nível mais baixo da sua história. Nenhum argumento fez que Byron Pollitt, o executivo financeiro de Pressler, ou Cynthia Harriss, presidente da Disneylândia, abrisse a carteira. Para onde você olhasse – pintura, trabalhos em madeira, grades de ferro, superfícies das calçadas etc. –, havia uma queda na qualidade Disney.

Byron Pollitt foi treinado no negócio do "não" com o grupo corporativo de planejamento estratégico da Disney. Uma discussão que tivemos sobre o impacto de novas atrações mostra como era sua atitude típica. Byron defendeu que era o marketing da nova atração, não as experiências, que moviam o público – mesmo no caso de Pirates of the Caribbean. Eu disse que Buzz Price, o mais respeitado economista de negócios de parques e resorts do mundo, afirmara que "a atração mais impactante" na história moderna do negócio de parques – de longe – era Pirates of the Caribbean. Afinal de contas, se não for a aventura, o que direciona a campanha de marketing? (Lembre-se de meu registro anterior de que o público da Disneylândia aumentou de 6 milhões para mais de 9 milhões de 1966 a 1969 com a chegada de Pirates of the Caribbean e The Haunted Mansion.)

Não tive uma resposta de Byron, mas a resposta da companhia, desde a partida de Pressler e sua equipe, foi a de criar um *blockbuster* depois do outro ao redor do mundo, incluindo o enorme Cars Land, aberto em 2012 na California Adventure; uma nova Fantasyland inteira no Walt Disney World Magic Kingdom; e importantes novas áreas em Paris, Hong Kong e Tóquio. E fazer o marketing do melhor de cada um!

Cynthia Harriss entrou para a equipe das Disney Stores de Pressler em 1992, depois de dezenove anos na Paul Harris Stores, uma rede de lojas femininas. Pressler a nomeou vice-presidente executiva da Disneylândia em janeiro de 1999, e, em dezembro, ela foi promovida a presidente do resort. Eu gostava dela e achava que tinha boas intenções – mas ela era um verdadeiro peixe fora d'água no negócio de parques. Para ajudá-la, o Walt Disney World mandou vários de seus melhores executivos operadores para a Disneylândia. Todos eles queriam sair do ambiente do Disneyland Resort, pois sentiam que o alto escalão não possuía o conhecimento básico de como um parque da Disney deveria ser operado. Também foram forçados a tomar decisões pessoais que consideraram injustas com os membros do elenco.

Os Imagineers – especialmente Tony Baxter e eu – estávamos particularmente irritados com a decisão da gestão Pressler de fechar o Submarine Voyage, na Tomorrowland. Lançado em 1959, a frota de oito submarinos da Disneylândia foi no início anunciada como "a oitava maior frota de submarinos do mundo". No momento de seu fechamento, em setembro de 1998 – Pressler prometeu uma nova atração para 2003 –, mais pessoas, em um número significativo, tinham ido para baixo d'água em um submarino na Disneylândia que em qualquer outro lugar do mundo!

A decisão de fechar a atração, deixando um grande lago vazio no centro da Tomorrowland, foi na verdade baseada em um número:

o custo de manutenção, supostamente próximo de US$ 3 milhões por ano.

Não muito depois de seu fechamento, a administração da Disneylândia nos procurou para se desfazer de toda a frota de submarinos por conta do custo e do espaço necessário para guardá-la. Naquela época, o *Orange County Register* citou-me corretamente quando eu disse que, antes de permitirmos o enterro das embarcações, "eu me jogaria na Harbor Boulevard!". (Harbor é a principal rodovia norte-sul adjacente à Disneylândia.)

Se aqueles oito submarinos tivessem sido destruídos, hoje não existiria a Finding Nemo Submarine Voyage, onde os icônicos personagens da Pixar levam você por uma viagem pela East Australian Current, reproduzindo a história do peixe-palhaço, seu pai, Dory e Crush, a tartaruga marinha.

Não foi surpresa quando Pollit saiu em janeiro de 2003 e Harris em outubro do mesmo ano, ambos se juntando a Pressler na The Gap. Por sorte, as longas listas de itens de manutenção relacionados à qualidade das atrações que nossa equipe fez, por mais frustrante que tenha sido o processo, estavam prontas quando uma nova equipe de liderança substituiu a de Pressler com a chegada do aniversário de 50 anos da Disneylândia.

Argumentei em várias ocasiões que, por mais que o cinquentenário fosse uma celebração importante, na verdade estávamos falando sobre a atitude dos fãs da Disney nos cinquenta anos seguintes. Sabíamos que a campanha de marketing faria do quinquagésimo ano um sucesso, mas as experiências que os visitantes teriam naquele ano – incluindo a aparência do parque depois da falta de manutenção – marcariam o tom dos próximos anos. A pintura descascada e a madeira apodrecida na Main Street precisavam ser consertadas. "O que pensaria Walt?" era uma pergunta válida. E todos sabíamos a resposta.

A boa notícia foi a chegada de dois executivos do alto escalão de outros empreendimentos Disney para dirigir o Disneyland Resort. O número um era Matt Ouimet, que se tornou o presidente do resort. A carreira dele na Disney começara como CFO na Disney Development Company, mas sua reputação ficou marcada pelos seus papéis de CEO do Disney Vacation Club e presidente da nova Disney Cruise Line. Matt liderou a equipe e as operações dos dois navios de cruzeiro, o *Disney Magic* e o *Disney Wonder*. O negócio não foi apenas um sucesso financeiro desde o primeiro dia, como os navios ficaram conhecidos como a "experiência Disney mais importante". Muitos visitantes disseram que eram um passo além dos parques e resorts em termos de serviço e qualidade. Havia um novo número um nos negócios da Disney.

Ninguém dirá quanto foi preciso investir para levar a Disneylândia aos padrões Disney, mas, se você disser "dezenas de milhões de dólares" (provavelmente algo próximo de US$ 70 milhões), é um bom chute.

Com a liderança de Matt Ouimet, os recursos foram disponibilizados, e a parceria das novas equipes de manutenção e operação da Disneylândia com a Imagineering (e aquelas listas!) levaram ao comprometimento da equipe com o projeto maior. Com novos cronograma e orçamento, a tarefa era fazer da Disneylândia o lugar agradável que efetivamente se tornou para o aniversário de 50 anos do parque em 2005.

Havia outra questão para fazer do aniversário um sucesso: recuperar o moral e treinar a equipe da Disneylândia. Essa responsabilidade foi dada a Greg Emmer, um dos meus líderes de operação do Walt Disney World favoritos. A Imagineering teve uma ótima relação de trabalho com Greg Emmer durante muitos anos, especialmente quando ele era o principal líder de operações do Epcot. Agora tinha se tornado parceiro operacional de Matt Ouimet e, juntos, eles se mostraram grandes executivos. Parecia que estavam sempre dentro dos parques – Disneylândia e California Adventure –, andando, observando, falando com membros do elenco e com visitantes. Era a "administração por caminhada" – e isso trouxe grandes benefícios para a motivação do elenco e para a criação do espírito de amizade e dedicação que fez do 50º ano um incrível sucesso.

Eu gostei particularmente do convite de Matt para participar, em 17 de julho de 2005, da cerimônia de dedicação de uma janela na Main Street ao *cast* (elenco) da Disneylândia. As palavras simples que escrevi já dizem tudo:

ABERTO DESDE
'55
DISNEYLAND CASTING AGENCY
"São necessárias pessoas para fazer o sonho virar realidade"
Walter Elias Disney
Fundador & Diretor Emérito

Uma última questão pessoal relacionada à "montanha-russa de Michael Eisner": seja qual for a relação que nasceu e se deteriorou entre Michael e Steve Jobs e concretizou a relação profissional Pixar-Disney, as equipes criativas de toda a Disney gostaram da oportunidade de trabalhar com John Lasseter e seus colegas da Pixar. Torcemos para que continue. A diversão, a paixão, o amor pela história, o *know-how* técnico que encontramos em John e Ed Catmull e seus sócios na Pixar são bons demais para que os percamos. Ficamos muito felizes quando, como uma de suas primeiras decisões como CEO da Disney, Bob Iger concordou em comprar a Pixar de Steve Jobs.

Não acredito que isso teria acontecido se o antigo processo de planejamento estratégico ainda existisse. "Não, porque...", como disse Buzz Price, é a linguagem de um "matador de negócios". "Sim, se…" é a linguagem que as pessoas criativas adoram… especialmente em uma indústria chamada "show business".

Vivi mais um ponto alto – e com honra – no início do ano do cinquentenário. Quando o Pasadena Tournament of Roses escolheu "Celebrar a família" como o tema da parada do Ano-Novo de 2005, a Disneylândia foi convidada para fazer um carro alegórico e liderar o desfile pelo Colorado Boulevard. Na verdade, o grande almirante não foi ninguém menos que o próprio Mickey Mouse – incrementando uma tradição da Disney para o Ano-Novo: Walt foi o grande almirante do desfile de 1966, e Roy E. Disney teve a mesma honra em 2000.

Quando o Tournament of Roses procurou a Disney em busca de alguém com credenciais criativas e artísticas para ser um dos três juízes encarregados de escolher os carros alegóricos vencedores, a pessoa de contato da Disneylândia com a parada, Brian Whitman, sugeriu meu nome, por ser o líder criativo de longa data dos Imagineers.

Acabou se tornando uma experiência extraordinária, começando quatro dias antes do evento de 1º de janeiro de 2005 – o 116º desfile dessa tradição de Pasadena, agora transmitido para todo o mundo como um evento do Ano-Novo, com muito mais espectadores, tenho certeza, que todos os jogos de futebol do Ano-Novo juntos. Eu e meus colegas juízes viajamos muitas vezes para várias localidades em Pasadena, e quilômetros até comunidades no entorno, para avaliar seus carros alegóricos enquanto estavam sendo construídos com o trabalho e a visão de artistas talentosos, construtores profissionais, designers de flores e milhares de voluntários que colocam cada flor manualmente para chegar ao que o designer imaginou.

Mesmo depois da votação "final" na noite do Ano-Novo, os juízes tiveram mais uma oportunidade – enquanto o sol nascia, às cinco da

312   Sonhe e faça acontecer

manhã – de ver os carros alegóricos alinhados na Orange Grove Avenue, esperando o começo da parada dali a três horas. Meus colegas juízes e eu fomos unânimes na escolha que fizemos, selecionando o bonito carro da corporação Rain Bird para receber o Parade's Sweepstakes Award. (Um bônus: o fantástico designer Raul Rodriguez, que criou os conceitos de centenas de carros alegóricos para o Tournament of Roses, era o designer da Rain Bird. Um dos primeiros empregos de Raul foi na Walt Disney Imagineering.)

Depois de uma boa noite de sono, ou duas, para me recuperar após meu excitante início de 2005, tinha chegado o momento de seguir adiante – para a celebração do cinquentenário da Disneylândia e para meus novos desafios profissionais.

17

"Você é o mais trabalhador dos embaixadores do mundo!"

A nota escrita à mão por Jay Rasulo em 1º de agosto de 2008 foi uma doce música para meus ouvidos. "Esta atualização me deixa muito feliz – tudo sobre o que falamos está acontecendo da melhor maneira possível!", Jay escreveu. "Você é o mais trabalhador dos embaixadores do mundo!"

Jay era o presidente do conselho da Walt Disney Parks and Resorts. No fim de 2009, ele "negociou" posições com Tom Staggs e se tornou o CFO da Disney. No começo de 2006, Jay pediu-me para mudar meu escritório da Imagineering em Glendale para os Walt Disney Studios em Burbank – os 5 quilômetros de distância que confundiram Ray Watson quando ele trouxe pela primeira vez Michael Eisner e Frank Wells para a WED em setembro de 1984. Embora eu conhecesse o caminho, foi uma verdadeira mudança cultural para mim.

Tradicionalmente, o líder criativo da Imagineering ocupava um escritório de esquina de bom tamanho no número 1401 da Flower Street, adjacente à Sala de Reunião do Edie e à do designer número 1 da Imagineering, o vice-presidente sênior John Hench. Só Dick Irvine, o ocupante original da sala, e eu a usamos do dia em que a WED se mudou para lá em 1963 até minha partida para o Studio em 2006.

Como estava perto de meu aniversário de 72 anos, em fevereiro, Jay me pediu para assumir um novo papel, enquanto ele começava a procurar um novo líder criativo para a Imagineering. Na verdade, eu já tinha me afastado muitos meses antes para que Tom Fitzgerald pudesse liderar a equipe criativa no desenvolvimento de roteiros. Mas a habilidade de Tom para contar histórias e sua aversão ao tempo gasto com o gerenciamento do grupo criativo falaram mais alto para deixá-lo livre para explorar ao máximo seu talento. Juntava-se ao problema o fato de que seu "parceiro" administrativo não estava interessado em dividir. Don Goodman, também formado na Disney Development, estava claramente no comando – isso significava que as habilidades criativas do lado direito do cérebro eram secundárias em relação aos "cérebros esquerdos" da equipe de gerenciamento, que se reportava diretamente a Don.

Incapaz de influenciar a situação, eu estava pronto para uma nova tarefa importante e, dessa forma, completar meus 54 anos na Disney. Em 15 de fevereiro de 2006, em um memorando intitulado "A mudança está na virada da esquina", informei a companhia de meu novo papel. "Jay me pediu", escrevi, "para me tornar Embaixador da Imagineering para Parques e Resorts, comunicando o diferencial da Disney. Vou representar a energia, a paixão e o talento dos Imagineers da Disney, que ajudei a liderar criativa e simbolicamente por tantos desses cinquenta anos". O *timing* foi perfeito, eu disse. "Muitos anos atrás, quando imaginava meu cinquentenário na Disney, estabeleci dois objetivos principais para mim: primeiro, desempenhar um papel importante no desenvolvimento e na realização de uma celebração espetacular do cinquentenário da Disneylândia; e, segundo, completar mais de quatro anos de suporte criativo e liderança com a abertura da Disneylândia de Hong Kong." "Agora", escrevi, "sou 'todo ouvidos' à proposta desafiadora que Jay fez... É claro para mim que sou o candidato do elenco perfeito (talvez o único) capaz de começar e organizar essa tarefa. (Eu tenho um ego, mesmo que o esconda 99% do tempo!)".

Comecei a definir meu papel imediatamente, enviando a Jay uma lista com as seis áreas específicas em que estava planejando me concentrar:

1. Atrair os melhores talentos jovens.
2. Desenvolver/participar de programas/eventos/projetos externos.
3. Motivar os membros do elenco da Disney em relação ao legado de criatividade e inovação.
4. Fazer a ligação com iniciativas de outros parques e resorts.
5. Potenciais novas iniciativas.
6. "Projetos pessoais" do Marty (a serem definidos pelo Marty).

De muitas maneiras, considero os três anos e cinco meses que fui vice-presidente executivo de parques e resorts e Embaixador da Imagineering entre os mais importantes dos meus 54 anos na Disney. Como disse a Jay na nota que escrevi em resposta ao seu comentário sobre "o mais trabalhador dos embaixadores": "Acho que descobrimos que há uma necessidade e uma fome pelos tipos de coisas que andei fazendo – tanto dentro quanto fora da companhia. Quando você se alimenta da reação das pessoas, é ótimo sentir que está apertando os botões corretos".

Quando olho para os relatórios que entreguei a Jay Rasulo duas vezes por ano durante aqueles três anos, é difícil de acreditar quanto minha pequena equipe de três pessoas – meu assistente Jim Clark, meu assistente administrativo Steve Cook e eu – conquistou. O carma bom começou com nossa mudança para o primeiro andar, asa 1D, do Old Animation Building nos Walt Disney Studios. Nossa suíte de três quartos tornou-se uma espécie de "santuário" no Studio. A Feature Animation tinha mudado, muito antes, em 1995, para seu próprio prédio, projetado por Robert A. M. Stern, na Riverside Drive,

316   Sonhe e faça acontecer

um presente de *O Rei Leão* e *A Bela e a Fera*. Não havia nenhuma história ali, mas nossos escritórios no Studio eram ricos da tradição da animação Disney: tinham sido os espaços de trabalho de Frank Thomas, Ollie Johnston e Milt Kahl no auge de *Branca de Neve e os sete anões*, *Pinóquio* e *Fantasia*.

Meu escritório de canto, não longe do cruzamento da Mickey Avenue com a Dopey Drive, parecia ter um lugar especial na memória de algumas das estrelas da animação Disney. Um dia, quando voltei do almoço, encontrei um desenho a lápis de uma linda garota na minha mesa e um bilhete de seu criador: "Espero que você saiba que está sentando em um lugar muito especial", dizia. "O antigo escritório de Ollie Johnston." A garota que Glen Keane desenhou tinha sido criada para o filme que levava seu nome: *A pequena sereia*. Glen estava se lembrando do passado e de um de seus mentores.

Na verdade, "Frank e Ollie" – criadores de personagens e cenas como Pinóquio, Bambi e Thumper no gelo, a Dama e o Vagabundo comendo espaguete, as maldosas filhas da madrasta de Cinderela, Alice no País das Maravilhas, o Rei Louie de *Mogli, o menino lobo*, e os pinguins bailarinos de *Mary Poppins* – eram dois dos "Nove Velhos" de Walt, os reis do mundo da animação de Walt dos anos 1930 até os 1960. Eles também escreveram livros que explicam e registram a mídia, incluindo *Disney Animation: The Illusion of Life*; *Too Funny for Words: Disney's Greatest Sight Gags*; *The Disney Villain*; e *Bambi: The Story and the Film*.

Alguns poucos exemplos ilustram os destaques daqueles três anos que pareceram muitos mais, para mim pessoalmente e para a divisão de parques e resorts. Para atrair jovens talentos, fiz discursos pelo país e falei com grupos de estudantes da Carnegie Mellon, Florida State, UCLA, Cal State Los Angeles, University of California Davis, University of Illinois em Chicago (UIC), College of Applied Health Sciences e estagiários de muitas escolas trabalhando durante o verão na Imagineering e no College Program na Disneylândia.

O resultado foi que a UIC tem um dos primeiros programas de visualização biomédica do país. O professor e diretor do programa, Scott Barrows, teve como mentor o artista Frank Armitage, cuja carreira inclui passagens pelo design do filme *Viagem fantástica*, pela animação Disney (*A Bela Adormecida*) e pelos parques (sua ilustração do Castelo da Bela Adormecida para a Disneylândia de Paris foi uma inspiração). Frank também estudou medicina e seguiu uma segunda carreira como um dos melhores ilustradores médicos do país. Em sua homenagem, a UIC Medical School criou a Frank Armitage Lecture anual. Fiquei honrado por ter sido convidado por Frank e Scott Barrows para ser o palestrante do evento de inauguração em 2007.

Também organizamos o primeiro "Imagineering Day at CalArts". Existia uma conexão entre a CalArts e a animação Disney, mas os talentos que levamos para a escola foram os primeiros a falar sobre todas as disciplinas relacionadas às artes na Imagineering – gostamos de dizer que existem 140 disciplinas diferentes se juntarmos engenharia, arquitetura e outras habilidades técnicas. Fiquei surpreso de aquilo nunca ter sido feito, porque foi Walt que inspirou essa "escola de todas as artes" com seu apoio e executivos da Disney devido ao número de que ocuparam postos de diretoria da CalArts durante a presidência de Steven Lavine. Muitos profissionais graduados na CalArts faziam parte da Imagineering e representavam várias disciplinas. Os Imagineers apresentaram exemplos de seus trabalhos, geralmente mostrando como o treinamento na CalArts os tinha preparado para os desafios que agora enfrentavam.

Eventos e programas fora da esfera da Disney revelaram uma verdadeira vontade de saber mais sobre tudo relacionado à empresa. Fiz palestras em convenções da American Creativity Association, California Association of the Gifted e em uma conferência que ajudamos a organizar, chamada Courageous Creativity. Organizada por Kristine Alexander, diretora executiva da The California Arts Project. Atualmente, chegando aos seus 70 anos, a Courageous Creativity reúne anualmente 125 professores e administradores de toda a Califórnia no Disneyland Resort. Ali, o grupo interage com talentos da Disney e debate ideias e técnicas que podem desenvolver com pessoas jovens em suas escolas e comunidades.

Tenho uma preferência pessoal pelos programas anuais apresentados por Bob Rogers, presidente da BRC Imagination Arts, na convenção da Iaapa, em geral no Orlando Convention Center. Nossas sessões foram classificadas como as número 1 ou 2 por uma década naquele evento de uma semana que atrai muitos profissionais da indústria; o público anual está entre quatrocentas e quinhentas pessoas. Minha sessão favorita entre as que Bob e eu apresentamos foi intitulada "Diga-me o que nunca é velho". Começa com uma gravação de vinte minutos com a entrevista que Bob e eu fizemos com Buzz Price. Até hoje a revejo de tempos em tempos para ouvir a sabedoria de Buzz, que morreu aos 89 anos em 2010. (Numa escala de 1 a 5, Buzz e eu recebemos 4,89 e 4,93, respectivamente, dos participantes.)

E quem não colocaria entre os favoritos os três programas no palco com o grande escritor Ray Bradbury? Dois foram para uma apresentação na linda biblioteca de Cerritos (Califórnia), criada por nosso amigo Waynn Pearson. O terceiro, com a moderação de Leonard Maltin, foi um debate na convenção anual dos Science and Technology Centers no Los Angeles Convention Center. (Quando Ray completou 91 anos em agosto de 2011, enviei-lhe um bilhete dizendo que somando o nove com o um fazia dele um dez perfeito. Que inspiração!)

Muitos dos meus esforços nos anos de embaixador foram usados na terceira categoria: motivar os membros do elenco da Disney em relação ao legado de criatividade e inovação. Fiz palestras para plateias da Disney em Paris, Tóquio e Hong Kong, além de Walt Disney World, Pixar e, claro, para a equipe da Imagineering em Glendale. Organizei e participei como moderador em painéis de Disney Legends que contaram com alguns dos maiores talentos da empresa, todos aposentados: X. Atencio, Harriet Burns, Rolly Crump, Dick Sherman, Don Iwerks, Blaine Gibson, Alice Davis, Bob Gurr e Orlando Ferrante. Mas foram minhas palestras nas três Disney Leadership Conferences, que aconteceram nas duas costas em 2004, 2006 e 2008, que parecem ter arrancado as reações mais favoráveis de meus colegas de elenco. Foi um tanto embaraçoso ler que minhas palestras sobre Os Dez Mandamentos da Disney tinham sido consideradas as melhores das Leadership Conferences uma vez que palestrantes muito bem pagos de fora da companhia e executivos de alto escalão também falaram e receberam notas.

Um de nossos mais importantes programas surgiu quando Jay Rasulo me falou sobre a discussão com Bob Iger, na qual o CEO da Disney sugeriu que os funcionários do Disney Studio e da área Burbank-Glendale deveriam saber mais sobre as pessoas e os projetos da Imagineering. Com a ajuda de Jim Clark, criamos a "Imagineering Week at the Studio", que foi bastante popular durante três anos, de 2007 a 2009. Durante toda a semana, apresentávamos Imagineers e seus projetos e os Disney Legends durante a hora do almoço até o ponto alto no evento da sexta-feira especial, que ia das 11h às 14h. Era como uma festa da cidade, com jogos, música e a oportunidade de encontrar importantes Imagineers, prêmios, entretenimento ao vivo e um filme no cinema do Studio. O público da hora do almoço chegava a 650 pessoas e mais de 2.500 participavam das "festas" de sexta.

Meus relatórios para Jay, claro, eram acompanhados pelo máximo de *feedback* que eu conseguia juntar, e todos os itens traziam comentários, assim ele podia ter uma imagem clara do que acontecia e por que gastávamos tempo fazendo aquilo. Uma anotação em meu relatório de 12 de agosto de 2008, na categoria "Pessoal", foi particularmente importante para mim. "A notícia pessoal mais feliz", escrevi, "é que Leah e eu estaremos na Finlândia em outubro, reunidos com nosso filho Howard e sua família quando ele receber seu PhD em Literatura Inglesa na Universidade de Helsinque".

Para este embaixador, foi uma cerimônia muito especial, especialmente quando Leah e eu vimos a admiração de nosso neto Gabriel, então com 17 anos, ao assistir e ouvir a defesa da tese de seu pai.

Quando Jay Rasulo me procurou pela primeira vez para que eu me mudasse de Glendale para Burbank, foi em parte como liberar aquele escritório na "Gold Coast" na Imagineering como preparação para uma nova liderança. Levou pelo menos um ano para isso se concretizar, e, na análise final, foi um bom agradecimento a Mickey Steinberg e a mim. A administração corporativa da Disney, por recomendação de Jay, determinou que o melhor formato de liderança da Imagineering tinha sido a da parceria Mickey-Marty, administrativo-financeira e de talentos criativos. Então, em maio de 2007, Jay anunciou Bruce Vaughn como executivo criativo chefe e Craig Russell como chefe do design e executivo de entrega de projetos da Imagineering – uma parceria de iguais com habilidades de liderança complementares.

18

Os Dez Mandamentos da Disney

Faz mais de quarenta anos que a palavra "escritor" apareceu na descrição de meu trabalho. Por trinta desses anos – de 1974 a 2004, período em que liderei os criativos na Walt Disney Imagineering –, dei a palavra final sobre o que os Imagineers apresentavam para a administração corporativa da Disney, e por alguns anos para os líderes de parques e resorts, antes que os projetos chegassem a Card Walker, Ron Miller ou Michael Eisner.

Continuei, no entanto, a trabalhar no mundo da palavra escrita, geralmente invisível, mantendo o tema do "nós" e não do "eu". Por minha experiência na criação de slogans como "O Reino das Férias do Mundo" ["The Vacation Kingdom of the World"] (Walt Disney World) e "Imagineering é a combinação da imaginação criativa com o *know-how* técnico" (uma das frases favoritas de Walt Disney), tive a oportunidade de escrever como *ghostwriter* o texto de dedicatória de placas, janelas honorárias, introduções para uma série de livros sobre os parques da Disney e sobre a Imagineering, homenagens e memoriais após falecimentos de importantes Disney Legends, e até a frase que está no rodapé dos papéis de todas as divisões da companhia: "Parte da mágica da Walt Disney Company".

Uma de minhas favoritas foi a placa que ficou do lado da Haunted Mansion vazia na Disneylândia por cerca de cinco anos, antes de o show ser criado em 1969. A placa convidava "todos os fantasmas e espíritos incansáveis" a aproveitar "uma aposentadoria ativa" no lugar em que eles continuariam a praticar suas especialidades. "Você cuida do lado de dentro", a placa prometia. "Nós cuidaremos do lado de fora."

Mas foram Os Dez Mandamentos da Disney que me firmaram como palestrante e criador de minhas próprias ideias, além de me darem a oportunidade de comunicá-los para plateias dentro e fora da Disney. Embora eu tenha criado os mandamentos, o primeiro discurso foi escrito pelo Imagineer Paul Goldman. Essa apresentação lançou a carreira de escritor de discursos de Paul, primeiro para executivos do Walt Disney World, seguida por dez anos de redação para o presidente e CEO da New York Life Insurance Company.

Minha apresentação inicial dos Dez Mandamentos da Disney foi, na verdade, dupla – duas palestras que começaram em Twin Cities, em Minnesota, na convenção dos Science and Technology Centers. Dois dias depois, fiz a mesma palestra no Art Directors Club de Boston. Eu desenvolvi, refinei e pratiquei esses princípios fundamentais de liderança, baseando-me no que aprendi com Walt Disney e meus mentores, os grandes Imagineering Legends, especialmente o designer John Hench. Cristalizei esses "ensinamentos" nos primeiros *Dez Mandamentos da Disney*:

1. *Conheça seu público*
   Identifique o público principal de sua atração ou show antes de começar a desenhar.
2. *Coloque-se no lugar dos visitantes*
   Faça que os membros de sua equipe experimentem sua criação da maneira que os visitantes farão.

3. *Organize o fluxo de pessoas e ideias*
Tenha certeza de que existe uma lógica e uma sequência em suas histórias e na maneira como os visitantes vão experimentá-las.

4. *Crie um wienie (ímã visual)*
Crie "alvos" visuais que conduzam seus visitantes clara e logicamente por sua instalação.

5. *Comunique-se com linguagem visual*
Faça bom uso da cor, forma, textura – todos os meios não verbais de comunicação.

6. *Evite excessos – crie estímulos*
Resista à tentação de sobrecarregar sua plateia com muita informação e objetos.

7. *Conte uma história de cada vez*
Mantenha-se na linha da história; boas histórias são claras, lógicas e consistentes.

8. *Evite contradições – mantenha a identidade*
Detalhes em design ou conteúdo que se contradizem confundem a plateia sobre a história ou sobre o período em que acontecem.

9. *Para cada pitada de instrução, uma tonelada de diversão*
Em nosso negócio, disse Walt Disney, você pode educar as pessoas – mas não diga a elas que está fazendo isso! Faça que seja divertido!

10. *Não deixe a peteca da manutenção cair!*
Em um parque ou resort da Disney, tudo precisa funcionar. Manutenção pobre é show pobre!

Esses princípios rapidamente se tornaram uma espécie de padrão de qualidade nos negócios de parques e museus. Hoje você pode encontrar a lista pendurada nos murais de muitos Imagineers, e também na indústria de lazer-recreação. Na verdade, a revista *Funworld*, publicada pela International Association of Amusement Parks and Attractions (Iaapa), os chamou de "um clássico – talvez o melhor guia para a criação de entretenimento temático".

A inauguração de um excelente programa para treinar e motivar os líderes da Disneylândia e do Walt Disney World me deu a oportunidade de comunicar as ideias e os princípios que eu utilizava para liderar os Imagineers. Nessas Leadership Conferences, apresentei dois programas diferentes sobre liderança e uma palestra intitulada "*Followership*: como ser um grande jogador da equipe e ajudar seus líderes a ter sucesso".

Depois da lista original, fiz mais trinta. Os pontos básicos de meus agora quarenta mandamentos estão a seguir, com minhas desculpas a Deus e Moisés, que de alguma maneira conseguiram parar nos dez:

MAIS DEZ MANDAMENTOS DA DISNEY
(A Bíblia do Líder)

1. Crie e mantenha um clima de confiança.
2. Seja responsivo e tome decisões – é isso que os líderes fazem!
3. Dê poder a seus colegas de equipe – são necessárias muitas mãos para fazer um sucesso.
4. Crie oportunidades para novos passarinhos voarem.
5. Lembre-se: experiência *não* é algo negativo.
6. Tenha certeza de que você não está ouvindo apenas a sua voz.
7. Celebre a diversidade e os diferentes pontos de vista.
8. Nunca se acomode com suas vitórias – sua próxima tacada é a mais importante.
9. Arrique-se – apoie quem quer assumir riscos.
10. Providencie bastante papel em branco.

MAIS DEZ MANDAMENTOS DA DISNEY
(A Bíblia do Líder – Parte 2)
Liderança é recebida e deve ser exercida diariamente!

1. Seja otimista – se *você* não for *positivo*, quem mais será?
2. *Coragem* e *confiança* são as principais ruas que se cruzam no caminho para o sucesso.
3. Faça da *curiosidade* sua máquina de pesquisa.
4. Aprenda a *amar* sua próxima tarefa – seja *apaixonado* por *tudo* que fizer.
5. Providencie tempo para explorar – mas prazos motivam e *disciplinam*.
6. Reserve tempo para ensinar – *mentores* são *pessoas íntegras*.
7. Esqueça a política – não é uma eleição!
8. Tradições são importantes – mas a *mudança* é a *grande dinâmica*.
9. *Equipe* e *trabalho* são duas palavras que, juntas, significam "*vencedor*".
10. Lembre-se: as três últimas letras de *trend* (tendência) são *E-N-D* (F-I-M)!

MAIS DEZ MANDAMENTOS DA DISNEY
(Parte IV – *Followership*)
Como ser um grande jogador da equipe e ajudar seus líderes a ter sucesso!

1. *FALE!* Grandes colegas de equipe levantam os problemas *antes* de as decisões serem tomadas!
2. Nunca tenha medo de fazer perguntas. É assim que aprendemos nossos papéis – no palco e nos bastidores.
3. Faça sua experiência valer (é por isso que você está na equipe).
4. Ajude os calouros – você também já foi "novato".
5. Entenda seu papel – todos têm um trabalho a fazer.

6. Nunca tema o fracasso – os vencedores às vezes também falham!

7. Mas – saiba *quando* se arriscar (e sempre avise seus líderes que você está fazendo isso).

8. Jogue dentro das regras. Se você não concorda com elas, trabalhe para mudá-las *depois* da partida.

9. Compartilhe a alegria do sucesso – você não fez isso sozinho!

10. Apoie seus colegas de equipe – na Disney, só há um nome na porta.

No espírito desses mandamentos, repassei minha carreira na Disney e selecionei as dez comunicações escritas mais significativas que tive o privilégio de fazer. Há muitas outras que eu poderia selecionar, mas, por razões que explicarei ao introduzir estas dez, todas têm um significado especial no tempo e no espaço do universo Disney.

1. A última mensagem de Walt Disney para os acionistas da Disney – Relatório Anual de 1966

Desenvolvi quatro relatórios anuais com outro Disney Legend, o diretor criativo para arte publicitária e marketing Bob Moore, e o designer gráfico Norm Noceti. Criamos um tema, revisamos com Card Walker, e depois nos reunimos com Roy O. Disney, presidente da Disney e do conselho, para termos a aprovação dele. Nosso tema de 1966 foi "The Disney World". A mensagem de Roy, que também escrevi com a grande ajuda da equipe financeira de Roy, foi intitulada "Para onde quer que formos, a organização está preparada". A de Walt tinha como título "Um olhar para o futuro":

THE DISNEY WORLD:
A look to the future

The past year has been one in which many groups around the world, both inside and outside the entertainment industry, have paid high tribute to our creative staff. For all these honors, we are all very grateful indeed.

In accepting the "Showman of the World" award from the people who own and operate the nation's theatres, I looked to the past, recalling some of the wonderful people in the theatre business who helped us get where we are today because they had faith in the things we did, from *Steamboat Willie* to the present day. There was always someone — some wonderful exhibitor or an understanding banker — willing to take a chance on another crazy Disney idea.

Today, I propose to look to the future...to tell you about some of the plans, and some of the philosophy, that makes us tick here in the Disney organization.

Many people have asked, "Why don't you make another *Mary Poppins?* Well, by nature I'm a born experimenter. To this day, I don't believe in sequels. I can't follow popular cycles. I have to move on to new things — there are many new worlds to conquer.

As a matter of fact, people have been asking us to make sequels ever since Mickey Mouse first became a star. We have bowed only on one occasion to the cry to repeat ourselves. Back in the '30's, *The Three Little Pigs* was an enormous hit, and the cry went up — "Give us more Pigs!" I could not see how we could possibly top pigs with pigs. But we tried, and I doubt whether any one of you reading this can name the other cartoons in which the pigs appeared.

We didn't make the same mistake with *Snow White*. When it was a huge hit, the shout went up for more dwarfs. Top dwarfs with dwarfs? Why try?

Right now, we're not thinking about making another *Mary Poppins*. We never will. Perhaps there will be other ventures with equal critical and financial success. But we know we cannot hit a home run with the bases loaded every time we go to the plate. We also know the only way we can even get to first base is by constantly going to bat and continuing to swing.

And so we're always looking for new ideas and new stories, hoping that somehow we'll come up with a different kind of *Mary Poppins*...or even a different kind of Disneyland.

As 1967 begins, we have high hopes that some of our current projects may measure up to this exciting challenge. Perhaps it will be a motion picture like *The Happiest Millionaire*. Perhaps it will be our so-called "Disney World" in Florida. Or perhaps it will be our year-round recreation facility in the High Sierra of California, Mineral King. On the pages that follow in this Annual Report, we'll try to tell you why we believe so strongly in each of these fascinating projects, and many more our creative staffs are now producing.

You know, the Disney organization today has more than four thousand employees. Many have been with us over 30 years. They take great pride in the organization they helped to build. Only through the talent, the labor and the dedication of this staff could any Disney project get off the ground. We all think alike in the ultimate pattern.

We're all proud of the honors that many groups around the world have given us. And we're even more proud that the public — whether in theatres, at Disneyland, or in their own homes — continues to express its faith in the kind of family entertainment we produce.

I promise you that all the honors in the world won't go to our heads — we have too many projects for the future to take time out for such a thing.

Walt Disney

O MUNDO DISNEY
Um olhar para o futuro

No último ano, muitos grupos ao redor do mundo, tanto dentro como fora da indústria do entretenimento, fizeram diversos tributos ao nosso *staff* criativo. Por todas essas honrarias, estamos realmente muito agradecidos.

Ao aceitar o prêmio "Showman of the World" das pessoas que são proprietárias e operam os cinemas da nação, eu olhei para o passado, lembrando de algumas das maravilhosas pessoas no negócio do cinema que nos ajudaram a chegar aonde estamos hoje porque elas tinham fé nas coisas que fazíamos, de Steamboat Willie até os dias de hoje. Sempre houve alguém – algum maravilhoso exibidor ou um banqueiro compreensivo – interessado em arriscar em outra das ideias malucas da Disney.

Hoje, proponho que vocês olhem para o futuro... para falar sobre alguns dos planos, e um pouco de nossa filosofia, que nos faz seguir aqui na organização Disney.

Muitas pessoas perguntaram: "Por que você não faz outra *Mary Poppins*?". Bem, sou um experimentador de nascença. Até hoje, não acredito em sequências. Não consigo seguir os ciclos populares. Tenho de seguir para novas coisas – existem muitos novos mundos para conquistar.

Na verdade, pessoas têm pedido para fazermos sequências desde que Mickey Mouse se tornou uma estrela. Só nos dobramos uma vez ao grito para nos repetirmos. Lá em 1930, *Os três porquinhos* foi um enorme sucesso, e os gritos aumentaram – "Dê-nos mais porquinhos!". Eu não conseguia ver como podíamos superar porquinhos com porquinhos. Mas tentamos, e duvido que alguém que esteja lendo este artigo consiga dar o nome de outros desenhos em que porquinhos apareceram.

Não cometemos o mesmo erro com *Branca de Neve*. Quando se tornou um grande sucesso, os gritos por mais anões aumentou. Superar anões com anões? Por que tentar?

Agora mesmo, não estamos pensando em fazer outro *Mary Poppins*. Nunca faremos. Talvez haja outros empreendimentos com o mesmo sucesso de crítica e financeiro. Mas sabemos que não conseguimos fazer um *home run* com as bases ocupadas toda vez que vamos rebater. Também sabemos que o único jeito de alcançar a primeira base é continuar rebatendo.

E então estamos sempre procurando novas ideias e novas histórias, esperando que, de alguma maneira, consigamos um tipo diferente de *Mary Poppins*... ou até um tipo diferente de Disneylândia.

Enquanto 1967 começa, temos grandes esperanças de que algum de nossos projetos atuais vença um desafio desse tamanho. Talvez seja um filme como *Quando o coração não envelhece*. Talvez seja o chamado Disney World na Flórida. Ou talvez sejam nossas instalações de recreação na High Sierra da Califórnia, Mineral King. Nas páginas seguintes deste relatório anual, tentaremos contar-lhes por que acreditamos tanto em cada um desses fascinantes projetos, e em tantos outros que nossa equipe criativa está produzindo.

Vocês sabem, a organização Disney tem hoje mais de 4 mil empregados, muitos deles estão conosco há mais de trinta anos. Eles têm grande orgulho da organização que ajudaram a construir. Apenas com o talento, o trabalho e a dedicação dessa equipe um projeto Disney pode decolar. Em última instância, todos pensamos igual.

Estamos orgulhosos por todas as honrarias recebidas de vários grupos ao redor do mundo. E estamos ainda mais orgulhosos de o público – seja nos cinemas, na Disneylândia ou em suas casas – continuar a expressar sua fé no tipo de entretenimento familiar que produzimos.

Prometo que todas as honrarias não subirão a nossas cabeças – temos muitos projetos para o futuro para gastar tempo com esse tipo de coisa.

2. Carta de apresentação de Roy O. Disney – Relatório Anual de 1966
Quando Walt morreu, em 15 de dezembro de 1966, o relatório anual da companhia já estava impresso e pronto para ser enviado aos acionistas depois do primeiro dia do ano. No entanto, vários executivos corporativos expressaram sua preocupação em enviar um documento contendo a mensagem de Walt; na verdade, argumentaram

que deveríamos destruir todo o relatório e produzir um novo. Fui veementemente contra.

No fim, como Roy estava muito perturbado pela morte do irmão, ele ouviu e concordou. Escrevi esta carta para Roy; quando foi enviada para os acionistas, ela cobriu o frontispício já impresso do Relatório Anual de 1966.

AN IMPORTANT MESSAGE
TO OUR SHAREHOLDERS AND EMPLOYEES:

THIS ANNUAL REPORT WAS PREPARED PRIOR TO WALT DISNEY'S PASSING. The keynote of these pages is optimism for the future of the company, whose creative energies he directed for more than 40 years.

This enthusiasm for the future stemmed directly from Walt. You will find it in the message he prepared for this report, and in the story of our company's world-wide operations. And you will find it reflected by our key creative and management people, in every area of the company. We believe, as Walt did so strongly, in the future of Walt Disney Productions.

Walt would have wanted you, our shareholders and employees, to know and share this enthusiasm. That is why this report has been sent to you exactly as it was prepared early in December.

In this report are the facts which support this enthusiasm. It should confirm for you the substantial values — Motion Picture properties (completed and yet to be produced), real estate, Disneyland, Character Merchandising, Music, Publications and the world-famous Disney name — which we have confidence will result in a successful future.

Now, in view of Walt's passing, it is vitally important to the future growth and development of your company that key executive, management and creative personnel have an even greater stake in our continuing progress. To provide this additional incentive for those key people charged with carrying on the Disney tradition of quality family entertainment, we have developed a new Stock Option Plan, which has been mailed to you separately, along with the Company's Proxy Statement. I strongly urge your favorable action to approve this most important Stock Option Plan.

It was Walt's wish that when the time came, he would have built an organization with the creative talents to carry on as he had established and directed it through the years. Today this organization has been built, and we shall carry out this wish.

Walt Disney's preparation for the future is a solid, creative foundation. All the plans for the future that Walt had begun — new motion pictures, the expansion of Disneyland, television production and our Florida and Mineral King projects as outlined in this report — will continue to move ahead.

Roy O. Disney.

President and Chairman of the Board
Walt Disney Productions

UMA MENSAGEM IMPORTANTE
PARA NOSSOS ACIONISTAS E EMPREGADOS:

ESTE RELATÓRIO ANUAL FOI PREPARADO ANTES DA MORTE DE WALT DISNEY. A chave destas páginas é o otimismo com o futuro da companhia, cujas energias criativas ele dirigiu por mais de quarenta anos.

Esse entusiasmo com o futuro brota diretamente de Walt. Vocês vão encontrá-lo na mensagem que ele preparou para este relatório e na história das operações mundiais de nossa companhia. E vocês encontrarão isso estampado em nosso criativos principais e gestores, em todas as áreas da empresa. Acreditamos, assim como Walt fez firmemente, no futuro da Walt Disney Productions.

Walt gostaria que vocês, nossos acionistas e empregados, soubessem e compartilhassem esse entusiasmo. Por isso este relatório é enviado a vocês exatamente como foi preparado no início de dezembro.

Neste relatório estão os fatos que sustentam esse entusiasmo. Ele deve confirmar-lhes os valores substanciais – propriedades dos filmes de cinema (completados e ainda a serem produzidos), propriedades imobiliárias, Disneylândia, merchandising dos personagens, música, publicações e o mundialmente famoso nome Disney – que confiamos que resultarão em um futuro de sucesso.

Agora, tendo em vista o falecimento de Walt, é vitalmente importante para o crescimento futuro e desenvolvimento de nossa companhia que os principais executivos, gestores e pessoal criativo tenham ainda uma maior participação na continuidade de nosso progresso. Para proporcionar esse incentivo adicional a essas pessoas fundamentais encarregadas de dar continuidade à tradição Disney de entretenimento de qualidade para a família, desenvolvemos um novo plano de opções de ações que foi encaminhado para vocês separadamente, junto com o Proxy Statement da companhia. Recomendo fortemente sua ação a favor da aprovação desse importante plano de opções.

Era desejo de Walt que, quando chegasse a hora, ele tivesse construído uma organização com talentos criativos para continuarem de acordo com o que ele estabeleceu e direcionou ao longo dos anos. Hoje esta organização está criada, e nós todos devemos realizar seu desejo.

A preparação da Walt Disney para o futuro é uma sólida, criativa fundação. Todos os planos para o futuro iniciados por Walt – novos filmes, a expansão da Disneylândia, produções de TV e nossos projetos da Flórida e Mineral King como apresentados neste relatório – serão continuados.

Roy O. Disney
Presidente e presidente do conselho da Walt Disney Productions

3. Apresentação de "The Disney Image" – Novembro de 1965
Nunca tinha sonhado que a primeira reação de Walt a algo que eu tivesse escrito fosse "eu não sabia que alguém estava escrevendo meu obituário!". Esta foi, na verdade, uma das duas apresentações preparadas para a coletiva de imprensa na Flórida em novembro de 1965, na qual o governador Hayden Burns apresentou Walt e Roy e anunciou formalmente que a Disney estava chegando à Flórida.

A primeira apresentação foi no estilo "arroz com feijão", descrevendo o motor para o crescimento econômico que a Disneylândia tinha criado em Anaheim e Orange County, Califórnia, na sua primeira década. A segunda foi o roteiro de dezenove páginas que tentou descrever o impacto do entretenimento de Walt sobre as pessoas ao redor do mundo.

Apesar de seu comentário, *gravei* cerca de três minutos com Walt. Ainda considero "The Disney Image", produzido com um maravilhoso conteúdo visual, entre os melhores textos que criei para a Disney. As páginas a seguir dão o sabor da introdução ao diálogo de Walt que está na sequência de uma fala em que ele comenta seus "32 Oscars" – seus prêmios da Academia.

Os Dez Mandamentos da Disney 333

Para: "APRESENTAÇÃO DA DISNEY IMAGE"* WED ENTERPRISES, INC.
30 de junho de 1965 – Revisado

Slide – ROTEIRO DA APRESENTAÇÃO

MÚSICA

Abre com um *medley* de melodias de filmes da Disney para cinema e TV
– de *Mary Poppins, Branca de Neve, Davy Crockett, Cinderela* etc. etc. –
algumas das melodias mais conhecidas de Walt. Com a música, apresentar
primeira série de *slides*.

1-12 PLANO GERAL DE PESSOAS – *AO REDOR DO MUNDO*

fazendo coisas Disney – para mostrar o impacto da Disney em muitos
aspectos de nossa vida ao redor do mundo. Multidões nas filas dos cinemas
nos Estados Unidos e em terras estrangeiras, na Feira Mundial,
na Disneylândia, multidões ao redor de Walt etc.

MÚSICA REDUZ PARA FUNDO ao mesmo tempo que começa a narração.

Nas cenas seguintes, saímos da massa e focamos *principalmente* em indivíduos, em
grupos familiares. Tomadas para ilustrar a narração.

13. *CLOSE-UP* – CRIANÇA COM MICKEY MOUSE
do suplemento do jornal da Disneylândia

NARRADOR
Essas são as pessoas...

14. FAZENDEIRO – MEIO OESTE AMERICANO – LENDO LIVRO DA DISNEY
PARA CRIANÇAS

NARRADOR
Pessoas por toda a América...

15. FAMÍLIA ESTRANGEIRA ASSISTINDO A TV – VON DRAKE
EM "WORLD OF COLOR"

NARRADOR
E pessoas pelos sete mares.

16. FAMÍLIA AMERICANA VENDO MESMA CENA, MESMO SHOW

NARRADOR
Pessoas em suas casas aqui perto...

---

* Traduzido do roteiro original.

17. FILA PARA MARY POPPINS NUM CINEMA ESTRANGEIRO
com registro de língua estrangeira visível

NARRADOR
E pessoas nos cinemas ao
redor do mundo...

18. ADULTO LENDO UMA TIRA DE QUADRINHOS NO JORNAL
PARA CRIANÇAS

NARRADOR
Pessoas que leem jornais...

19. ADOLESCENTES – DANÇANDO EM FRENTE A UMA PAREDE CHEIA DE
FOTOGRAFIAS
de Annette, Hayley Mills, Tommy Kirk, Dean Jones etc.

NARRADOR
E pessoas que ouvem discos e
dançam.

20. AVÓ (VELHA) PEGANDO UMA CAMISETA DO MICKEY MOUSE EM UMA
LOJA – DISPLAY DA DISNEY AO FUNDO

NARRADOR
Pessoas que compram roupas
e brinquedos e livros e jogos
para crianças.

21. HOMENS TRABALHANDO – SINALIZAÇÃO COM PERSONAGEM
DA DISNEY

NARRADOR
Pessoas na indústria...

22. CLASSE – CRIANÇAS – ASSISTINDO A UM FILME DA DISNEY
NA ESCOLA

NARRADOR
Pessoas nas escolas.

23. FAMÍLIA ASSISTINDO A TV – TOMADA DE TRÁS DA TV, ATRAVÉS DE UMA
ANTENA ORELHA DE COELHO – CRIANÇAS ESTÃO USANDO CHAPÉUS
DO MICKEY MOUSE, CAMISETAS DE PERSONAGENS

NARRADOR
Pessoas com suas famílias em
vilarejos remotos.

24. AVÔ USANDO CHAPÉU DO PATO DONALD – BRAÇO AO REDOR DE CRIANÇA TAMBÉM USANDO CHAPÉU DO PATO DONALD (na apresentação da GE)

NARRADOR
E pessoas cercadas por
estranhos em cidades
movimentadas.

25. TOMADA EXTERIOR – MARQUISE DE "SMALL WORLD"

para ler "it's a small world de Walt Disney" na placa (fundo) com personagem e pessoas (primeiro plano) da apresentação da GE

NARRADOR
Pessoas em barcos e carros e
cinemas na Feira Mundial.

26. PAI E CRIANÇAS VOANDO NO DUMBO

NARRADOR
E pessoas em elefantes
voadores e submarinos e
carruagens sem cavalos no
Magic Kingdom.

27. VISITANTES ESTRANGEIROS NA DISNEYLÂNDIA – CASTELO I.D.

NARRADOR
Em qualquer lugar que estejam,
sejam quem forem, essas
pessoas falam e entendem a
linguagem internacional.

28. CRIANÇA COM GIBIS DA DISNEY E REVISTAS – VARIEDADE DE IMPRESSOS ESTRANGEIROS

NARRADOR
Uma linguagem que não
conhece oceanos e cortinas de
ferro.

29. PAI E FILHO FELIZES – TOMADA DE UMA PLATEIA DE CINEMA

NARRADOR
Uma linguagem que forma um
vínculo comum.

30.   IMAGEM DE REI OU PRESIDENTE NA DISNEYLÂNDIA

NARRADOR
Para pessoas de todos os
lugares – rei e presidente,
criança e adulto –

31.   TOMADA DE WALT

cercado por crianças e adultos – tomada da *National Geographic* de Walt
dando autógrafos.

NARRADOR
– pessoas em todos os
lugares Veem o nome Walt
Disney como o Melhor para o
Entretenimento da Família!

32.   "VEEM O NOME WALT DISNEY COMO O MELHOR PARA O
ENTRETENIMENTO DA FAMÍLIA"

O roteiro então segue para a narração de Walt.

Página 12

113.   WALT – COM MICKEY E SEU PRIMEIRO OSCAR

NARRADOR
WALT: "Este primeiro Oscar foi um prêmio especial
pela criação do Mickey Mouse. O outro
prêmio da Academia pertence a nosso
grupo, um tributo a nosso esforço conjunto."

COMEÇA NOS BASTIDORES – COBERTURA DA EQUIPE DISNEY

(*Slide* 114-127, várias tomadas para mostrar atores,
escritores, músicos, diretores de arte,
gestores, engenheiros, estúdio, na WED, na
Disneylândia. Enquanto esses *slides* são
vistos, as palavras de Walt falam sobre a
companhia e a filosofia básica:

Os Dez Mandamentos da Disney   337

114. TOMADA DE GESTORES

> WALT: "A coisa toda aqui é a organização. E o grande problema é organizar a empresa. Veja a Disneylândia – ela começou porque tínhamos talento para começá-la – os talentos da organização."

115. ATORES – TRABALHANDO NO SET COM DIRETOR

> WALT: "Você sabe, pessoas estão sempre analisando nossa abordagem do entretenimento. Alguns repórteres chamaram isso de 'segredo especial' do entretenimento Disney."

116. BASTIDORES – CONSTRUÇÃO DE UM EFEITO ESPECIAL
(algo como uma lula gigante ou um carro voador)

> WALT: "Bem, gostamos de algum mistério em nossos filmes – mas não há nenhum segredo em relação a nossa abordagem. Seguimos adiante – abrindo novas portas e fazendo coisas novas – porque somos *curiosos...*"

117. TOMADA TIPO CIENTÍFICO – PESQUISA

> WALT: "... e curiosidade continua nos levando por novos caminhos. Estamos sempre explorando e experimentando. Na WED, chamamos isso 'imagineering' – a combinação de imaginação criativa com know-how técnico."

118. TOMADA DO INÍCIO DA CONSTRUÇÃO DA DISNEYLÂNDIA – WALT NO LOCAL COM DIRETORES DE ARTE

> WALT: "Quando você é curioso, acha um monte de coisas interessantes para fazer. E uma coisa que é preciso para conseguir algo é *coragem*. Pegue a Disneylândia, por exemplo. Quase todo mundo nos avisou que a Disneylândia seria um espetáculo de Hollywood – um espetacular fracasso."

119. WALT E DIRETORES DE ARTE INSPECIONANDO
A DISNEYLÂNDIA HOJE

WALT: "Mas eles estavam pensando em um
parque de diversões, e nós acreditamos em
nossa ideia – um parque familiar onde pais
e filhos podem se divertir – *juntos*."

120. WED MODEL SHOP

WALT: "Agora a Disneylândia começou sua
segunda década, e ainda estamos criando
e desenhando novas atrações para quase
todos os anos durante os próximos dez."

121. DICK VAN DYKE – TRABALHANDO NO SET

WALT: "Nunca perdemos nossa fé no
entretenimento familiar – histórias que
fazem as pessoas rir, histórias sobre
coisas humanas e ternas, histórias sobre
personagens históricos e eventos, histórias
sobre animais."

122. CENA DA RISADA DE *MARY POPPINS*

WALT: "Não estamos aqui para ganhar dinheiro
rápido com truques. Estamos interessados
em fazer coisas que sejam engraçadas –
em proporcionar prazer e especialmente
risadas para as pessoas."

123. WALT – RINDO COM UM GRUPO DE ATORES

WALT: "E provavelmente o mais importante de
tudo: quando consideramos um novo
projeto, realmente estudamos – não apenas
a superfície da ideia, mas tudo sobre
ela. E, quando entramos no novo projeto,
acreditamos nele durante todo o caminho...
Temos *confiança* em nossa habilidade para
fazer isso corretamente. E trabalhamos duro
para fazer o melhor trabalho possível.

124. WALT – COM ROY E OUTROS GESTORES

> WALT: "Meu papel? Bem, vocês sabem que outro
> dia um garoto me deixou sem jeito ao
> perguntar: 'Você desenha o Mickey Mouse?'.
> Eu tive de admitir que não o desenho mais.
> 'Então você pensa em todas as piadas e
> ideias?'"

125. WALT – COM COMPOSITORES – AO PIANO

> WALT: "Não", eu disse, "não faço isso." Então ele
> me olhou e disse: "Sr. Disney, o que o
> senhor faz?". "Bem", eu disse, "às vezes eu
> me imagino como uma pequena abelha."

126. WALT – DISCUTINDO UM ASSUNTO COM A EQUIPE
NUMA REUNIÃO DE *STORYBOARD*

> WALT: "Eu vou de uma área a outra do Studio
> e junto pólen para estimular todo mundo.
> Acho que esse é o trabalho que faço."

127. PLATEIA NUM CINEMA – RINDO DA MESMA CENA ACIMA,
DESTA VEZ APRESENTADA POR ATORES.

O roteiro então volta para amarrar o final.

4. Os muitos mundos da Disneylândia (1965)

O ano de 1965 foi a celebração da primeira década da Disneylândia – que Jack Lindquist chamou de "Tencennial".[1] O caderno de 24 páginas, colorido, que criamos para o *Los Angeles Times* celebrava esses primeiros dez anos e, claro, falava das novas atrações que logo seriam inauguradas: Great Moments with Mr. Lincoln, na Opera House, na Main Street, e o Plaza Inn (1965); "it's a small world" e

---

1. Jogo com a palavra "centennial" (centenário), deslocando para o início a sílaba "ten" (dez). [N. T.]

New Orleans Square (1966); e Pirates of the Caribbean (1967). Para mim, significou editar e produzir toda uma parte do jornal e escrever uma de minhas descrições favoritas do parque.

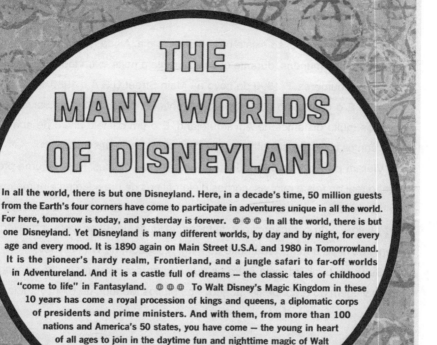

OS MUITOS MUNDOS DA DISNEYLÂNDIA

Em todo o mundo, só existe uma Disneylândia. Aqui, no período de uma década, 50 milhões de visitantes dos quatro cantos da Terra vieram participar de aventuras únicas em todo o mundo. Pois, aqui, amanhã é hoje, e ontem é para sempre.

Em todo o mundo, só existe uma Disneylândia. Ainda que a Disneylândia seja diferentes mundos, durante o dia e durante a noite, para todas as idades e todos os humores. É 1890 de novo na Main Street U.S.A e 1980 na Tomorrowland. É o duro reino dos pioneiros, Frontierland, e o safári na selva para mundos muito distantes na Adventureland. E é um castelo cheio de sonhos – os contos clássicos da infância "ganham vida" na Fantasyland.

Vieram para o Magic Kingdom de Walt Disney nesses 10 anos uma procissão real de reis e rainhas, corpos diplomáticos de presidentes e primeiros-ministros. E, com eles, de mais de 100 nações e 50 estados americanos, você veio – o de coração jovem de todas as idades para se juntar ao divertimento do dia e à mágica da noite do Magic Kingdom da Walt Disney.

Se você, também, está entre os que têm coração jovem, venha conosco numa viagem ao redor deste mundo... os Muitos Mundos da Disneylândia.

5. "Eu me lembro... porque estava lá com Walt Disney em Mineral King" (1972)

Em 1965, Bob Moore, Norm Noceti e eu tínhamos criado uma apresentação que Walt, Card Walker e outros executivos e consultores da Disney (incluindo o lendário Willy Schaeffler, diretor de eventos de esqui das Olimpíadas de Inverno de 1960 em Squaw Valley, Califórnia) usaram para conseguir a aprovação do Serviço Florestal dos Estados Unidos para criar serviços e instalações recreacionais abertas o ano todo em Mineral King, Califórnia. Localizada quase na metade

342 Sonhe e faça acontecer

do caminho entre Los Angeles e San Francisco, na Sequoia National Forest, a área de cerca de 52 quilômetros quadrados conhecida como Mineral King tinha um potencial enorme para fornecer lazer aos californianos. Mas ela era acessível apenas nos meses de verão por uma estrada perigosa e abaixo dos padrões. Mais de seis anos depois que a empresa foi selecionada pelo Serviço Florestal dos Estados Unidos, processos e manipulações políticas continuaram a ameaçar e, por fim, mataram o projeto Mineral King.

Frustrado pelas disputas políticas e atrasos, e procurando apoio público, a Disney decidiu deixar o público saber que estávamos prontos para seguir adiante. Eu escrevi a seguinte explicação, que foi publicada, como um anúncio pago, no *Los Angeles Times* e outros jornais com a assinatura de Card Walker:

EU ME LEMBRO... PORQUE ESTAVA LÁ COM WALT DISNEY EM MINERAL KING

Nos últimos seis anos, houve tantas distorções, tanta informação incorreta, tantos processos e comunicados para a imprensa que ninguém parece lembrar o que Walt Disney *realmente* tinha em mente para Mineral King.

O que Walt Disney disse foi simplesmente: A criação de serviços recreativos em Mineral King é um desafio e uma obrigação – um desafio de atender a demanda pública crescente; uma obrigação de preservar a beleza da terra.

Eu me lembro. Porque estava lá com Walt Disney quando a foto desta página foi feita em 1966. E estou cansado de ouvir e ler as distorções, informações erradas, processos e comunicados para a imprensa vilipendiando os conceitos propostos por Walt Disney e pela Walt Disney Productions.

Por exemplo: foi feita uma acusação de que a ideia de Walt Disney era construir "uma Disneylândia na montanha". Essa acusação é completamente falsa. Nenhuma "Disneylândia" ou "centro de diversões" foi alguma vez considerado.

O que Walt Disney propôs foi "criar, projetar e operar instalações em Mineral King que atendam a demanda pública e os interesses dos participantes" que arriscassem nesse meio ambiente alpino único.

Mineral King pode se tornar a melhor área recreativa na América do Norte. Por quê? Por conta de seu incomparável potencial recreativo de inverno e de sua proximidade com os maiores centros populacionais da Califórnia.

Durante os anos desde a morte de Walt Disney, nossa companhia se manteve fortemente comprometida com seus grandes objetivos. E encontramos as *melhores maneiras* de realizar aquilo que Walt Disney planejou fazer para o povo da Califórnia.

Agora temos um plano, que foi aprovado pelo Serviço Florestal dos Estados Unidos, para eliminar a rodovia que corta o Sequoia National Park até Mineral King e substituí-la por uma ferrovia movida a eletricidade. Esse plano não apenas vai eliminar os automóveis de Mineral King, mas permitirá que o Serviço Florestal controle a qualquer momento o número de pessoas permitidas.

Com esse plano, a Walt Disney Production atendeu a todas as objeções contra a criação de serviços recreativos e instalações em Mineral King, salvo uma: essa área deve permanecer totalmente inacessível durante o inverno e disponível apenas a alguns poucos no verão, ou deve estar disponível para o prazer, benefício e divertimento de todos?

Essa é a questão que resta. É onde estamos hoje. Agora, para onde vamos?

A Walt Disney Production respondeu de boa-fé à demanda do público, como determinado pelo Serviço Florestal. Nossa já demonstrada preocupação pela herança natural da América é algo para se registrar. Ficaremos prontos, preparados para realizar nosso compromisso, uma vez que o público consiga exercer seu direito de uso recreativo de Mineral King durante o ano todo.

No entanto, não vamos mais permitir que o bom nome e a reputação mundial da organização Walt Disney seja atacada por causa de circunstâncias sobre as quais não temos controle. Não permitiremos mais que nossos planos para esse projeto sejam erroneamente representados, como muitas vezes foram no passado.

Se os conceitos que propusemos são tão importantes para você e seus amigos e família como acreditamos que sejam, então a Walt Disney Productions está pronta para seguir adiante. Se você acredita que a Califórnia precisa de oportunidades de recreação e instalações de elevada qualidade, então chegou a hora de tomar partido.

Quem realmente fala por Mineral King? E quem realmente fala por você?

E. Card Walker
Presidente
Walt Disney Productions

O plano da Disney em Mineral King

Em uma coletiva de imprensa em Visalia, Califórnia, em 3 de maio de 1972, E. Cardon Walker, presidente da Walt Disney Productions, anunciou várias revisões nos planos da companhia para as instalações de recreação e serviços em Mineral King. Essas revisões foram feitas ao longo dos últimos três anos sob a orientação e aprovação do *Conservation Advisory Comittee* da Walt Disney Production, composto por alguns dos mais renomados ambientalistas da América.

Os membros desse comitê voluntário são:

Sr. Horace M. Albright

Ex-diretor do National Park Service

Dr. Ira Gabrielson

Presidente da Wildlife Management Institute

Sr. Thomas L. Kimball

Diretor executivo da National Wildlife Federation

Sr. Bestor Robinson

Ex-presidente e diretor do Sierra Club

Sr. Envind T. Scoyen

Ex-superintendente do Sequoia National Park e diretor associado do National Park Service

Sr. William E. Towell

Vice-presidente executivo da American Forestry Association

Os principais pontos do plano revisado da Walt Disney Production são:

– *Eliminação da necessidade de se construir uma nova via de acesso pelo Sequoia National Park até Mineral King, como anteriormente solicitado pelo Serviço Florestal dos Estados Unidos.* A eliminação dessa via de acesso representa uma economia potencial para os contribuintes da Califórnia de US$ 30 milhões.

– No lugar da estrada, *propomos uma ferrovia movida a eletricidade para levar os visitantes para a área de Mineral King.* Essa ferrovia de bitola estreita e capital aberto será operada sem fins lucrativos e paga pelos usuários. Construída sobre a base da estrada existente, *essa pitoresca ferrovia eliminará os automóveis da região de Mineral King*.

- O plano fornecerá meios positivos de controlar, sempre, o número de visitantes em Mineral King.
- A ferrovia movida a eletricidade também permitirá remover os portões e instalações de serviço da área de Mineral King. *Eliminará, igualmente, a necessidade de se construir a estrutura de um estacionamento de vários pisos na área de Mineral King e todas as instalações antes necessárias para acomodar os automóveis.*
- A força elétrica para o vale de Mineral King pode ser suprida por uma linha de força enterrada na base da ferrovia, eliminando a necessidade de uma linha de transmissão aérea que atravessaria o parque nacional.

O prospecto original do Serviço Florestal, que estipulava que o acesso ao Mineral King deveria ser por automóvel, fez que a Walt Disney Productions planejasse instalações de recreação suficientes para atender ao maior número de visitantes que seguiria pela estrada em qualquer dia da semana. *Com a revisão, a Walt Disney Productions pôde reduzir o número de instalações, como restaurantes e elevadores de esqui que serão necessários para atender o público.*

A Walt Disney Productions vai providenciar instalações básicas de qualidade e accmodações para o público que tornará possível uma grande variedade de atividades de inverno para a família, assim como camping, excursões, pesca e atividades equestres no verão.

O que é Mineral King?

Uma área de aproximadamente 12.800 acres na parte norte da Sequoia National Forest, quase no meio do caminho entre Los Angeles e San Francisco, Mineral King está situado ao longo da cabeceira da East Fork Kaweah River. O vale está a uma altitude de 2.377 metros e os picos das montanhas chegam a 3.780 metros. Existem mais de vinte lagos para pesca acessíveis a cavalo ou trilhas no verão. *Oito bacias principais oferecem neve no inverno e condições de esqui que estão entre as melhores na América do Norte. O terreno alpino de Mineral King talvez seja o mais parecido com os Alpes europeus entre as áreas da Sierra.*

Mineral King não é selvagem, já que, por muitos anos, é acessível por uma via perigosa e possui mais de sessenta casas de veraneio.

No começo de 1965, o Serviço Florestal dos Estados Unidos procurou propostas de empreendimentos privados para o desenvolvimento de instalações para os visitantes de verão e de inverno. Depois de lances públicos serem feitos, seis propostas foram consideradas. A proposta da Walt Disney Productions foi escolhida como a que melhor serve às necessidades do público. Em dezembro de 1965, o Serviço Florestal indicou a organização Disney para criar os serviços recreativos e as instalações.

O direito do governo dos Estados Unidos e seus oficiais de permitir as instalações em Mineral King foi desafiado nas cortes pelo Sierra Club. A Walt Disney Productions nunca participou desses processos.

A demanda pública por áreas recreativas existe claramente. Apresentamos agora o plano que garante o máximo de proteção para o National Park e terras florestais envolvidos. Para o povo da Califórnia, Mineral King realmente representa uma oportunidade que não pode ser perdida.

6. *"Um Tributo a Harriet Burns" (2008)*

Como tive a sorte de ser "o garoto" e ter a oportunidade de aprender com vários Imagineering Legends nos anos 1950 e 1960, fui cobrado a dar uma retribuição emocional. Com a morte de meus mentores, suas famílias me pediram para organizar e ser o orador principal de homenagens que celebravam a paixão e a carreira de alguns dos talentos da Disney: Richard Irvine, John Hench, Herb Ryman, Sam McKim, Claude Coats, Don Edgren e Fred Joerger – e Harriet

Burns, aquela senhora especial que foi a abelha rainha da Imagineering Model Shop. Mesmo antes da celebração por Harriet, escrevi este tributo para todos os Imagineers, para um maravilhoso talento, o verdadeiro espírito que os Imagineers tão bem representam:

Sklar, Martin[*]
De: WDI Communications
Enviado: Terça-feira, 29 de julho, 2008 9:06
Para: #WDI-CA All; #WDI-DL-Paris; #WDI-FL ALL: #WDIJ/TDR Design Office; #WDI HK Team – HK; #WDI-Glendale Additions
Assunto: Um tributo a Harriet Burns

Como todos sabem, Harriet Burns faleceu na manhã de sexta-feira, 25 de julho, depois de uma breve doença. Marty Sklar colaborou com Harriet por décadas e compartilha seus pensamentos e memórias dessa impressionante Imagineer e Disney Legend.

UM TRIBUTO A HARRIET BURNS
Por Marty Sklar

No hospital a estavam chamando de "Bela Adormecida", mas eu gostava mais dela como "Branca de Neve", esperando pelo beijo que poderia acordá-la. A propósito, os príncipes e reis que poderiam fazer isso já se foram, esperam sua chegada num lugar mais seguro.

---

[*] Traduzido do e-mail original.

Como primeira mulher Imagineer, Harriet Burns teve de conquistar o respeito de um mundo dominado por homens. Começando quando a WED Enterprises ainda estava no Studio, ela precisava ser tão boa quanto os homens com a serra de mesa, tornos, furadeiras e, como ela dizia, "outras coisas". E era, mesmo se segurando quando as piadas chegavam a ela. Com seu macio chicote do Texas, ela podia devolvê-las.

Mas o que garantiu respeito a Harriet Burns foi sua habilidade criativa. Ela se tornou uma estrela do design no The Mickey Mouse Club, ajudando a estabelecer seu moderno estilo gráfico. Com Fred Joerger e Wathel Rogers, ela se tornou a WED Model Shop, centro nervoso da máquina de design de Walt para a Disneylândia e além.

Durante 31 anos, até sua aposentadoria em 1986, Harriet estava no centro de todos os empreendimentos da Imagineering: finalizando os personagens dos presidentes e piratas, criando esquemas encantados de cores e plumagem para pássaros cantantes, colocando glitter e joias nas crianças e brinquedos de *it's a small world*. Por suas conquistas, ela foi nomeada Disney Legend em 2000.

Harriet nunca fez parte da turma do jeans e camiseta. Seu gosto eclético e senso de design de moda podiam ser vistos no seu jeito de se vestir para o trabalho. Ela foi sempre o membro mais bem-vestido da Model Shop, talvez de toda a Imagineering.

Imagino que essa seja uma das razões que atraíram os olhos de Walt Disney e fez que ela aparecesse tão frequentemente nas tomadas fora do roteiro da Model Shop que Walt adorava usar nas aberturas de seus programas de TV, apresentando seus mais novos conceitos para a Disneylândia ou para a Feira Mundial de Nova York. Mas todos sabíamos. Na verdade, era porque, desde os dias no Studio, quando a Disneylândia estava apenas começando, Walt adorava sujar suas mãos na Model Shop. E "esquecer" as pressões de dirigir seu império em crescimento dividindo histórias e anedotas com a Imagineer de doce sotaque do Texas.

É por isso que, quando seus príncipes favoritos – os colegas da Disney & Imagineering Legends John Hench, Bill Cottrell e Fred Joerger – fizeram uma fila na semana passada para cumprimentar Harriet Burns, tenho certeza de que o rei foi o primeiro. Porque Harriet Burns era a Imagineer favorita de Walt Disney.

7. *"Pense diversidade" (2000)*

Como designers de projetos que viajam o mundo, Imagineers têm a obrigação de entender o impacto não apenas do que criam, mas como suas futuras atrações são divulgadas. Quando era presidente do conselho de administração da Disney no início dos anos 1980, Donn Tatum me pediu para dar uma séria análise das ilustrações que fizemos para divulgar as histórias, os temas e a diversão de nossas atrações. Ele queria ter certeza de que nossos artistas estavam sendo inclusivos, que representávamos pessoas de cores e culturas variadas. Em poucas palavras, se estávamos deixando claro para nosso público, composto por pessoas de diferentes formações e etnias que todos eram bem-vindos em nossos parques e resorts.

Mais de uma década mais tarde, depois de saber que Frank Wells tinha desenvolvido um programa no Disney Studio para encontrar e formar escritores para as minorias, eu estava pronto para lançar um programa na Imagineering para diversificar nossa equipe.

Chamada ImagiNations, é uma competição para os estagiários, agora completando mais de vinte anos, procurando uma gama diversificada de artistas, designers, engenheiros – o mix completo de talentos encontrados nas 140 disciplinas da Imagineering. Procuramos por uma variedade de culturas, bagagens étnicas, raças e, claro, um mix de gêneros para se tornarem estagiários e, esperamos, Imagineers. Mais de 25 Imagineers foram contratados através da competição, que, em um ano, atraiu mais de 140 inscrições de todo o mundo.

Mas tudo isso começou com o pedido de Donn Tatum para eu escrever este documento que distribuímos a todos os Imagineers que se reportavam a mim na Divisão de Desenvolvimento Criativo. Esta foi a segunda das comunicações que enviei.

Desenvolvimento Criativo*	11 de maio de 2000
Marty Sklar	822307251
Pense diversidade	

Diversidade é muito importante para a The Walt Disney Company. Refletimos isso na nossa equipe e nas práticas de contratação. Tentamos fazer que a diversidade esteja refletida em nossas atrações, de maneira que o público saiba que *nós sabemos* que nossa sociedade é multicultural. O sol nunca se põe na operação de nossos parques da Disney ao redor do mundo, e nossos visitantes vêm de todas as partes do globo.

De tempos em tempos, acho apropriado lembrar a todos a importância de, no material que produzirem, nossos visitantes também sejam étnica e culturalmente diversos. Isso é especialmente importante no material produzido para marketing e publicidade, mas todos devem criar o hábito de "pensar a diversidade" em suas ilustrações.

Recentemente, participei de uma apresentação na IRC e assisti a uma série de *slides* com novos conceitos de ilustração. Eu estava excitado com as ideias, mas algo me perturbava. Finalmente me dei conta de que existia uma clara mesmice nos visitantes desenhados. Apenas a idade deles variava.

Aprendi muito tempo atrás com Donn Tatum, um ex-presidente do conselho de administração da The Walt Disney Company, que a diversidade é especialmente importante para a Imagineering refletir em nosso trabalho. Mostrar diversidade étnica e cultural no elenco de membros em nossos shows e especialmente nos visitantes que retratamos acompanhando

---

* Traduzido do documento original.

nossas atrações é uma demonstração da intenção da The Walt Disney Company de que nossos parques temáticos e outras atrações recebam bem pessoas de todas as raças, credos e crenças. (Não que tentemos retratar "crenças" em nossos materiais, mas vocês entenderam!) Quando nos enxergamos em situações que reconhecemos, sabemos que somos bem-vindos.

Desde já agradeço por lembrarem da importância da diversidade em nossos shows e atrações e em nossas comunicações.

8. O diferencial da Disney: passeios versus atrações/aventuras/experiências (2006)

Ao longo dos anos, duas questões relacionadas à terminologia me irritavam particularmente. Uma era a palavra "escapismo" usada para descrever a experiência do "Parque Disney". John Hench foi o porta-voz apaixonado do antiescapismo. "Os parques são sobre *tranquilidade*", John argumentava. "A Disneylândia é um lugar público onde você pode falar com um estranho e deixar suas crianças brincar sem medo. Somos a prova de que um lugar público pode ser limpo e as coisas podem funcionar. *Tranquilizamos* as pessoas dizendo que o mundo pode ser OK!"

A segunda questão era o uso da palavra "passeio" (*ride*) para descrever quase qualquer coisa que envolvesse veículos e movimento. Quando o assunto surgiu em uma reunião de acionistas, mandei o seguinte documento para Jay Rasulo:

Sklar, Martin[*]
Enviado: Quinta-feira, 21 de março de 2006, 18:15
Para: Rasulo, Jay
Cc: Anthony, Matt; Fitzgerald, Tom; Lundgren, Teresa; Mendenhall, Michael; Muller, Marty; Warren, Linda; Weiss, Al
Assunto: Passeio *versus* atrações/aventuras/experiências

Uma pessoa da plateia na reunião anual dos acionistas da Disney levantou uma questão que, recentemente, tem me preocupado de novo. Ela perguntou porque estamos usando novamente a palavra "passeio" em relação a nossas atrações e shows da Disney.

Acho que é uma questão importante quando se trata de comunicar a Diferença Disney. Ainda me lembro, no primeiro ano em que a Disney foi inaugurada, de ter ido às bilheterias e ouvir o que os visitantes estavam pedindo. Frequentemente era "eu quero ir ao Flight to the Moon, ao Jungle River Cruise e ao Mark Twain... mas não quero ir a nenhum dos *passeios*!".

Foi quando decidimos que tínhamos de inventar uma nova linguagem para distinguir "o que a Disney faz" do Knott e dos parques de diversão da época. Então desenvolvemos as palavras "atrações", "aventuras" e "experiências" para descrever o que os visitantes encontrariam na Disneylândia em comparação com os outros concorrentes. Walt Disney fez um trabalho tão bom ao vender a Diferença Disney através de shows na TV sobre a Disneylândia que antecederam a inauguração e continuaram depois, que os visitantes vieram com a *expectativa* de que o que encontrariam na Disneylândia seria diferente dos "passeios" que tinham experimentado nos parques de diversões tradicionais.

O que fazemos é tão melhor e diferente de "apenas um passeio" que não deveríamos nos rebaixar ao nível da concorrência usando a palavra "passeio". Essa palavra é tão inadequada para descrever a *aventura*

---

[*] Traduzido do e-mail original.

e a *experiência* da Expedition Everest, por exemplo, que se nos referirmos a ele como um passeio ou um "passeio emocionante" estaremos diminuindo uma incrível atração e, do meu ponto de vista, dando a ela um ponto de referência no mundo do Six Flags. (Não estou dizendo que estamos usando o termo para a Expedition Everest, mas apenas apontando que precisamos enfatizar que "nosso jogo" é muito diferente do "jogo deles".)

Talvez uma imagem valha mil palavras... mas uma palavra pode frequentemente pintar um retrato que rebaixe as expectativas e diminua o caráter único das *atrações*, *aventuras* e *experiências* que criamos.

9. *Blocos de anotação e bilhetes em caneta vermelha*

Nos meus primeiros anos como líder criativo dos Imagineers, escrevi alguns bilhetes de agradecimento para pessoas cujo trabalho, ou ética profissional, tinha feito diferença em um projeto. Comecei a perceber que esses bilhetes – escritos em folhas de 18 centímetros × 9 centímetros que a Disney fornecia com meu nome escrito no rodapé e Imagineering no alto – acabavam pendurados nos murais dos escritórios daqueles que os recebiam. Então, fiz desses bilhetes uma marca metafórica e real de minha liderança. Escrevi literalmente milhares deles, agradecendo a Imagineers não apenas pelo sucesso de seus projetos, mas pelo esforço especial, liderança, trabalho em equipe – usando quase todas as maneiras para personalizar a mensagem. Peguei emprestados alguns dos murais da Imagineering como exemplos. Realmente acredito que esses bilhetes personalizados eram tão importantes quanto qualquer outro elemento de liderança que utilizei nos meus trinta anos como executivo criativo da Imagineering.

creative
7/07/10

WALT DISNEY Imagineering

Marty Sklar
© Disney

10. Há duas maneiras de se olhar para uma folha de papel em branco (1974-2004)

Meus anos na Imagineering começaram com uma espécie de clichê. "Há duas maneiras de enxergar uma folha de papel em branco", eu disse. "Ela pode ser a coisa mais assustadora do mundo, porque *você precisa fazer o primeiro risco*. Ou pode ser a maior oportunidade do mundo, porque *você pode fazer o primeiro risco* – pode deixar sua imaginação voar em qualquer direção e criar mundos inteiramente novos!" Não me importei que tenha se tornado um clichê. Lembro-me daquele comentário que George Lucas fez em uma reunião sobre a atração Star Tours: "Não evite os clichês", George disse. "Eles são clichês porque funcionam!"

Finalmente comemoramos a importância disso em um *sketchbook* de 23 centímetros × 31 centímetros impresso com o texto e imagem na página de rosto. Meu amigo, o artista John Horny, me forneceu o esboço original. As outras páginas estão em branco.

A COISA MAIS ASSUSTADORA DO MUNDO

A vida é como uma... folha de papel em branco; você nunca sabe o que ela pode ser até pôr alguma coisa nela!

Vá em frente – vire a página e faça algo excitante com a folha de papel em branco. É a sua chance de ser um Imagineer!

19

A ovelha negra

A morte de meu irmão mais novo, Robert Sklar, em julho de 2011 em um acidente de bicicleta em Barcelona, na Espanha, foi um choque para todos nós. As homenagens que lemos e ouvimos da comunidade acadêmica e do mundo editorial fez que todos de nossa família nos déssemos conta de quanto Bob, como professor de Estudos de Cinema na New York University (NYU), afetou positivamente a vida de tantas pessoas. Seu *Movie-Made America: A Cultural History of American Movies*, originalmente publicado em 1975 pela Vintage Books, ainda é usado como livro-texto nos cursos de cinema de várias universidades.

Cineaste, revista líder nos Estados Unidos sobre a arte e a política do cinema (Bob era um editor convidado), escreveu: "Vários membros do conselho editorial da *Cineaste* que tinham sido seus alunos e orientandos destacaram como Bob foi uma influência decisiva na vida deles através de sua mentoria, que ia muito além dos limites da sala de aula". William Simon, colega de Bob como professor de Estudos de Cinema na NYU, falou ao *Los Angeles Times*: "Ele está entre os mais importantes e inovadores historiadores do cinema americano, especialmente em sua abordagem para compreender a história do cinema".

Um dos tributos mais significantes veio de Martin Scorsese, o grande diretor de cinema, que trabalhou com Bob em conselhos de festivais de cinema em Nova York:

Ele teve um profundo impacto na cultura cinematográfica através de seus artigos, bolsas de estudo e esforços de preservação de filmes. Como um professor querido, ele inspirou gerações de estudantes. Bob fará falta para aqueles de nós ao redor do mundo que o admirávamos por sua rara inteligência, paixão e humor.

Sempre me vi como a "ovelha negra" da minha família – o *outsider*, por não ser professor. Afinal de contas, meu pai ensinou estudantes em Los Angeles por mais de trinta anos, Bob foi professor universitário por mais de quarenta anos, e nossos filhos – o meu, Howard, e o de Bob, Leonard – são agora respeitados professores e pesquisadores. Ambos já com seus Ph.D.

Quando me aposentei da Disney em julho de 2009, recebi muitas mensagens pessoais. Elas me fizeram perceber quanto os Imagineers e outros em nossa indústria tinham aprendido comigo. Incluí algumas delas aqui e, no final deste capítulo, imprimi uma mensagem especial de Craig Russell, chefe de design e executivo de entrega de projetos da Imagineering.

De muitas maneiras, seja o que for que consegui conquistar nos últimos dez anos nasceu de meus anos com você. Você me ensinou a nunca aceitar menos que o melhor, a acreditar na missão e em um conjunto de valores; a reconhecer o poder da história; e de dar poder às pessoas ao meu redor – a ver o sucesso delas como o meu próprio.

Kurt Haunfelner, vice-presidente de Exibições e Coleções
Museum of Science + Industry, Chicago

Parabéns pela fantástica carreira e por ser "a força motora" da indústria dos parques temáticos por tantos anos. Desde seus primeiros dias com Walt, passando por todos os CEOs que se seguiram, eles puseram e mantiveram o cara certo no comando do legado de Walt e a pessoa certa para guiar e ensinar milhares de profissionais durante décadas sobre "qualidade, show e paixão pela excelência!!".

Mike Davis, vice-presidente sênior/produtor executivo
Departamento de Entretenimento, Universal Studios Japan

Parabéns por completar o que é talvez a mais extraordinária viagem no reino Disney. Ao longo dessa jornada, seu talento para *insights*, criatividade e liderança contribuiu para um novo léxico do entretenimento que tocou a vida de milhões de famílias ao redor do mundo. Mais ainda, você generosamente doou encorajamento, liderança e direção a milhares de colegas que construíram uma indústria global que, sem dúvida, teria deixado Walt impressionado.

Peter Chernack, presidente, Metavision

Você pode se aposentar, mas sempre será um farol para nós que sempre buscamos a verdadeira Disney Magic. Nossa pesquisa sempre nos levou a você. Você tem tanto do maravilhoso conhecimento Disney, experiência e, especialmente, respeito pelo homem em quem todos buscamos liderança, Walt Disney. Obrigado por ser essa luz em minha vida Disney.

Tony Altobelli, diretor internacional de relações públicas
Disney Destinations

Acredito realmente que as pessoas podem fazer diferença. Algumas por sua personalidade, algumas por seu conhecimento e algumas por suas ações. Raros são aqueles que podem fazer a diferença por causa das três coisas juntas, mas tenho orgulho de dizer que você fez e faz! Sua gentileza, a herança que você sempre foi tão generoso em compartilhar e seu jeito de apresentar e tornar fácil e divertido entender e seguir. Mais importante que apenas influenciar uma empresa pelos negócios, design ou decisões financeiras, você inspirou pessoas que depois criaram mágica para os visitantes com uma faísca de sua imaginação... ou um Sklar de sua imaginação, se você me permite.

Laurent Cayela, roteirista de show em francês, WDI

Disneylândia de Paris

Você sempre nos fez sentir parte da mágica. Ninguém nunca nos tocou, nós caras *on-line*, desse jeito. Obrigado por me inspirar a acreditar que eu "posso fazer" qualquer coisa que posso imaginar. Falo isso sempre para minhas filhas.

Ken Horii, produção de mídia digital, diretor de supervisão, WDI

Você liderou a Disney e os Imagineers por muitos, muitos projetos de sucesso ao longo dos anos, porém, mais importante, você apoiou e alimentou o espírito criativo naqueles que trabalharam com você. Eu sei disso tanto por experiência própria quanto por inúmeras histórias que me contam sobre como é bom trabalhar ao seu lado. Você criou um legado impressionante e deve estar muito, muito orgulhoso.

Monty Lunde, presidente, Techniflex, Inc.

Hoje é o Dia do Obrigado ao Seu Mentor. Então, obrigado! Não apenas por proporcionar um exemplo brilhante de liderança, mas por ter tido tempo para mostrar que a liderança pode usar seu tempo para investir nos menores colaboradores e torná-los grandes!

MK Haley, produtor executivo associado, Entertainment Technology Center, Carnegie Mellon University (ex-Imagineer)

Quero agradecer de novo pela conversa que tivemos há cerca de quinze anos, quando estava planejando sair da WDI. Sua contribuição naquele dia e seus vários bilhetes para mim ao longo dos anos (eu guardei todos

364 Sonhe e faça acontecer

eles) ajudaram a me sentir parte importante do processo de entrega da WDI e ela se tornou minha nova casa.

Frank Addeman, vice-presidente, controles de
planejamento/cronograma e gerenciamento, WDI (ex-Imagineer)

Uma janela na Main Street vence uma lápide na Haunted Mansion.

John Horny, artista criativo/ilustrador (ex-Imagineer)

Como líder, você não para frequentemente para pensar: "Esta foi uma grande lição que ensinei aos Imagineers hoje". Foi só muito depois, quando desenvolvi Os Dez Mandamentos da Disney, que parei tempo suficiente para refletir sobre o assunto. Quando sua liderança dura tantos anos, é difícil saber o que funcionou mais para ensinar e liderar os Imagineers.

Como minha esposa, Leah, e eu acreditamos muito no valor da educação, mantemos no California Institute of the Arts uma bolsa de estudos para graduação do programa Ryman Arts que ajudamos a criar no sul da Califórnia. Tanto a instituição quanto o programa estão fortemente relacionados com minha carreira e minhas paixões.

O CalArts foi a visão de escola de Walt Disney em que todas as artes estão integradas e interagindo – exatamente como fazem ao criar um filme, programas de TV e atrações para os parques da Disney. O CalArts reuniu, em 1969, três anos depois da morte de Walt, o Chouinard Art Institute e o Los Angeles Conservatory of Music como as bases para uma "escola de todas as artes". Entre os muitos notáveis egressos dessa instituição criada a partir de uma visão e financiamento pessoal de Walt Disney estão John Lasseter, da Pixar, Brad Bird e Andrew Stanton, mais Tim Burton, Ed Harris, Katey Sagal, Bill Irwin, David Salle, Mike Kelly, Bob Rogers, Joe Lanzisero e Don Cheadle.

A ovelha negra 365

O programa Ryman Arts foi criado como uma forma de homenagear a dedicação de Herb Ryman em compartilhar seu conhecimento e suas técnicas com jovens artistas. A irmã de Herb, Lucille Ryman Carroll, juntou-se a Sharon Disney Lund, filha de Walt Disney, Buzz e Anne Price, e Leah e eu como fundadores. Começamos com uma classe e doze estudantes em 1990. Hoje, todo final de semana no Otis College of Art and Design, em Los Angeles, temos dez classes para 150 talentosos jovens artistas escolhidos numa competição de noventa colégios diferentes de todo o sul da Califórnia. O programa é inteiramente gratuito para alunos talentosos; o sucesso é tão grande que os formados na Ryman normalmente recebem bolsas de estudo e frequentam escolas de leste a oeste, incluindo os principais cursos de arte, como os da Rhode Island School of Design, CalArts, Otis e Art Center College of Design, em Pasadena. Noventa e oito por cento dos formados continuam a estudar depois do colégio, e nossas pesquisas com os alunos indicam que 40% deles trabalham profissionalmente nas áreas de arte e design.

Agradecemos muito às grandes empresas e fundações familiares que apoiaram o Ryman Arts, incluindo National Endowment for the Arts, The Walt Disney Company e Jack Kent Cooke Foundation, que financiou um programa de arte com viagem que a diretora executiva Diane Brigham e sua equipe levaram para as escolas de Los Angeles.

Isso nos permitiu expandir nossos cursos enfatizando as bases do desenho e da pintura para mais de 4.500 jovens artistas desde 1990. Leah e eu fazemos parte do conselho, o qual tenho a honra de presidir desde o início. Em 2012, o Ryman Arts foi finalista do National Arts and Humanities Youth Program Award. Cinquenta finalistas foram especialmente selecionados entre 373 indicações de 48 estados. O anúncio dizia: "O Ryman Arts será homenageado como um dos melhores programas de arte do país – que está transformando e enriquecendo as vidas de jovens artistas proporcionando instrução importante e de alta qualidade em artes e oportunidades no mundo das artes".

Foi uma grande surpresa e um reconhecimento significativo quando a Disney homenageou a mim e nossa dedicação a jovens artistas talentosos, por ocasião de minha aposentadoria em 2009, com o The Marty Sklar Legacy Fund. No comunicado, a Disney diz:

> Para celebrar o legado de Marty Sklar, The Walt Disney Company vai apoiar o Ryman Arts. A Walt Disney Parks and Resorts e os Walt Disney Studios acolherão, cada um, um estagiário do Ryman Sklar todos os anos e ajudarão a manter um importante novo fundo.
>
> A Disney comprometeu-se a doar US$ 250.000 para o Marty Sklar Legacy Fund, atrelados a US$ 100.000 de contribuições de outros. Esses US$ 350.000 vão manter permanentemente uma classe inteira da Disney Sklar Art Student no Ryman Arts todos os anos.

Em poucos meses, arrecadamos mais de US$ 100.000, permitindo que o programa começasse em 2010 com uma nova classe no Ryman Arts. E os primeiros estagiários – ambos formados pelo Ryman Arts e continuando os estudos em importantes universidades – participaram de um programa de verão na Walt Disney Feature Animation e na Walt Disney Imagineering. Tenho muito orgulho desse Legacy Fund, dirigido, nas palavras da Disney, para "a juventude de hoje, os artistas de amanhã".

Enquanto isso, muitos dos Imagineers que contratei e orientei se tornaram líderes e mentores: Tony Baxter, Patrick Brennan, Tom Fitzgerald, Joe Garlington, Eric Jacobson, Joe Lanzisero, Kathy Mangum, Peter McGrath, Kevin Rafferty, Joe Rohde, Bob Weis, e muitos outros. Essa tradição é um dos maiores ativos da Disney; eu aprendi muito com os Imagineering Legends John Hench, Claude Coats, Blaine Gibson, Herb Ryman, Harper Goff, Marc Davis, Fred Joerger, Harriet Burns, Dick Irvine, Bob Jolley, Bob Moore, e tantos outros. Eles nos ensinaram fazendo, pelo exemplo, nunca com um livro-texto, até que o livro definitivo de John Hench, *Designing Disney: Imagineering and the Art of the Show*, com Peggy Van Pelt (uma artista talentosa que se tornou uma conselheira importante para outros artistas – e para mim) foi publicado em 2003.

Eu seria omisso se não lembrasse o primeiro artigo que realmente me causou impacto quando comecei a estudar o "como" escrever material pessoal para Walt Disney. Era uma simples mensagem num livro intitulado *Words to Live By*, originalmente publicado em 1947, contendo conselhos de uma variedade de pessoas conhecidas. A citação de Walt era tão exatamente "Walt" que soube que aquele seria o tipo de abordagem que faria quando escrevesse para ele nos anos seguintes. Chama-se "Arrisque":

ARRISQUE

por

WALT DISNEY

PRODUTOR DE CINEMA

"No vocabulário dos jovens [...] não existe a palavra falhar!"

Edward Bulwer-Lytton

Eu me pergunto quantas vezes essas velhas e vigorosas palavras foram usadas em discursos de formatura todos os anos. Elas me levam a meus dias de colégio, quando usava meu primeiro par de calças compridas de flanela branca e o mundo à frente não assustava ou dava medo.

Com certeza todos tivemos essa confiança alguma vez em nossas vidas, embora a maioria de nós a tenha perdido quando cresceu. Talvez em razão de meu trabalho, tive a sorte de manter um pouco dessa qualidade juvenil. Mas às vezes, quando olho para trás e vejo como as coisas eram difíceis, me pergunto se passaria por elas de novo. Espero que sim.

Quando tinha cerca de 21 anos, fali pela primeira vez. Dormi em almofadas no meu "estúdio" em Kansas City e comi feijão frio de uma lata. Mas dei uma outra olhada em meu sonho e segui para Hollywood.

Idiotice? Não para um jovem. Uma pessoa mais velha talvez tivesse sido mais "sensata". Algumas vezes me pergunto se "sensatez" não é outro jeito de dizer "medo". E "medo" normalmente é lido como fracasso.

No vocabulário do jovem não existe a palvra "falhar". Você se lembra da história do menino que queria participar do desfile do circo? Quando o espetáculo chegou à cidade, o líder da banda precisava de trombonista, então o garoto se inscreveu. Ele não tinha desfilado um quarteirão quando o barulho assustador de seu instrumento fez duas senhoras desmaiarem e um cavalo fugir. O líder da banda perguntou: "Por que você não me disse que não sabia tocar trombone?". E o menino respondeu: "Como eu ia saber? Eu nunca tinha tentado!".

Muitos anos atrás, eu deveria ter feito exatamente o que o garoto fez. Agora sou avô e tenho muitos cabelos brancos e um tanto do que as pessoas chamam sensatez. Mas, se não sou mais jovem em idade, espero permanecer jovem suficiente em espírito para nunca temer o fracasso – ainda jovem o suficiente para arriscar e participar do desfile.

Espero nunca esquecer o conselho de Walt. Ele foi fundamental para construir e alimentar minha carreira. E me levou a desenvolver Os Dez Mandamentos da Disney como expansão dos ensinamentos do próprio Walt. Inspirou-me a divulgar a oportunidade que recebemos várias vezes na Imagineering de preencher página branca depois de página branca com novos e excitantes conceitos para nossos fãs da Disney ao redor do mundo. Ajudou-nos a nos tornarmos sonhadores *e* realizadores.

Quando estávamos desenvolvendo o Epcot Center no Walt Disney World, Ray Bradbury disse que o projeto nos tranformou em renascentistas contemporâneos. Bradbury disse que estávamos realizando o que Albert Schweitzer sempre falara em sua filosofia anos atrás: "deixe um bom exemplo para o mundo. Se você for excelente, se você for de alta qualidade, o mundo vai imitá-lo".

Bradbury nos disse: "É um grande projeto. Mas, de todos os grupos do mundo, enquanto está todo mundo ocupado falando, vocês estão fazendo a coisa que vai realmente importar".

Entre todos aqueles "e-mails de aposentadoria", o cumprimento supremo chegou em um familiar formato "os dez mais" de Craig Russell, chefe de design e executivo de entrega de projetos da Imagineering:

Dois dias um tanto surpreendentes na semana passada, celebrando o fechamento de uma carreira realmente surpreendente. Eu me peguei falando com inúmeros Imagineers do passado e do presente sobre o que você significou para nossa companhia e o que nos ensinou ao longo dos anos sobre ser um discípulo de Walt. Celebrar o fim da carreira mais frutífera da história de nossa empresa deu-me um sentimento de melancolia e de modéstia. Enquanto refletia depois das celebrações e da primeira semana da era "pós-Marty", senti que era importante agradecer-lhe pelas várias coisas que você me ajudou a entender sobre o que é ser um grande Imagineer. Roubando sua ideia dos Dez Mandamentos da Disney, aqui estão as dez mais importantes lições que você me ajudou a aprender sobre liderança, sobre nossa empresa e sobre o produto que criamos:

1. Os mais valiosos instrumentos em nosso mercado são confiança, colaboração e parceria. Com essas ferramentas, você pode fazer coisas realmente incríveis.

2. Tudo é sobre criar e entregar grandes histórias e ambientes imersivos para nossos visitantes. Nenhum cronograma, orçamento ou estratégia se compara em importância ao valor de um produto que faz nosso público dizer "UAU!".

3. Devemos confiar em nossos instintos como profissionais do design sobre projetos que nos inspiram. Quando nos inspiramos, certamente vamos provocar o "UAU!" de nossos visitantes.

4. A Imagineering é um verdadeiro esporte de equipe – realmente só há um nome na porta. Fazemos a coisa grande ou medíocre juntos.

5. Como uma empresa, somos abençoados com *grandes* pessoas. É nossa responsabilidade como líderes inspirá-los e dar-lhes poder para que façam grandes coisas.

6. Nossas mais importantes contribuições como líderes são o reconhecimento e a celebração de contribuições de destaque e grandes conquistas.

7. Devemos equilibrar nosso tremendo sucesso com uma firme vontade de melhorar.

8. Devemos nos lembrar todos os dias de nos divertirmos neste negócio de diversão.

9. Nossa herança é importante – assim como o é a saúde de nossa cultura e comunidade.

10. Como grupo de profissionais, estamos separados da maioria por nossa grande paixão pelos visitantes que entretemos e para quem construímos os produtos. Nosso papel como líderes é permitir que essa paixão floresça.

Obrigado, Marty, por tudo que você fez para ajudar a construir esta incrível empresa e para ensinar aqueles de nós que agora temos o privilégio de carregar o legado. Por favor, mantenha contato e sinta-se à vontade de aparecer a qualquer momento. Estamos todos ansiosos esperando o livro – será, certamente, leitura obrigatória para todos os Imagineers!

"Thanx!"

20

"Estou esperando por uma mensagem"

Quando nossos filhos, Howard e Leslie, eram bem novos, Leah e eu líamos muitas histórias para eles – espero que tenham contribuído para o atual amor deles pelas boas histórias. Uma noite, eu li um texto que falava de alguma coisa sobre o cérebro. Howard logo perguntou: "O que faz o cérebro?". Não sendo um especialista em neurociência, respondi simplesmente: "O cérebro manda mensagens – ordens para agir – para diferentes partes do corpo".

Continuei lendo a história, mas, de repente, me dei conta de que Howard estava excepcionalmente parado e quieto, então perguntei se tinha alguma coisa errada. Howard respondeu: "Estou esperando por uma mensagem".

Na hora, me segurei para não rir. Mas, quando refleti sobre a resposta dele, me dei conta de que "sabedoria de criança" não era um clichê. Qualquer que tenha sido a mensagem que Howard recebeu, ali também havia uma lição para minha abordagem da liderança... e ela encontrou seu caminho nos Dez Mandamentos da Disney de várias maneiras importantes.

Você encontrará isso em "Reserve tempo para ensinar – mentores são pessoas íntegras". Mas há poucas habilidades mais importantes para seus liderados que este conselho: "Seja responsivo e tome decisões – é isso que os líderes fazem!".

Todos estivemos lá: todos fazem suas tarefas; chega a hora da reunião decisiva e... nada. Isso não é decepcionante? Claro, nem tudo é sempre preto no branco. Mas liderança é sobre tomar decisões claras – e seguir adiante. Se você não quer tomar decisões e seguir adiante – ser *responsivo* –, então liderança não é para você.

Antes de me aposentar, uma colega da Disneylândia me lembrou de um bilhete que eu tinha enviado a ela. "Sempre temos muitos executivos", escrevi, "mas nunca temos líderes o suficiente." A observação dela me fez refletir sobre algumas ideias simples que sempre levei em consideração.

Ao liderar uma discussão, e especialmente ao fazer discursos, sempre tentei me lembrar deste aviso: "Ele tem um jeito de nada dizer que não deixa nada sem ser dito". Em outras palavras, lembra o famoso KISS: "keep it simple, stupid" (não complique, estúpido).

Atrás do balcão da recepção do hotel em que me hospedei, vi uma placa sobre o serviço: "A resposta é sim. Qual era a pergunta?".

Isso me lembrou do "serviço criativo" que todos aprendemos: que nunca podíamos dizer "não" para Walt Disney. Foi o almirante aposentado Joe Fowler, que comandou a construção da Disneylândia e do Walt Disney World, que sempre praticou essa filosofia. Quando Bob Gurr entregou o projeto de seus submarinos da Disneylândia para Joe Fowler, sem nenhuma ideia de como poderiam ser construídos e com Walt questionando se era *possível* fazê-los, o almirante deu a resposta: "Podemos fazer, Walt!". Depois da reunião, Bob Gurr perguntou a Joe Fowler como ele podia ter sido tão positivo sobre a construção dos submarinos com base em seu simples esboço. "Não tenho ideia", Joe Fowler respondeu. "Mas nós daremos um jeito." E "nós" demos. Eu poderia facilmente escrever uma nova "Bíblia do Líder" em torno destes conceitos: "A resposta é sim. Qual era a pergunta?". "Podemos fazer!" "Seja otimista – se você não é, quem será?"

Na nossa construção de mundos tridimensionais encantados e fantásticos, sempre me lembrei de que a Disneylândia, na verdade, nasceu do *desencanto* de Walt Disney com os parques que ele visitou com suas filhas Diane e Sharon.

Os líderes mais inteligentes e felizes que acompanhei como modelos durante meu crescimento na Disney sempre estavam rodeados de pessoas que eram mais inteligentes e mais talentosas e produtivas que eles.

Queria ter certeza de que os que respondiam para mim, os líderes criativos da Imagineering, soubessem o quanto eu valorizava o conhecimento deles, os *insights*, as ideias, as experiências, por isso criei o almoço semanal dos líderes criativos, que acontecia todas as quartas-feiras, com aqueles líderes de projeto. Eles foram especialmente importantes à medida que crescíamos e nos espalhávamos pelo mundo.

Esses almoços eram ao mesmo tempo "formais" e "informais": eu queria que cada líder compartilhasse alguma coisa importante que estava acontecendo em seus projetos; talvez um desafio a respeito do qual os colegas poderiam oferecer uma nova perspectiva. Mas também reservava tempo para qualquer um falar de experiências pessoais: um filme ou peça de teatro de que tivesse gostado, um artista cuja exposição admirara.

Um princípio fundamental era praticado naquelas reuniões no almoço – na verdade, em todas as reuniões da Imagineering: nenhuma ideia é uma ideia ruim! OK, sabemos que isso não é verdade. Mas o que acontece quando você chama a atenção de alguém em uma reunião de *brainstorming*? Assim que diz para alguém: "Esta é uma ideia estúpida", você provavelmente nunca mais terá uma ideia fresca e animada daquela pessoa. É como se você tivesse dito: "Não precisamos de suas ideias inovadoras".

Muitas vezes, depois de um desses comentários "estúpidos", alguém da mesma reunião vinha ao meu escritório no dia seguinte e